KKB

Im Zusammenhang mit den gesellschaftlichen Umbrüchen um 1900, die auch die Geschlechteridentitäten erschütterten, entwickelten sich Vorstellungen von hyperviriler Männlichkeit, die den vermeintlichen Bedrohungen einer als »weiblich« und zugleich »jüdisch« empfundenen Kultur der Moderne widerstehen sollten.

Detailliert zeichnet Ulrike Brunotte nach, wie in den Diskussionen um »Männlichkeit« auf ein Ideal des »wilden Kriegers« und auf stammesgeschichtliche Initiationsriten zurückgegriffen wurde.

Und zum ersten Mal widmet sich eine Studie so ausführlich dem Berliner Psychologen Hans Blüher, der die ganze Ambivalenz dieses Männerbundmodells – das vom Wandervogel bis zu SA und SS gewirkt hat – offenbarte, als er nach der Rolle des Eros in der männlichen Gesellschaft fragte.

In ihrer eindrucksvollen Analyse räumt die Autorin der Literatur einen besonderen Raum ein und spürt den Modellierungen von Männlichkeit, Krieg und Rausch im Werk von Walter Flex, Rainer Maria Rilke, Ernst Jünger, Gottfried Benn und Thomas Mann nach. Der Horizont ihrer Studie weist jedoch weit über diese Zeit und den deutschen Kulturraum hinaus, bis in unser Zeitalter der Kampfjet fliegenden Präsidenten und der »neuen Kriege« der Terroristen.

Ulrike Brunotte

Zwischen Eros und Krieg

Männerbund und Ritual in der Moderne

Verlag Klaus Wagenbach Berlin

Inhalt

1. Prolog 7

2. Die Erfindung des Männerbundes in Ethnologie und Kultur 16
2.1. *Jugend als Übergangsphänomen um 1900* 16
2.2. *Moderne Männlichkeit als politische und ästhetische Tatsache* 21
2.3 *Rettung durchs ›Primitive‹: Heinrich Schurtz' Altersklassen und Männerbünde* 25
2.4. *Männerbund versus Mutterrecht* 29
2.5. *Rituale sozialer Männlichkeit* 34

3. Wandern, Reiten, Marschieren: Deutsche Jugend in Bewegung 37
3.1. *Der Steglitzer* Wandervogel 37
3.2. *Vom Wandern zum Marschieren:*
Walter Flex' idealischer Jüngling als ›Wanderer zwischen beiden Welten‹ 43
3.3. *Die Inszenierung des Krieges als Gartenkunst –*
Rainer Maria Rilkes Cornet 49

4. Herakles: »Der Über-Mann und das Weibliche« 64
4.1. *Gottfried Benns* Dorische Welt*:*
Männerlager, Jünglingsliebe und Zucht der Form 66

5. Hans Blüher: Theoretiker und Kämpfer des ›Männerbundes‹ 70
5.1. *Blüher als Grenzgänger* 70
5.2. *Eros und Männlichkeit* 78
5.3. *Homosexualität als offenes Staatsgeheimnis* 85
5.4. *Der Bund zwischen ›Gemeinschaft‹ und ›Gesellschaft‹ und die Rolle des Performativen* 89
5.5. *Der Männerbund und seine Feinde* 103

6. Langemarck oder ›Die ewige Jugend des Todes‹ 118
6.1. *Heldisches Sterben, Sinn und Gemeinschaft* 118
6.2. *Totenkult* 124
6.3. *Die Konstruktion des germanischen Männerbundes* 130

Literaturverzeichnis 137
Anmerkungen 147

1. Prolog

Die bis ins Detail wie eine Filmszene geplante Landung des vom Präsidenten der Vereinigten Staaten gesteuerten Kampfjets auf dem Flugzeugträger ›Abraham Lincoln‹ während des Irakkriegs im Frühjahr 2003 und seine nachfolgende triumphale Rede vor der Gloriole des Sonnenunterganges kopierte exakt das heroische Weltrettungsszenario aus dem Film *Independence Day* von 1996. Darin schlagen die USA unter der Führung eines Bomberpiloten und Golfkriegsveteranen als Präsidenten eine weltvernichtende Attacke von barbarischen Außerirdischen zurück, und der 4. Juli wird kurzerhand zu einem ›Menschheitstag‹ ausgeweitet, an dem »nicht mehr die amerikanische Befreiung von Tyrannei und Unterdrückung, sondern die Befreiung der gesamten Erde von Finsternis und Vernichtung gefeiert wird«. So lauteten jedenfalls die Worte des amerikanischen Filmpräsidenten an die Welt vor der entscheidenden Luftschlacht gegen die feindlichen Aliens. Eine ganz ähnliche Verschmelzung von Männlichkeit, Film und Politik hatte bereits Ronald Reagan intendiert, als er anläßlich seiner Fernsehansprache zur Befreiung der amerikanischen Geiseln in Beirut sagte: »Nachdem ich gestern Nacht *Rambo* gesehen habe, weiß ich was zu tun ist, wenn das noch einmal passiert.«[1] Einer analogen Politik der Inszenierung folgte zuletzt Arnold Schwarzenegger am 4. Juli 2003 durch die Voraufführung von *Terminator III* bei den Soldaten in Bagdad. Dort meinte der kurz darauf zum Gouverneur von Kalifornien gewählte Bodybuilder, daß nicht er, sondern die US-Truppen die wahren Terminatoren seien.

Verwischen in der Zivilgesellschaft, zumindest was Habitus und Mode angeht, die Geschlechtergrenzen mehr und mehr und wird der junge Mann in der Werbung gar als erotisches Schauobjekt für den weiblichen Blick präsentiert, so scheint gleichwohl die außeralltägliche Welt des Krieges auch heute noch ein nationales Medium repräsentativer Männlichkeit zu sein. Daran ändert die empirische Tatsache weiblicher Soldaten wenig. Auch dann nicht, wenn die Gefreite Jessica Lynch und ihr Schicksal am Beginn des Irakkriegs die amerikanische Nation tief erschütterte. Denn viel direkter als ihre Gefangennahme konnten die Fernsehzuschauer ihre spektakuläre Befreiung durch eine schwerbewaffnete Spezialeinheit der amerikanischen Armee weltweit *live* verfolgen. Wie heute vom Pentagon zugegeben wird, war dieses *Saving Jessica Lynch* gleichwohl weniger ein heroischer Akt, als ein gut geplanter Operncoup, aufgeführt in einem von den Irakern längst verlassenen Krankenhaus. Nicht Jessica Lynch ist hier die Heldin, zu der sie noch im Frühjahr stilisiert wurde, sondern die *special forces*, die wieder einmal das vielfach filmisch beschworene stählerne Prinzip amerikanischer Kriegspolitik exerzierten, daß kein amerikanischer Soldat in Feindeshand zurückgelassen werde. Letztlich inszenierte auch diese weltweit ausgestrahlte Videoshow den

Zusammenhang von kriegerischer Politik und technologisch aufgerüsteter Männlichkeit.

Die Geburtsstunde des explizit politischen Männlichkeitsstereotyps verlegt der Pionier der Männlichkeitsforschung, George Mosse, in die Zeit der Aufklärung und der bürgerlichen Staatenbildung. Die moderne »Ästhetik der Maskulinität«[2], in der das Körperideal zugleich das politische Ideal repräsentiert, verdankt sich allerdings einem deutschen Kunsthistoriker und hat berühmte antike Vorbilder. Eines ist der *Apoll vom Belvedere.* Betritt der Rombesucher heute die Vatikanischen Museen und nähert sich der berühmten Skulptur, dann kann er es kaum glauben, daß dieser eher mädchenhaft und wenig sportlich wirkende Gott aus Marmor in der Mitte des achtzehnten Jahrhunderts zum Ideal männlicher Schönheit und Tugend avancieren sollte. Er tat es denn auch nur im Verbund mit einer Anzahl von Skulpturen vorwiegend junger antiker Athleten, deren viriler Ausdruck nur noch durch die vollkommene Selbstkontrolle des mit den Schlangen ringenden *Laokoon* übertroffen wurde. Der Kunsthistoriker Johann Joachim Winckelmann sollte ihre Wirkung 1755 in dem berühmten Satz von der »edlen Einfalt und stillen Größe« zusammenfassen. Folgt man nun George Mosse, dann wirkte der Funke, den Winckelmann mit seinem Männlichkeitsideal schuf, zuerst in der Französischen Revolution, wo die *religion civile* der Nation durch Maler wie Jacques-Louis David den reinen Helden, der seine Kraft und Leidenschaften zu zügeln versteht, zum Sinnbild moralischer Schönheit erhob. In der gleichsam archaischen Unbeweglichkeit und Erhabenheit dieses antiken Stereotyps werden sich hinfort die bürgerlichen Tugenden und die Gesundheit des Staates spiegeln. Da gestählte Muskeln ein integraler Bestandteil dieser nationalen Tugend waren, hatten Frauen weder an dem ästhetischen Modell Anteil noch an dem, »was Schönheit für das Selbstbild der neuen Gesellschaft bedeutete«.[3] Der Nationalismus schuf sich freilich auch ein neues Weiblichkeitsideal, das sich in respektablen, meist völlig bekleideten und keuschen Figuren der Germania, Britannia oder der Marianne ausdrückte. Letztere hatte freilich eine wilde Schwester, die in der Revolutionszeit die Freiheit verkörperte und die 1830 eine Wiederauferstehung in Eugène Delacroix' Gemälde *Die Freiheit führt das Volk auf die Barrikaden* feierte. Doch im Verlauf ihrer Etablierung als Allegorie der Nation wurde auch die Marianne gezähmt. »Weibliche Tugenden verpflichteten die Gesellschaft auf ihre moralischen Ziele, während der Mann Soldat war, der Held, der die Theorie in Praxis umsetzte.«[4]

Schon im revolutionären Frankreich stellte sich allerdings die folgenreiche Verknüpfung von idealem Männerkörper, Homosozialität, Eros und Tod her, die sich im Deutschland der Befreiungskriege, über die patriotische Wander- und Turnerbewegung und die allgemeine Wehrpflicht, bis hin zur »Militarisierung des Mannes«[5] durchsetzen sollte.

Wie sehr dieses maskuline Modell trotz aller Revolten und Proteste noch immer einen »Schlüssel zur heutigen Wahrnehmung der Männlichkeit«[6] darstellt, das wird besonders dort augenfällig, wo, wie in amerikanischen Kriegsdarstellungen, Virilität und Politik wieder zu verschmelzen scheinen. So beschworen etwa die Fernsehbilder vom Golfkrieg aus den frühen neunziger Jahren die überlegene, zugleich präzise und distanzierende Waffentechnik und versuchten so, dem Fernsehpublikum die Vorstellung eines reinen und ›sauberen‹ *technowar* zu suggerieren, der von der überlegenen Laser-, Video- und PC-gesteuerten Kriegstechnologie triumphal gewonnen wurde. Angesichts des Monate anhaltenden Bürgerkrieges im aktuellen Irakkrieg rücken die Assoziationen an Vietnam wieder näher.

Insbesondere in der filmischen Verarbeitung des Vietnamtraumas verdichteten amerikanische Filme den Krieg zu einem der Einzelkämpfer oder der kleinen Elitegruppen. Diese waren dann die antibürokratischen und oft genug regierungskritischen Helden des ›wahren Amerika‹. Dabei spielt es für die Wirkung des Mythos bis heute keine Rolle, ob die Heroen, die frei sind und noch zu kämpfen wissen wie ein Mann, 1996 in *Independence Day* als Präsident an der Spitze der Weltgesellschaft oder 1987 in *Rambo* als halbwilder *underdog* an deren Peripherie stehen. Beharrlich inszenieren selbst Autorenfilme wie *Platoon* den Krieg als eine Art mehr oder weniger apokalyptischer Initiationserfahrung von Männlichkeit und Nation. Einer existentiellen Erfahrung, die Jungen zu Männern und aus einzelnen das brüderliche Korpus des im Kampf immer neu entstehenden Amerikas macht. Der Filmwissenschaftler Hermann Kappelhoff meint sogar, daß der amerikanische Kriegsfilm von Anbeginn auch »eine Erinnerungsdichtung am männlichen Bild der Nation war, in der die Magie des Männerbundes regierte.«[7] In den Vietnamfilmen allerdings, die ein doppeltes Trauma von Männlichkeit und Nation zu bearbeiten hatten, verwies die Erosion der konventionellen Kriegsmaschinerie zugleich auf eine kriegshistorische Neuerung. Selbst hochentwickelte Waffen oder der schärfste Drill erbrachten nicht den erhofften Erfolg. Im faszinierenden Dschungel des neuen Krieges verstehen es nur noch Einzelkämpfer oder eingeschworene Freundesgruppen sich angemessen zu bewegen. Entweder sie verfallen der Lockung des Wilden wie in *Apocalypse Now,* oder sie kämpfen den verlorenen Vietnamkrieg auf ihre einsame Weise zu Ende. Gerade mit *Rambo,* dieser Ikone körperlich gepanzerter Männlichkeit und Wildheit, eröffnet die Mimesis des Soldaten an die Figur des Grenzgängers und Partisanen allerdings zugleich die Perspektive auf den Krieg der Zukunft.

Heute ist der neue Krieg, das hat zuerst Mary Kaldor[8] gezeigt, allgemein geworden. Denn Krieg, auch der (nach-)imperiale, bedeutet schon lange nicht mehr den gewaltsamen Konflikt souveräner Staaten, der von Militär und überlegener Waffentechnik entschieden wird. Krieg, das heißt gegenwärtig in vielen Teilen der Erde vielmehr Partisanenkampf, Bürger- oder Söldnerkrieg, Überfall und Attentat. Nicht mehr zwischen staatlichen Armeen werden Kriege ausgetragen, sondern »sozial, ethnisch oder religiös definierte Bevölkerungsteile bekriegen einander, und Partisanen oder Banden und regionale Kriegsherren«[9] spielen die entscheidende Rolle. In diesen neuen »molekularen Bürgerkriegen«[10] taucht nun erneut die Gestalt des von Ernst Jünger in den Gräben des Ersten Weltkriegs erfundenen archaischen Einzelkämpfers auf, ebenso jedoch die aufeinander eingeschworene und weitgehend autonom operierende Eliteeinheit. Die *special forces* stellen nichts weniger als das westlich-amerikanische Pendant zu den allein oder in kleinen Männerbünden operierenden Partisanen, *warlords,* Glaubensbruderschaften und Terroristen dar.

Wenn Herfried Münkler in seiner Analyse aktueller Kriege und bewaffneter Konflikte von der »Entstaatlichung« oder »Privatisierung des Krieges«[11] spricht, dann versteht er darunter auch die Verlagerung des Krieges auf diese autonom arbeitenden Kleinstgruppen und Gemeinschaften. Für ihn sind es vor allem zwei ganz unterschiedliche Autoren, die »hypothetisch konträre Konfliktszenarien entfalten, auf deren Folie sich die denkbaren Antworten auf die Frage nach der Zukunft des Krieges prinzipiell durchdenken lassen.«[12] Für Samuel Huntington in seinem *Kampf der Kulturen* (1996) wie für Hans Magnus Enzensbergers *Aussichten auf den Bürgerkrieg* (1996) treten an die Stelle der Staaten entweder ethnisch-religiöse Gruppierungen oder, in noch radikalerer Perspektive bei Enzensberger, von jedem höheren Ethos oder Ziel entleerte Männerbanden und Einzeltäter. Freilich würde »der Kampf der Kulturen, wie ihn Huntington als mögliches Konfliktszenario ins Auge faßt, immer auch Elemente des molekularen Bürgerkrieges im Sinne Enzensbergers aufweisen. Als Beispiel hierfür können der erste Anschlag auf das World Trade Center in New York sowie die Attentate auf U-Bahnlinien in den Stadtzentren von Tokyo und Paris dienen.«[13] Das Unheimliche der Gewalt, die Enzensberger nicht allein in den Ländern entfernter Gegenden erkennen will, sondern auch in die Großstädte der USA und Europas einziehen sieht, ist gleichwohl ihr Selbstzweck: »Was hier wie dort auffällt, ist zum einen der autistische Charakter der Täter, und zum anderen ihre Unfähigkeit, zwischen Zerstörung und Selbstzerstörung zu unterscheiden. In den Bürgerkriegen der Gegenwart ist jede Legitimation verdampft. Die Gewalt hat sich von ideologischen Begründungen vollkommen freigemacht [...] überall geht es vor allem darum, Wehrlose aus der Welt zu schaffen. Wer keine Maschinenpistole hat, gilt als Ungeziefer.«[14] Im Gegensatz zu Huntington, der die »blutigen Grenzen des Islam«[15] und weltweite Bruchlinienkriege beschwört, zeichnet Enzensberger ein apokalyptisch anmutendes Bild völlig gesetzloser und dabei mehr und mehr sexualisierter Gewalt. Parallel dazu diagnostiziert er eine sich auflösende Soziabilität der Täter. Einerseits sind die Täter durch ihr Geschlecht und ihr Alter verbunden: Es handelt sich fast ausschließlich um junge Männer, manchmal sogar um Kinder. An ihrem autistischen Verhalten zeigt sich jedoch, so Enzensberger, »wie stark das Patriarchat erodiert ist. Zu seinen uralten Traditionen gehörten die Männerbünde. Sie hatten die Aufgabe, den testosteronbedingten Energiestau der Jugend, ihren Taten- und Blutdurst durch Initiationsriten zu kanalisieren. Dem werdenden Macho wurden Mutproben und Schaukämpfe abverlangt. Dabei mußte ein strikter Ehrenkodex eingehalten werden. [...] Heutigen Gewalttätern sind solche Vorstellungen fremd. Es ist eine neue Männlichkeit, die hier zum Vorschein kommt.«[16]

Enzensbergers These vom völligen Verlust an Form und Ethos wird allerdings von Forschern, die sich in den letzten Jahren empirisch dem Phänomen des molekularen Krieges und seiner jugendlichen Kämpfer genähert haben, in Frage gestellt. Für Sudhir Kakar beispielsweise, der die Gewalt der Frommen[17] in Indien untersucht hat, und für Mark Juergensmeyer[18], der weltweit Terroristengruppen nach Praxis und Motivation verglich, gehört gerade das gegen die Moderne gerichtete Erstarken von Männerbünden zu einem Movens der neuen Kriege. Dabei spiele es übrigens keine Rolle, ob diese Männerbünde religiös, ethnisch oder durch bloße Wut auf die ›Anderen‹ oder das Establishment bestimmt seien. Es schien den Forschern geradezu so, als diene die im Gewaltakt vollzogene Machterfahrung vor allem der Aufwertung der marginalisierten Männer selbst. Die gleiche Motivation einer Selbstproduktion wenigstens punktuell intakter Männlichkeit spielt sicherlich auch für die Terrorakte amerikanischer *rifle groups*, die Michael Moore 2002 in seinem Film *Bowling for Columbine* interviewte, eine nicht zu unterschätzende Rolle. Das gilt besonders für die *Militia*-Gruppe um Timothy Mc Veigh, der am 19. April 1995 das Federal Building in Oaklahoma City in die Luft sprengte, um schließlich noch seine Hinrichtung medienwirksam zu inszenieren. Dabei ist und bleibt es bedenkenswert, daß das apokalyptische Katastrophenszenario, das die fundamentalistischen amerikanischen *survivalists* entwerfen, mit dem, welches dem amerikanischen Präsidenten zur Eröffnung des Irakkrieges gedient hat, große Ähnlichkeit aufweist.

Bereits 1990 hat Martin Riesebrodt in einer Christentum und Islam vergleichenden Studie den Fundamentalismus als »patriarchale Protestbewegung«[19] beschrieben. Fundamentalismus jeder Couleur, ob religiös, ethnisch oder, wie um 1900, ästhetisch begründet, hat eine radikal antimoderne Stoßrichtung. Daß Fragen des Geschlechterverhältnisses in fundamentalistischen Diskursen außerordentlich bedeutsam sind und daß es dabei so gut wie immer auch um die Rettung vermeintlich bedrohter, sozial freilich noch herrschender Männlichkeit geht, darüber besteht kein Zweifel. Was jedoch auffällt, wenn man die Programmschriften islamistischer Gruppen wie etwa der ägyptischen Muslimbruderschaft[20] liest, ist die Tatsache, daß die westliche Moderne, gegen die diese Gruppen kämpfen, durch Figuren des bedrohlich ›Weiblichen‹ oder einer von weiblichen Dämonen beherrschten heidnischen Dekadenzzeit – der *Jahiliyya* – charakterisiert wird. Vor dem Hintergrund einer komplexen Bedrohung tradierter männlicher Herrschafts- und traditioneller Sozialformen erhält die Gewalt, das Gewehr und das Töten in den neuen Bürgerkriegen nicht allein die mediale Funktion expressiver Selbstdarstellung. Um den Schritt von der Gewalt gegen andere zum sogenannten Selbstmordattentat zu gehen, bedarf es gleichwohl einer religiösen Motivation und einer besonderen, am Märtyrertum orientierten Begründung. Erst dadurch kann das tödliche Selbstopfer mit einer besonderen Heilserwartung verknüpft werden – einer Heilserwartung, die allerdings zugleich auf die Wiederherstellung einer idealen sozialen Ordnung zielt, wie sie die Ur-Gemeinde die – Ur-*umma* – von Medina zur Zeit Mohammads verkörperte. Je poröser nun im Prozeß der globalen Modernisierung die Rollen, Figuren und Strukturen des Sozialen oder des Staates werden, desto bedeutsamer sind Gruppen, Gemeinschaften, Bünde und Banden. Das gilt auch für den Fall, wo sich staatliche Strukturen im Sinne des westlichen Modells erst gar nicht entwickeln. Auch dann bilden Netzwerke religiöser oder ethnischer Gemeinschaften wie solche der Muslimbrüder, ebenso jedoch Banden und Bünde die einzige Basis für ein Minimum an Solidargemeinschaft. Denn, um ein Wort des bedeutendsten deutschen Männerbundtheoretikers des frühen zwanzigsten Jahrhunderts, Hans Blüher, zu zitieren: »Wer im Bunde ist, kann nicht sinken.«[21]

In einer Zeit, in der sich das westliche Europa in seiner selbstgewissen liberalen Haltung von dem religiös begründeten Krieg der USA ebenso weit entfernt wähnt wie von den Bandenkriegen und religiösen Fundamentalismen, den Selbstopfer-Attentätern und ›Heiligen Kriegen‹ in Übersee, in Osteuropa und im Fernen Osten, kann ein nachdenklicher Blick auf Texte, Figuren und Rituale von Nutzen sein, die die deutschen Gründungsszenarien des ›Männerbundes‹ entwerfen. Der Diskurs und das soziale Modell des Männerbundes begann etwa um 1900 während seines imaginären Transfers aus den tribalen Gesellschaften im Zweiten Deutschen Kaiserreich wirksam zu werden. Das geschah nicht zufällig etwa parallel zur folgenreichen europäischen Entdeckung des ›Rituals‹ im kolonialen Grenzdiskurs. Entwickelten sich nun die angelsächsischen und französischen ritualorientierten soziologischen Versuche – so ganz deutlich bei Emile Durkheim – zugleich zu experimentellen Sozialtheorien der modernen Massengesellschaft, so blieb das deutsche Ensemble von Männerbund und Ritual eher antimodern ausgerichtet. Gemeinsam war allen Theorien jedoch die Entdeckung des Sozialen und die große Rolle, die den kollektiven Affekten, ja dem Rausch oder der ›Orgie‹ als Movens von Gemeinschaft zugesprochen wurde. Rituale – auch europäische wie die Selbstfeier der Revolution von 1789 – wurden im emphatischen Sinne als Medien von Massenerregungen, festlicher Selbstwahrnehmung und Vergesellschaftung verhandelt. Ging es in den die gemischte Masse der modernen demokratischen Gesellschaften ins Blickfeld nehmenden Theorien vor allem um Fragen der sozialen Kohäsion, so trat im Männerbunddiskurs gerade die Abkehr von der Masse in den Vordergrund. Gleichwohl ist auch der Männerbund Produkt eines rituellen Prozesses, nämlich der Initiation. Auch er lebt vom gemeinsamen Verwandlungsrausch. Faszinierend schien jedoch für die männliche Jugend um 1900 vor allem die Vorstellung einer von den Vätern ebenso wie von den Frauen befreiten, rein männlichen Form von Gemeinschaft – noch dazu eines sich allein aus dem gemeinsamen ›Erleben‹ bildenden, außerhalb aller gesellschaftlichen Institutionen und Positionen stehenden Bundes der unverheirateten Jünglinge und Männer. Allerdings drängt bereits im Kaiserreich Wilhelms II. das soziale Modell des Männerbundes aus der jugendbewegten Subkultur jenseits des Staates ins Zentrum des Politischen. Durch den Krieg sakral erhöht im ›Erlebnis der Kameradschaft‹, wird der Männerbund spätestens 1918 zu einem diskursiven und sozialpolitischen Bollwerk gegen die Modernisierung und die moderne ›gemischte‹ Gesellschaft. Heute scheint es allerdings nahezu vergessen, daß der Kampf gegen die Moderne im Zweiten Deutschen Kaiserreich und in der Weimarer Republik an vorderster Front der *sexual politics* und nicht zuletzt als ein Ringen um hegemoniale Männlichkeit ausgetragen wurde.

In diesem Sinn will das vorliegende Buch den kolonialen Grenz- und Denkraum ausleuchten, in dem sich um 1900 in Deutschland die folgenreiche Entdeckung des Initiationsrituals und seines stammesgesellschaftlichen Trägers, des Männerbundes, abspielte. In vielfachen Brechungen geschah dies parallel zu der Selbstentdeckung der deutschen Jugend als ›eigener Stand‹ – einer Jugend, die auf ihrer Suche nach dem Unbedingten aus den Städten der Moderne hinauswanderte und zuerst in der Natur, dann im Krieg ihr ›Heil‹ suchte. Vom frühen Wandervogel und seinen literarischen Selbstentwürfen eines idealen Jünglings und Wanderers »zwischen beiden Welten« angefangen, über Rilkes Konstruktion einer Rauschkonkurrenz zwischen weiblich-dionysischer und männlich-kriegerischer Provenienz im *Cornet,* bis zu Benns Kult der Form in der *Dorischen Welt* und Thomas Manns homoerotischen Figurationen im *Tod in Venedig* leuchten literarische Entwürfe die unbewußte Dimension des Männerbunddiskurses aus. Dabei wird immer wieder die bereits im nackten und gleichwohl reinen Glanz des Winckelmannschen Ideals aufscheinende Figur des edlen, begehrten und geopferten Jünglings als dessen geheime Matrix umkreist. Die Jünglingsgestalt trifft um 1900 im mythischen Über-Mann Herakles und in den Stahlgestalten des Krieges auf ihr Gegenüber, steht jedoch auch in Spannung zum performativen Handlungsraum des Bundes. Überhaupt sind es vor allem performative Verwandlungserlebnisse und die Sexualisierung gesellschaftlicher Konflikte, die den Männerbund zwischen Ekstase und Gewalt, Nietzsches ›Satyrchor‹ und Höflers ›Totenheer‹ oszillieren lassen. Die hier angedeuteten Konnotationen erhält der Männerbund im kulturellen Diskurs freilich erst durch Hans Blüher, dessen bisher wenig erforschtes Werk im Zentrum des Buches steht. Aus einer gleichsam imaginären Ethnographie der Männlichkeit avancierte der Männerbund nicht zuletzt durch Blüher zum zentralen Kampfbegriff gegen eine Moderne, die man sich zugleich weiblich und jüdisch vorstellte.

Das soziale Modell eines rein männlichen Bundes, das sich ebenso radikal von der traditionellen Familie wie von den rationalen Gesellschaften abgrenzte, gab bereits vor 1914 eine freilich durch und durch misogyne Antwort auf die brennende Frage nach dem, was die moderne Gesellschaft eigentlich zusammenhält. Durch den ›Rausch‹ von 1914 und die Fronterfahrung des Krieges erhielt der Männerbund mitsamt seines Führers nach 1918 real und ideologisch schnell den politischen Status einer charismatischen Gegengesellschaft. Nun verknüpfte sich in ihm auf radikale Weise die Suche nach antirationalen – an Kult, Affekt und Ritual orientierten – Gemeinschaftsformen mit dem politischen Ringen um hegemoniale Männlichkeit. Die Blühersche Theorie begann freilich nicht zufällig mit einer Schrift zum Wandervogel. Angeregt durch die Lektüre der Psychoanalyse – und wohl auch durch eigene Erfahrungen – setzte Blüher die Homoerotik ins Zentrum des Männerbundes und traf dabei auf ein skandalträchtiges Thema seiner Zeit. Bewirkten doch die Moltke-Eulenburg-Prozesse, die 1908 begannen und zum größten ›Sexskandal‹ des Kaiserreiches führten, eine Politisierung der Homosexualitätsdebatte, die zugleich ins Zentrum gesellschaftspolitischer Fragen und in den Kern schon länger virulenter Ängste vor einer Effeminierung der Politik wiesen.[22]

Blühers Männerbundtheorie kann freilich aus heutiger Sicht nicht ohne ihre Perspektive auf die männerbündisch organisierten Kampfverbände und Banden der Freikorps, der SA oder der SS gedeutet werden. Es wäre jedoch zu kurz gegriffen, wollte man das Blühersche Männerbundmodell, wie es häufig geschieht, einzig als Vorbereitung auf den Nationalsozialismus deuten. Es bedarf nur einer kleinen Perspektivverschiebung, um im Männerbundmodell – als eines durch rauschhafte Gefühlserlebnisse um den ›charismatischen Männerhelden‹ bewirkten Zusammenschlusses von brüderlichen Freunden – den dämonischen Doppelgänger republikanischer Brüderlichkeitsideale seit 1789 zu erkennen. Mit seinem Modell freiwilliger Bünde der männlichen Jugend, in der (homo)erotische und rituelle Elemente eine entscheidende Rolle spielen, weist Blüher in der Tat nicht allein auf die Subkultur rechtsradikaler Männerverbände und Männerbanden oder gar die kultisch gerahmten Massenerregungen der NS-Parteitage voraus. Sein Werk klagt vielmehr einen Reflexionsbedarf ein, der die Rolle von Affekten, Inszenierungen und Ritualen auch in den modernen demokratischen Gesellschaften Europas betrifft. Vielleicht gelingt es erst dem inszenierungsgeschulten Blick aus der massenmedialen »Selbsterregungskommune« (Sloterdijk) von heute heraus, das erotische, theatrale und intellektuelle Potential des Männerbundes und seines so ambivalenten Theoretikers zu entdecken. Eines ist jedenfalls sicher: Dem damals auf unterschiedlichsten Ebenen der Gesellschaft geführten Diskurs um Rausch, Opfer, Gemeinschaft und Bund kommt in einem weitaus breiter gefaßten sozialen und geschlechterpolitischen Such- und Orientierungsprozeß eine zentrale Bedeutung zu – einem Suchprozeß, in dem der Kampf um soziale Männlichkeit und gegen eine gleichwohl faszinierende Homosexualität eine zentrale und bis heute zu wenig beachtete Rolle spielte.

2.1. Jugend als Übergangsphänomen um 1900

Genau ein Jahr nach der formellen Gründung des Wandervogels in Steglitz verkündete Ellen Key 1902 in ihrem Bestseller *Das Jahrhundert des Kindes*[23]. Ähnliche Hoffnungen auf eine Heilung der überlebten Kultur, wie sie die Schwedin Key mit der Reinheit und Unschuld des Kindes verband, wurden um 1900 freilich weniger vom Kind als von der vitalen Erneuerungskraft der Jugend erwartet. So träumte etwa Friedrich Nietzsche bereits 1873 von einem »Reich der Jugend«, das nicht allein antihistoristisch für das ›Leben‹ einstehe, sondern gleichsam die Welt erlösen könne.[24] Die »Mission jener *Jugend*«, so Nietzsche, »jenes ersten Geschlechtes von Kämpfern und Drachentötern, das einer glücklicheren und schöneren Bildung und Menschlichkeit voranzieht«, bestehe neben »dem Protest gegen die historische Jugenderziehung« in der Forderung, daß man hinfort nur im »*Dienste des Lebens* die Historie gebrauche«.[25] Gegen den entleerten Habitus des guten Geschmacks bürgerlicher Klassizität setzte allerdings bereits Nietzsche wie später die Jugendbewegung nicht das Pathos des Eingreifens in Geschichte, sondern das Erlebnis. Von ›heilbringender‹ Jugend, wie sie dann 1914 zur Ikone nationaler Erneuerung erhoben wurde, hatten freilich auch andere geträumt. Schon zu Beginn des 19. Jahrhunderts sprach Friedrich Ludwig Jahn altertümlich weihevoll vom »Jungtum«[26]. Der Turnvater hatte sich früh darum bemüht, seine patriotische Turnerbewegung mit den studentischen Vereinigungen zu verbinden.[27] Im Gegenzug wurde er von einer Jugend, die um 1900 ihr ganz eigenes ›Zurück zur Natur‹ proklamierte, auch als der primitive Mann und Naturmensch verehrt, der »eine Zeitlang in einer Höhle gehaust hatte und später im Bärenfell durch Berlins Straßen flaniert[e]«[28]. Auch Julius Langbehn beschwor bereits 1890 in seinem von der Jugendbewegung vielgelesenen Buch *Rembrandt als Erzieher* die »unverdorbene Jugend« als Retter Deutschlands. 1902 war das neue Zeitalter also »längst zum Jahrhundert der Jugend«[29] avanciert, und selbst in der noch eher biederen Moral der deutschen Jugendbewegung dominierte die Suche nach Neuheit und Wandel. Immerhin repräsentierte Deutschland, das zwischen 1873 und 1895, also »in der Spanne von nicht einmal einer Generation zum Industriestaat wurde«[30], ökonomisch mehr als jeder andere europäische Staat Erneuerung und Dynamik. Politisch schien sich gleichwohl auf den ersten Blick diese Modernität nicht durchsetzen zu wollen. Deutschland war seit 1871 ein Kaiserreich und keine Republik. Dafür proklamierte Wilhelm II., der 1888 im Alter von 29 Jahren den Thron bestieg, sein »persönliches Regime als Manifestation der Jugendlichkeit«[31]. Mit einem auffälligen Hang zu feierlicher Theatralik repräsentierte er allerdings weit besser die sich ebenso pompös wie aggressiv entfaltende Großmacht Deutschland. Insbesondere spiegelte sich in ihm die innere Ambivalenz des Zweiten Deutschen Kaiserreichs. Einerseits war der Kaiser ein nervöser, eher romantischer Mann, der sich am liebsten mit seinen engsten Freunden in exklusive Jagd- und Tafelrunden zurückzog, andererseits repräsentierte er öffentlich imperiale Dynamik und metallglitzernde Virilität. Gerade in ihrer Theatralität und der eher romantischen Mischung aus Erneuerungswillen und Liebe zum Mythisch-Uralten trafen sich die keuschen Inszenierungen der rebellierenden Jugend sehr wohl mit den pompösen Festen und Feiern des jugendlichen Kaisers.

Um 1900 war die Vorsilbe ›jung‹ zu einer magischen Formel geworden, einer Formel, die sich weniger historisch, als biologisch und vor allem ästhetisch artikulierte.[32] Ohne die Vorsilbe ›jung‹, die später freilich auch durch die Kriegserfahrung definiert wurde, konnte sich in der Weimarer Republik keine Partei oder ›Bewegung‹ mehr in der Öffentlichkeit behaupten. Gleichzeitig erschien die zunächst noch schillernde Utopie einer »Überwindung der Parteien durch die Jugend«[33] am politischen Horizont. Zur Zeit der Jahrhundertwende konzentrierte sich der Jugendkult noch mehr oder weniger auf bürgerliche Zirkel; »Berührungen mit den literarischen Eliten, etwa dem Kreis um Stefan George«[34], hatten damals allerdings schon einigen Einfluß. Bis 1914 sollte der ›Mythos der Jugend‹ militarisiert werden, um sich nach dem Krieg in eine antirepublikanische Kampfformel gegen das ›Bürgerliche‹, das ›Alte‹ und die ›Alten‹[35] zu wandeln.

Doch was verbarg sich in der Anfangszeit um 1900 hinter dem Mythos von der ›Jugend‹, den oft genug solche beschworen, die sich deutlich in mittleren Jahren befanden, wen schloß er ein und was wurde durch ihn verdeckt? Die Entdeckung der Jugend als eigener Stand, wie es die berühmte Formel der Freideutschen Jugend auf dem Hohen Meißner 1913 proklamieren wird, war sicherlich Ausdruck für die bewußte Nutzung des durch die längeren Ausbildungszeiten entstandenen Moratoriums zwischen dem Kindsein und dem Eintritt in das Berufsleben. Zum ersten Mal erlebte jedoch eine breite Schicht des bürgerlichen Mittelstands die Übergangszeit zwischen dem Kindsein und dem Erwachsenwerden auch als problematische Durchgangszeit mit ganz eigenem Gewicht. Allein zeitlich verlängerte sich damals der Abstand zwischen Pubertät und Heirat. Setzte einerseits die sexuelle Reife seit Mitte des 19. Jahrhunderts einige Jahre früher ein[36], so verschob sich andererseits die Heirat durch verlängerte Ausbildungszeiten bei den mittelständischen Jungen manchmal bis zum 30. Lebensjahr. Ein kulturelles Phänomen, das Siegfried Bernfeld 1923 als »gestreckte Pubertät«[37] bezeichnen wird und das sich im Verlauf des zwanzigsten Jahrhunderts zu einer »Postadoleszenz, die beliebig dehnbar ist«[38], wandelte, wurde um 1900 erstmals in seiner ganzen Brisanz erfahrbar. Zusammen mit der fortschreitenden Trennung der Welt der Arbeit von der der Familie und der damit verbundenen Abwesenheit des Vaters bedeutete die neue Übergangszeit für die Jugendlichen sicherlich einen

Zugewinn an Autonomie. Doch ohne eigenes Einkommen und vielleicht sogar von Arbeitslosigkeit bedroht, blieben sie nun andererseits auch länger unter der Herrschaft der Eltern. Gleichzeitig wurde besonders die Generation der um 1885 Geborenen, also die Generation der Jugendbewegung, in extremer Weise mit ›Liminalität‹ konfrontiert. ›Liminalität‹ ist ein Begriff, mit dem der Ethnologe und Kulturtheoretiker Victor Turner die zwischen allen strukturellen und sozialen Positionen befindliche Situation der Initianden im Prozeß der Initiation beschrieben hat. Die Jugendlichen stehen als Grenzgänger auf der Grenze ihres sozialen Kosmos und sind im sozialen wie im existentiellen Sinne ›Zwischenwesen‹ und damit, so Turner, »*betwixt and between*«[39]. Turner war einer der ersten Ethnologen, die ihr Augenmerk auf die performativen Prozesse von Verwandlung und Veränderung in sogenannten ›kalten‹ tribalen und später auch in ›heißen‹ modernen Gesellschaften[40] richteten, und, vom Ritual ausgehend, Ansätze zu einer Kulturtheorie des Performativen entwickelten. Im Anschluß an Turner hat Mario Erdheim den Versuch unternommen, die erweiterte Adoleszenz von Jugendlichen in den modernen Gesellschaften durch Kategorien wie ›Liminalität‹ zu erfassen.[41] Die Übergangssituation ist für Jugendliche immer ambivalent. Die Gruppe der Initianden selbst wird als ›wild‹, ›unrein‹ oder gar ›monströs‹ mythisiert, denn »Schwellenwesen sind weder hier noch da; sie sind weder das eine noch das andere, sondern befinden sich zwischen den vom Gesetz, der Tradition, der Konvention und dem Zeremonial fixierten Positionen.«[42] Je schneller sich nun eine Gesellschaft verändert, desto »länger wird die Adoleszenz ihrer Angehörigen werden; andererseits setzt die verlängerte Adoleszenz die psychische Energie frei, die den Wandel weiterhin beschleunigt«.[43] In diesem Sinne lassen sich auch die Jugendlichen um 1900 als liminale Wesen und Grenzgänger deuten. Einerseits lösten sich die Werte, Vorbilder und Traditionen der patriarchalen, noch sehr ländlichen Gesellschaft damals mehr und mehr auf. Was es hinfort jedoch bedeutete, ein Mann oder eine Frau zu sein, und wie der Arbeitsalltag und das Verhältnis der Geschlechter aussehen sollte, dafür gab es andererseits noch keine neuen verbindlichen Formen. Besonders die nach Marx im doppelten Sinne ›freigesetzten‹ Arbeiterjugendlichen begannen zu dieser Zeit für die bürgerliche Gesellschaft zunehmend Qualitäten des ›Wilden‹ anzunehmen. Die Erdheimsche These, daß die Jugendlichen in den modernen Gesellschaften selbst, losgelöst vom tradierten Zeremoniell, die bedrohlichen Eigenschaften des Liminalen repräsentieren, bestätigt sich freilich auch sprachgeschichtlich. So entstand der erste wissenschaftliche Begriff des ›Jugendlichen‹, der den Jünglings-Begriff des 18. Jahrhunderts ablöste, nicht etwa »im Umfeld einer um ihr eigenes Selbstverständnis ringenden bürgerlichen Jugend, sondern angesichts der Probleme von Delinquenz und Verwahrlosung unter Arbeiterjugendlichen.«[44] Als lebensgeschichtlicher und sozialer Grenzgänger und als Repräsentant des Klassenkonflikts bedrohte vor allem dieser ›Jugendliche‹ die bürgerliche Ordnung.

Aufgrund einer einmaligen Koinzidenz von radikalem gesellschaftlichen Umbruch und der Entdeckung der ›Jugend‹ als Lebensform mit besonderer Eigenart, erfuhren die Jugendlichen um 1900 die verlängerte Adoleszenz zugleich individuell und als Symbol der Modernisierung. Denn ›Jugend‹ war, wie gesagt, die lebensphilosophische Heilsformel, in der sich der Bruch mit dem Historismus des 19. Jahrhunderts und die Reform unterschiedlichster Lebensbereiche verbanden.

Gleichwohl enthielt die scheinbar weitgefächerte Offenheit des Vitalkonstrukts ›Jugend‹ soziale und auch geschlechtsspezifische Grenzen. Denn der Mythos der jungen Generation begann als bürgerliche Idee. Er wurde vor allem dort attraktiv, wo jugendliche und intellektuelle Kreise aus den höheren Mittelschichten durch den ökonomischen Umbruch und die beginnende Konkurrenz der Arbeiterjugendlichen und der Mädchen um die gewohnte Sicherheit und die Privilegien ihres gesellschaftlichen Status bangen mußten. Auf den ersten Blick scheint es zudem verblüffend, wie lange Jugendkult und Jugendbewegung nur die eine Hälfte der Jugendlichen wirklich umfaßte und sich damit realiter auf einen Jungenkult und eine Männerbewegung beschränkte. Wenn 1903 Isadora Duncan in ihrer Vorlesung *Tanz der Zukunft*[45] im Aufbruch der neuen Generation auch den des ›freien Weibes‹ sehen will, ist es in vielen Kreisen noch nicht einmal sicher, ob die Durchschnittsmädchen überhaupt eine ›Jugend‹ haben. Als beispielsweise die Ortsgruppe Jena auf der Hauptversammlung der Wandervögel 1907 in Berlin den Antrag stellte, »den Begriff der Jugend auch auf das weibliche Geschlecht auszudehnen und das Mädchenwandern in den Wandervogel aufzunehmen«[46], hatte sie damit vorerst keinen Erfolg. Diese heute anachronistisch wirkende Einstellung und die damit verbundene »krasse Gegenüberstellung von sogenannten weiblichen und männlichen Lebensformen« war nicht auf den Wandervogel beschränkt, sondern entsprach voll und ganz »der öffentlichen Meinung im wilhelminischen Deutschland«[47]. Jugend wurde lange ganz selbstverständlich nur männlich gedacht, und die oftmals mühselige Integration der Mädchen in die Jugendbewegung stellte, dort, wo sie gelang, zugleich eine kleine Revolte gegen die bürgerlichen Erziehungsnormen des 19. Jahrhunderts dar. Wie Thomas Mann 1901 am Schicksal von Tony Buddenbrook zeigt, einer freilich eher pragmatischen Schwester Effi Briests, diente im traditionellen höheren Bürgertum die Übergangszeit vom Kindsein zum Erwachsenwerden für die Mädchen ausschließlich der Vorbereitung auf die ›gute Partie‹ und die Ehe. In der vom Wandervogel ausgehenden Jugendbewegung versuchte man nun langsam, das Ideal der Kameradschaft auch auf Beziehungen zwischen den Geschlechtern auszuweiten und so Spielräume für Neues zu schaffen. Die ›Mädchenfrage‹, also die Frage, ob Mädchen und Jungen gemeinsam wandern sollten, avancierte dabei neben der Debatte um die Homosexualität zur Kernfrage der Wandervogelbewegung.[48] Am vehementesten jedoch protestierte derjenige Teil des Wandervogels gegen die Aufhebung der sonst noch herrschenden Geschlechtertrennung, der nicht nur um die guten Sitten, sondern auch um die eindeutige Geschlechtsidentität der Jungen und Mädchen fürchtete. So prophezeite der Verfasser des berühmten Liederbuches *Der Zupfgeigenhansel*, Hans Breuer, 1911 in einem damals vielgelesenen Aufsatz mit dem Titel *Das Teegespräch*, daß das gemeinsame Wandern »Mischgewächse und Halbgeschöpfe« heranbilde, da lauter »verbengelte Mädchen« und »verweichlichte Buben«[49] dabei entstehen würden. Dort, wo den Mädchen der Zugang zum ›Jungenreich‹ dennoch gewährt wurde, geschah das freilich oft um den Preis der Verdrängung der sexuellen Dimension in der Geschlechterbeziehung. Hin- und hergerissen zwischen einer moralisch rigiden, zugleich jedoch verlogenen Elternwelt – 1891 hat sie Frank Wedekind in *Frühlings Erwachen* drastisch geschildert – und einer städtischen Umwelt, in der Sexualität begonnen hatte, sich in all ihren Spielarten deutlicher zu präsentierten, folgte die Jugend des Wandervogels und der Jugendbewegung dem Ideal von Reinheit und Kameradschaft. Eine der hellsichtigsten zeitgenössischen Kritikerinnen der Jugendbewegung und ihrer ›Männerbündelei‹, Elisabeth Busse-Wilson, betonte sowohl den Gewinn an Gemeinschaftlichkeit zwischen den Geschlechtern als auch das Opfer an erotischem Erleben, mit dem sich die Jungen und Mädchen damals ihren Freiraum erkauft hätten: »Es bleibt die unbestrittene schöpferische Leistung der neuen Jugend«, so die Sozialistin Busse-Wilson, »daß sie den Ausweg aus dem Sumpf des bürgerlichen Liebeslebens und des unjugendlichen Geschlechterverhältnisses fand, indem sie den gordischen Knoten durchhieb und zunächst eine Kameradschaft voller Menschlichkeit an die Stelle setzte.«[50] Angesichts einer korrupten Moral nun aber völlige Askese zu pflegen, sei eigentlich kein wirklicher Ausweg, sondern eine Flucht vor dem Wagnis einer neuen Beziehung zwischen den Geschlechtern. Im Grunde dienen nach Busse-Wilson sowohl das Kameradschaftsideal wie das Männerbündlertum dazu, »die gefürchtete Macht der Geschlechtlichkeit zu verharmlosen«[51] und sich dem »konfliktreichen Kampf um die Gemeinschaft mit der Frau«[52] zu entziehen. Hellsichtig analysiert Busse-Wilson in diesem Zusammenhang die jugendbewegten Riten, den Liederkult und die Tanzlust der Jugend als eher zweischneidige Symptome des ungelösten Problems der Sexualität. Denn wie die Freikörperkultur bedeuteten sie sowohl Freigabe als auch Entsexualisierung der Geschlechterbeziehung. In ihren keuschen Selbstinszenierungen, den sehnsüchtigen Liedern an nächtlichen Lagerfeuern, den rituellen Tänzen und den tiefen Gesprächen über den Eros entstand, so die Autorin, »eine sterile Atmosphäre der ›Harmlosigkeitsverlogenheit‹, [eine] allzu bewußte Naivität«[53]. Auf diese Weise entwickelte sich aus einer nicht zu Ende geführten Revolte eine explosive Mischung aus Kitsch, Kult und Abwehr. Das wohl berühmteste Programmlied der wandernden Jugend enthält die ganze Spannung von Verzicht und Zugewinn im Verhältnis der Geschlechter. Sein redender Titel lautet: *Wann wir schreiten Seit an Seit.*[54] Die ganze Ambivalenz des neuen Kameradschaftsideals kommt allerdings erst in der vorletzten Strophe zum

Ausdruck: »Mann und Weib und Weib und Mann sind nicht Wasser mehr und Feuer. Um die Leiber legt ein neuer Frieden sich, wir blicken freier, Mann und Weib, uns fürder an, Mann und Weib, uns fürder an.« Gleichwohl verband sich für viele Mädchen und Jungen mit dem gewonnenen Spielraum eigenständiger Aktivitäten die definitive Hoffnung auf Veränderung. So mündet nicht allein dieses Lied in die Perspektive einer von Melancholie gereinigten und so dynamisch gemachten Sehnsucht ein, in der die kollektive, nun eschatologisch ausgerichtete Bewegung der Jugend zugleich einen ›Neuen Äon‹ beschwört: »Wann wir schreiten Seit' an Seit' und die alten Lieder singen, und die Wälder wiederklingen, fühlen wir, es muß gelingen: Mit uns zieht die neue Zeit, Mit uns zieht die neue Zeit.«[55]

Um 1900 vereinigte sich allerdings nicht nur der romantische Teil der bürgerlichen Jugend, um wandernd mit den Städten auch einer ungeliebten Moderne den Rücken zu kehren, zu dieser Zeit formierte sich auch die völkische Bewegung in wachsendem Maße und erschuf sich ein eigenes zentrales Sprachrohr. Sie hatte ihre ganz eigenen Pläne mit der heranwachsenden Generation. 1902 erschien Willibald Hentschels völkische Zuchtphantasie von der ›arischen Rasse‹, aus der ein »Heldenvolk der Zukunft«[56], wenn nicht gar der »Neue Mensch«[57] hervorgehen werde. 1902 wurde zudem das (Halb-)Monatsblatt *Hammer* zum ersten Mal publiziert, eine Zeitschrift, die hinfort die ganze Vielfalt der völkischen Bewegung repräsentieren[58] sollte. Gleichzeitig spitzte sich der seit den Befreiungskriegen auch in Deutschland mit nationalem Ethos versehene Männlichkeitsdiskurs[59] um 1900 gleichsam als Krisensymptom patriarchaler Ordnung kämpferisch zu.

2.2. Moderne Männlichkeit als politische und ästhetische Tatsache

In der Zeit der Französischen Revolution und der Befreiungskriege vermochten noch die edlen Gestalten des Malers Jacques-Louis David und stürmische, wenn auch verträumte Kriegshelden wie der Kleistsche Prinz von Homburg eine neue Gesellschaft oder wenigstens ein neues, bürgerliches Ethos zu verkörpern. Gleichwohl entwickelte sich schon damals, wie dann um 1900 durch die naturliebende Wanderjugend, ein dazu konträrer kultureller Diskurs. Dieser Diskurs fand seinen ersten Höhepunkt mit der Romantik. Schon in dem unglücklich liebenden Werther, besonders jedoch im Lebenskünstler Taugenichts oder dem Träumer Heinrich von Ofterdingen traten Konzepte zartfühlender, zum Teil unsozialisierter, aber vor allem ›femininer‹ Männlichkeit[60] neben die normativen Modelle des rational-beherrschten Bürgers und des mutigen Kriegers. Dabei ging es bei der Gestaltung des Künstlers als ›effeminiertem Mann‹ freilich nicht »um die Neubewertung des Weiblichen, sondern um die Aufwertung männlicher Weiblichkeit«[61]. Trotz des zu beobachtenden Umwertungsprozesses im romantischen Diskurs verblieben noch in der Mitte des 19. Jahrhunderst sowohl die Erschütterung der patriarchalen Ordnung als auch die Suchbewegungen der Söhne vor allem im Rahmen literarischer Selbstreflexion[62]. Das normative bürgerliche Männlichkeitsmodell wurde durch sie nicht in Frage gestellt. Wird sich das um 1900 ändern? Wohlgemerkt eigneten sich im romantischen Wandervogel nicht mehr nur ein einzelner, sondern ein männliches Kollektiv und ein Teil der bürgerlichen Jugend ›weibliche‹ Qualitäten an. Eines ist freilich zu bedenken: Mit der zunehmenden Loslösung der Sexualität von der Reproduktion und der Emanzipation der Frauen, ebenso jedoch durch die in Medizin, Psychoanalyse und Psychiatrie immer evidenter werdende Existenz männlicher Hysterie, Nervosität[63] und Homoerotik, drängten um 1900 Fragen nach männlicher Identität und Sexualität auf neue und beunruhigende Weise in die Diskurse kultureller Selbstverständigung.

Wie Uwe Hohendahl in einer Problemskizze zur *Krise der Männlichkeit im späten 18. Jahrhundert*[64] betont hat, konnten die aus dem erschütterten Patriarchat auswandernden Stürmer und Dränger um 1800 mit ihrem Körper noch zugleich ein ästhetisches Ideal und die staatsbürgerlichen Tugenden repräsentieren. Folgt man den Studien des Historikers George Mosse zur Konstruktion der modernen Männlichkeit, dann hat in der zweiten Hälfte des 18. Jahrhunderts auch die Geburtsstunde des noch heute wirksamen modernen Männlichkeitsstereotyps geschlagen. Das geschah zuerst in Frankreich mit der Französischen Revolution und ihrem Ideal der *fraternité* und dem eines heroischen Volkes, das sich in der Figur des Herkules verkörperte, darauf verspätet und nach innen gewandt in Deutschland mit den sogenannten Befreiungskriegen. In beiden Gesellschaften spielte der »Nationalismus, eine Bewegung, die parallel zur modernen Maskulinität entstand, eine wichtige Rolle, denn er übernahm das maskuline Stereotyp als ein Mittel seiner Selbstdarstellung.«[65] Parallel zur Etablierung einer *religion civile* der Nation wurde der idealisierte männliche Körper und der Held, der seine Kraft zu zügeln verstand, vorbildlich von Malern wie Jacques-Louis David zum Sinnbild moralischer Schönheit erhoben. In der stillen Erhabenheit dieses antikisierenden Stereotyps sollen sich hinfort die bürgerlichen Tugenden und die Gesundheit des Staates spiegeln. Die nationalen Allegorien einer Germania, Britannia und selbst der Marianne fungierten hingegen in ihrer statischen Keuschheit und Respektabilität als Hüterinnen der Tradition. Aus dem politisierten Schönheitsideal waren sie hingegen ausgeschlossen: »Gestählte Muskeln«, so Mosse, »waren ein integraler Bestandteil dieser Schönheit. Bezeichnenderweise hatten Frauen, an dem ästhetischen Modell nicht teil und daher auch nicht an dem, was Schönheit für das Selbstbild der neuen Gesellschaft bedeutete.«[66] Der von der Anthropologie der Aufklärung hergestellte Zusammenhang von körperlicher und moralischer Konstitution wurde im Verlauf des 18. und 19. Jahrhunderts besonders durch die Physiognomielehre Lavaters wissenschaftlich weiterentwickelt.

Als eigentlicher Begründer dieser modernen klassizistischen ›Ästhetik der Maskulinität‹ gilt jedoch der deutsche Kunsthistoriker Johann Joachim Winckelmann. Winckelmann wurde 1717 im altmärkischen Stendal geboren und stammte aus kleinbürgerlichen Verhältnissen. Er veröffentlichte 1755 seine Schrift *Gedanken über die Nachahmung der griechischen Werke in der Malerei und Bildhauerkunst*, mit der er sofort berühmt wurde. In demselben Jahr reiste er nach Rom ab, wo er bis zu seinem Tode lebte. Für ihn bedeutete das Studium der Griechen, dem er sich dort hingab, weitaus mehr als ein ästhetisches Unternehmen. Der Winckelmannsche Held stellte im klassizistischen Programm »edler Einfalt und stiller Größe«[67] auch ein ethisches Ideal dar. Mit seinem zur Reinheit strebenden Klassizismus stand Winckelmann nicht allein gegen seinen römischen Zeitgenossen Piranesi und dessen düstere unterweltliche Visionen der Stadt, er richtete sich auch ausgesprochen gegen die mit allen Zeichen des (heterosexuellen) Begehrens, der Gewalt und der Vergänglichkeit ausgestatteten Figuren des Giovanni Bernini. Sein griechisches Ideal hingegen war rein männlich und dabei von strahlendstem Weiß, edel in seinen Proportionen, ohne ein Gramm Fett zuviel und von erhabener Selbstbeherrschung im Ausdruck. Die richtige Betrachtung und Nachahmung der antiken Skulpturen sollte allerdings nicht allein zu einer neuen Kunst führen, sondern sie sollte das Leben »heilen«[68]. Nicht nur das deutsche Gymnasium und die Kunstgeschichte wurden angehalten, bei antiken Vorbildern in die Lehre zu gehen, sondern jeder Bürger könne hier die formgebende ›Zucht‹ und die richtige ›Haltung‹ lernen. Schon Winckelmanns Werk enthielt demnach den lebensreformerischen Impuls, der in der Folge des 19. Jahrhunderts in der Turner- und Gymnastikbewegung so wirksam wurde. Die Idealisierung des nackten Männerkörpers in der griechischen Skulptur bedeutet jedoch zugleich zweierlei: seine Reinigung von jeder Sinnlichkeit und seine Neutralisierung. So war der *Apoll vom Belvedere* den Niederungen individueller Besonderheit ebenso enthoben wie der manifest erotischen Fleischlichkeit. Ein homoerotischer Oberton ist freilich bei der Hervorhebung der idealischen Reinheit der männlichen Skulpturen-Körper nicht zu überhören. Es mangelt dabei nicht an ironischer Tragik, daß gerade dieses im homoerotischen Kontext entstandene Ideal im Verlauf des 19. Jahrhunderts zu dem hegemonialen Männlichkeitsmodell[69] werden sollte, in dessen Namen Homosexuelle ausgegrenzt, pathologisiert und verfolgt wurden.

Im Zentrum des bei Winckelmann noch abstrakten anthropologischen Ideals steht die Forderung nach Harmonie von Dynamik und Ordnung. Mosse betont insbesondere die Rolle der berühmten Laokooninterpretation[70] für die Konstruktion des modernen Männlichkeitsstereotyps, das der »Trias von Gleichgewicht, Proportion und Mäßigung«[71] entspricht. Nach Winckelmann zeigt Laokoon noch im verzweifelten Todeskampf mit den Schlangen keine ›Wut‹, sondern ist voller Selbstbeherrschung: »Der Schmerz des Körpers und die Größe der Seele sind durch den ganzen Bau der Figur gleich ausgeteilet, und gleichsam ausgewogen.

Laokoon leidet, [...] sein Elend gehet uns bis an die Seele; aber wir wünschten, wie dieser große Mann, das Elend ertragen zu können.«[72] Dem großen Vorbild nacheifernd, solle der ideale Mann durch Zucht sein inneres ›Wüten‹ und seine Begierden in der Gewalt haben. Hinfort, so die zentrale These von George Mosse, wird in den bürgerlichen Gesellschaften Europas ein durchtrainierter und gleichsam asexueller abstrakter Körper als nationales Symbol inszeniert. Dieser reine Männerkörper trägt gleichsam die zentralen bürgerlichen Tugenden auf seiner Haut und in seinen edlen Proportionen zur Schau: Disziplin, Selbstbeherrschung, Loyalität, Mut, Gehorsam und nicht zuletzt Todesbereitschaft. Dabei ist die »massive Popularisierung des idealisierten männlichen Körpers auf der durch Winckelmann ›geläuterten‹ Grundlage vor allem griechischer Skulpturen kaum zu unterschätzen.«[73] Winckelmanns ideales Körper-Seele-Modell wird sich von den Eliten des Klassizismus und ihrer Künstler »über die Masse der Kopisten und der medialen Vervielfältigung bis in die Turnerideale eines Jahn und zu den Heeren der Freiwilligen verbreiten und letztlich die gesamte nationale Imaginationswelt mit dem abstrakten männlichen Körperideal durchdringen.«[74]

Die rebellierenden Söhne konnten sich um 1800 mit Hilfe des neuen Ideals als Revolutionäre oder aber als Turner und freiwillige Soldaten von ihrer empirischen Existenz lösen und zum Symbol des neuen patriotischen Allgemeinen aufschwingen. Diese Spaltung von politisierter Virilität und empirischer Sexualität wird in den Männlichkeitsdiskursen um 1900 durch das massenhafte, reale Auftreten des Verdrängten der bürgerlichen Ordnung – den Arbeitermassen und den Frauen – in der städtischen Öffentlichkeit in Frage gestellt. Zusammen mit einer allmählichen Lockerung der bürgerlichen Moral und dem lauter werdenden Diskurs über männliche Hysterie und Homosexualität in Wissenschaft und Gesellschaft erleidet das bürgerliche Konstrukt hegemonialer Männlichkeit als neutrales Ideal des Allgemeinen fundamentale Risse. Mehr und mehr tritt es in direkte Spannung zu Sinnlichkeit, Nervosität und zweideutiger Sexualität und damit auf beängstigend andere Weise zu den Konzepten der *terra incognita* imaginierter Weiblichkeit. Genau diese Tatsache aber, »durchdrungen zu sein vom Geschlecht[lichen,] äußert sich Ende des 19. Jahrhunderts als Phantasma einer Verweiblichung des Mannes«, ja, schließlich als Angstvision einer »Feminisierung der Kultur«.[75] Indem das aufklärerische Subjekt als Repräsentant des Allgemeinen, welches zwar männlich kodiert war, aber dabei so neutral wie der gefesselte Odysseus an seinem Mastbaum zu sein hatte, nun als Ödipus und Adonis zu agieren beginnt, gerät es auf das unsichere Terrain der Geschlechterspannung – einer Spannung, die als Dynamik des Erkennens, wie die Paradiesgeschichte beziehungsweise das hebräische *jadà*[76] lehren, nicht in den Grenzen der Sexualität gefangen ist. Sie betrifft alle Prozesse des Erkennens, ebenso wie sie keineswegs Halt macht vor den als Bollwerke gegen Vermischung gezogenen Grenzen des

›biologischen‹ Geschlechts. Ganz im Gegenteil, so Klaus Heinrich, »die Geschlechterspannung besteht auch im einzelnen Individuum«[77]. Wenn nun das männliche Subjekt, das als Vernunftsubjekt von seiner sinnlichen Konkretion abgelöst das Ganze der Nation und des Staates verkörpern mußte, geschlechtlich und nervös wird, dann bedeutet das im Rahmen der bürgerlichen Geschlechterpolarität, wie sie von Karin Hausen[78] rekonstruiert wurde, es wird weiblich. Es ist daher nicht verwunderlich, daß die zentralen Selbstreflexionsversuche verunsicherter Männlichkeit um 1900 sowohl in der Jugendbewegung als auch bei so seismographischen Autoren wie Otto Weininger und Hans Blüher um den Schock der ›Weiblichkeit‹ im Mann kreisen. Die Entdeckung der Bisexualität durch Fließ und Freud ist nur ein weiterer Markstein eines allgemeinen Bewußtseinsprozesses, in dem auch das männliche Begehren an erschreckender Vieldeutigkeit gewinnt. In diesem Zusammenhang entpuppt sich das Freudsche Theorem einer rein männlichen Libido auch als Abwehr gegen die Auflösung von Differenz und Identität. Zudem kann eine im kulturellen Diskurs des 19. Jahrhunderts in erster Linie mythisch imaginierte Weiblichkeit[79] und damit der gesamte Bereich sexueller Wünsche nicht mehr auf das ›andere‹ Geschlecht allein verbannt werden. Sexualität figuriert allerdings auch als Bauchredner der umfassenderen Erschütterungen von Form und Differenz, die den Prozeß der Modernisierung in der Umbruchphase um 1900 begleiteten. Wenn sich verwirrende Köperzustände aller Art »in der zeitgenössischen Semantik als Einbruch in die männliche Verfaßtheit des Körpers darstellen, so deshalb, weil Kategorien wie Klarheit, Grenzziehung, Unterscheidung mit dem Prädikat ›männlich‹, Vermischung, Entgrenzung, Formlosigkeit dagegen mit dem Prädikat ›weiblich‹ versehen sind.«[80] So ist es nicht verwunderlich, wenn in den heftigen Kulturkrisen-Debatten der Zeit die vermeintlich sittliche ›Degeneration‹ der Gesellschaft immer zugleich »als Krise einer männlichen Identität« beschrieben wird, »in deren Zentrum eine alptraumhaft erscheinende Verweiblichung der Kultur«[81] aufscheint. Überhaupt transportiert ein nun vorwiegend abwehrend dualistisch und naturalistisch geführter Geschlechterdiskurs weit mehr als die realen Geschlechterkämpfe, denn, wie Albrecht Koschorke ausführt, »die Geschlechterdifferenz wird [nun] zur geeigneten *Metapher* für andere, abstraktere Differenzierungskrisen«[82] und damit zu einem exponierten Medium der Modernereflexion selbst.

2.3 Rettung durchs ›Primitive‹: Heinrich Schurtz' Altersklassen und Männerbünde

Vor dem Hintergrund einer Krise der Männlichkeit ist auch die immense Breitenwirkung zu verstehen, die ein ethnographisches Werk in den unterschiedlichsten Diskursen des Wilhelminischen Kaiserreiches erreichen sollte. Gemeint ist

Heinrich Schurtz' völkerkundliche Studie *Altersklassen und Männerbünde* von 1902. Es sollte sich, so der ehrgeizige Untertitel, um *Eine Darstellung der Grundformen der Gesellschaft* handeln. Der Begriff ›Männerbund‹ aber gewann von Anfang an eine derartige Faszinationskraft, daß er sich schnell von dem Buch löste und zu einem Kampfbegriff in der deutschen Kulturdebatte avancierte. Als solcher konnte er schon lange latent wirkende Tendenzen in diversen Teilbereichen der Gesellschaft bündeln und fokussieren. Folgt man den Studien Bernd Widdigs[83] und Nicolaus Sombarts, so rückte der Männerbund schließlich in der ersten Hälfte des 20. Jahrhunderts sogar zum Schlüsselkonzept der »politischen Kultur in Deutschland«[84] auf. Das Anliegen Heinrich Schurtz' war allerdings ein eher wissenschaftliches. Obwohl der Volkskundler mit seinen ethnographischen Vergleichsstudien durchaus auch etwas Zentrales über die Vorgeschichte und Realität der deutschen Bundes- und Vereinskultur aussagen wollte, lag sein Hauptaugenmerk auf der Erforschung der ›Primitiven‹. Die sogenannten ›Primitiven‹, das waren für die Ethnologie im Zeitalter des kolonialen Europa vor allem zwei Gruppen: Zuerst und als bleibende Attraktion die ›Wilden‹, wie man sie in Amerika, Australien und Afrika studieren konnte. Sie dienten den vom Evolutionismus überzeugten Forschern gleichsam als ›lebende Fossile‹ der eigenen Prähistorie, mußten jedoch, zugleich weit entfernt und tief unter den Europäern, auf einer niedrigen Stufe der Entwicklung stehenbleiben. Allerdings entwickelte sich um 1900 im Grenzraum einer verspäteten kolonialen Kontaktzone im Zweiten Deutschen Kaiserreich zugleich eine »imaginäre Ethnographie«[85] moderner Männlichkeit. War die Beschäftigung mit vermeintlich primitiven Kulturen schon im 18. Jahrhundert einer Ambivalenz von »Abwehr und Verlangen«[86] gefolgt, so kam es nun zu vielfältigen Annäherungen und Maskeraden, die, wie das Schurtzsche Beispiel zeigen wird, das ethnographische Material zum Erscheinungsmedium noch unerprobten oder verdrängten imaginären Überschusses werden ließ. Konzepte wie Totem, Tabu und Fetischismus, aber auch Opfer und Ritual beschrieben nicht allein *fremde* indigene Sachverhalte, die, importiert nach Europa, dort ihre Doppelgänger fanden; ihre Entstehung im Kopf der Ethnologen war vielmehr selbst bereits gesättigt mit europäischer Realität.[87] Noch näher rückten die ›Barbaren‹ den Europäern freilich, als man zu vermuten begann, ganze Gruppen ihrer *species* in der Landbevölkerung Europas wiederentdeckt zu haben. So frohlockte ein bedeutender Repräsentant dieser Folkloreforschung, der Schotte und Cambridgegelehrte George James Frazer, im Jahr 1876: »Der primitive Arier ist in Wirklichkeit nicht ausgestorben. Er ist bis heute unter uns.«[88] Wie bereits vor ihm der eigentliche Begründer der viktorianischen Anthropologie, Edward Burnett Tylor, war auch Frazer davon überzeugt, daß »es eine große Unterschicht von Wildheit gibt, die unter unserer gesamten Zivilisation liegt«[89]. Und wie dieser war er sich sicher, daß diese Schicht archaischer Mentalität inmitten der modernen Gesellschaft am besten über das vergleichende Studium von Ritualen und Mythen erschließbar sei.

Zufall kann man es sicherlich nicht nennen, daß der Kronzeuge Frazers ein Deutscher war: der Volkskundler Wilhelm Mannhardt. Seine umfangreichen empirischen Untersuchungen zu *Wald- und Feldkulten* (1875/76) konzentrierten sich vor allem auf die deutschsprachige Landbevölkerung. Mannhardt zählte zu den Verehrern Herders und der Brüder Grimm und verfolgte neben seinem wissenschaftlichen Forschungsinteresse, ganz wie diese, ein patriotisch-romantisches Ziel: Es ging ihm um nicht weniger als »den Glauben unserer nationalen heidnischen Vorzeit«[90], also die Religion der Germanen, wiederzugewinnen.

Heinrich Schurtz ist hingegen nicht auf der Suche nach einer germanischen Volksreligion. Er verortet den Schwerpunkt seiner Untersuchung eindeutig – ethnologisch – in den tribalen Gesellschaften. Auch wenn er oft auf Mannhardts Sammlungen volkstümlicher Rituale und Bräuche in Deutschland vergleichend verweist, um auf die prinzipielle Bedeutung bestimmter Sozialformen aufmerksam zu machen, enthält er sich des nationalen Programms seiner Zeit. Dennoch sieht auch Schurtz, wie seine angelsächsischen und französischen Kollegen, im und am ›Fremden‹ etwas, das im ›Eigenen‹ noch tabuierte oder noch gar nicht verwirklichte Realität ist. Es bleibt zu fragen, was im Konstrukt des ›primitiven‹ Männerbundes mit seiner homosozialen[91] Exklusivität, seinen mitunter gewaltsamen Initiationsritualen und nicht zuletzt seiner starken Bindung an Ahnen- und Totenkult von der Moderneerfahrung zur Darstellung gelangt. Was ist das offenbare Geheimnis des Männerbundes? Worauf antwortet er, wogegen ist er gerichtet und, zu guter Letzt, welche Sehnsüchte und Hoffnungen sind mit ihm verknüpft?

2.3.1 Das Bremer Überseemuseum: Koloniale Maskeraden im Übergangsraum

Heinrich Schurtz, einer der wirkungsmächtigsten und originellsten deutschen Ethnologen und Volkskundler seiner Zeit, prägte nicht allein den Begriff ›Männerbund‹ als wissenschaftliche Kategorie, er wies auch als erster die von der heutigen Ethnologie bestätigte umfassende Verbreitung des Männerbundmodells in Stammesgesellschaften nach.[92] Seine Pionierleistung bestand vor allem darin, von Männern getragene, freiwillige soziale Organisationsformen zu systematisieren, die neben den ›natürlichen‹ Verwandtschaftsgruppen wie Familie und Sippe stehen: Männerhäuser, Clubs und Vereine bis hin zu Krieger- und Geheimbünden. Insbesondere wies er auf die eminente Rolle des Kultischen – insbesondere des Totenkultes – und die Bedeutung des Frauenausschlusses bei den männerbündischen Aufnahmeriten hin. Männlichkeit wird in der Schurtzschen Studie zwar einerseits, und darin folgt er der Naturalisierungstendenz seiner Zeit, als biologisch elementar gesetzt, andererseits jedoch als ein gesellschaftliches und rituelles Konstrukt beschrieben. Die Dramatisierung von Männlichkeit gehört dabei ebenso zur Maskerade der Männerbünde wie die Repräsentation der Toten. Wenn soziale Männlichkeit jedoch erst in langwierigen und hochgeheimen Ritualen produziert werden muß, kann sie nicht sicher sein. An dieser Stelle spätestens beginnt das tribale Konzept zum Bauchredner der modernen Krisen zu werden.

Das weitverzweigte System von Altersklassen, Männerbünden, Clubs und Geheimbünden in den tribalen Gesellschaften konnte Schurtz besonders ausführlich und quasi aus erster Hand als Mitarbeiter des Bremer Überseemuseums studieren, das als Folge deutscher Kolonialbegeisterung im Zuge der großen Gründungswelle ethnographischer Museen um 1900 eingerichtet wurde. Das Museum repräsentierte das immens gestiegene wissenschaftliche Interesse an den indigenen Gesellschaften in den Kolonien – nicht zuletzt, da man im Zuge des evolutionistischen Denkens in ihnen Vorfahren und frühere Stufen der eigenen Entwicklung und damit Zeugen der Urzeit sah. Darüber hinaus hatte die Bremer Kaufmann- und Bürgerschaft ein Interesse daran, die Produkte ihres Überseehandels und die länder- und volkskundlichen Eigenarten der ›fremden Völker‹, aus denen die Waren stammten, einem breiten Publikum näherzubringen. In diesem Zusammenhang stellte der Bremer Museumsverbund, der Handelskunde samt Industrie- und Warenausstellung, Naturkunde – von der Zoologie über die Botanik bis zur Mineralogie und Geologie –, Ethnographie, Anthropologie und Prähistorie verband, eine besondere hanseatische Mischung dar.[93] Heinrich Schurtz betreute von 1893 bis zu seinem Tod 1903 als wissenschaftlicher Hilfsbeamter die ethnologische Abteilung. Am 2. Mai 1903 erlag er vierzigjährig einer zu spät erkannten Blinddarmentzündung.

Seine Arbeit muß vor dem Hintergrund der spezifischen Ausrichtung des Museums rekonstruiert werden: einerseits die enge Verknüpfung der Sammlungen mit dem Handel, die bis hinein in die Genese der Objekte aus Schenkungen[94] großer Handelsunternehmer sichtbar wird, andererseits die auf belehrende Anschaulichkeit wissenschaftlicher Erkenntnisse ausgerichtete Ausstellungskonzeption. Diese verdichtete sich in der Idee des Museums als ›Volksbildungsinstitut‹. So wurden die einzelnen ›primitiven Völker‹ dem Bremer Bürger pittoresk und lehrreich zugleich in lebensnahen szenischen Tableaus präsentiert. Spuren der konzeptionellen und ordnenden Arbeit von Schurtz sind noch heute an der Grundeinteilung der ethnographischen Bestände zu erkennen. So legte er 1893 nicht allein den ersten ethnographischen Eingangskatalog an, sondern ordnete die bereits vorhandenen Ethnographica unter geographischen Gesichtspunkten und ›Zonen‹. Er entwickelte dabei die von seinem Lehrer Friedrich Ratzel begründete ›geographische Methode‹ weiter und galt damals als einer der Wegbereiter der kulturgeschichtlichen Methode und des »Kulturkreis-Gedankens, wie ihn Leo Frobenius ausbildete«[95]. Auffällig ist zudem in der Sektion Afrika der große Bereich zum Thema *Altersklassen und Männerbünde*, in welchem, unter dem von Schurtz 1902 gewählten Titel, bis in unsere Zeit Initiationsrituale und Geheimbünde der

Knaben und Männer dokumentiert werden. Eine ähnliche Gewichtung auf Initiationsrituale – Masken, Zeremoniewerkzeuge, Männerhäuser, Initiationshütten – führt in der Abteilung zu Neuguinea die Schurtzschen Interessen auch auf anderen geographischen Gebieten fort. Seit 1893 arbeitete er an »dem Plan, einen ›großen allgemeinen Überblick‹ zu geben, der sowohl in die gesicherten Erkenntnisse der Museumsethnologie einführen als auch der Frage nach den ›treibenden Kräften‹[96] in der ›Kulturentwicklung‹ nähertreten sollte.«[97]

2.4. Männerbund versus Mutterrecht

Erst mit der Studie *Altersklassen und Männerbünde* von 1902 lieferte Schurtz jedoch seinen entscheidenden Beitrag zum aktuellen wissenschaftlichen Diskurs über die Frühformen der Gesellschaft, die Entwicklung der Familie und die Rolle der Geschlechter. Dies tat er allerdings nicht allein angesichts des überwältigenden Materials aus den indigenen und islamischen Gesellschaften, in denen die Geschlechtertrennung, eine männerbeherrschte Öffentlichkeit und nicht zuletzt Bruderschaften zu tragenden Pfeilern der sozialen Ordnung gehörten, sondern auch mit Blick auf die christlich begründete Geschlechterkultur Europas. Auch hier hatte sich im Rahmen der langsamen Umsetzung des bürgerlichen Geschlechterkonzeptes, das von einer letztlich biologisch begründeten Differenz der Geschlechteridentitäten ausging, eine soziale und räumliche Separierung von Männern und Frauen durchgesetzt. Selbst Leonore, die als Teil des ›idealen Paares‹ einer aufklärerischen Revolutionsutopie von Beethoven in seinem *Fidelio* 1805 präsentiert wurde, »kehrt nach vollbrachter Befreiung des Gatten in die Geschlechterrolle der Frau als Gattin zurück«[98]. Sie hatte diese ohnehin nur durch Kleiderwechsel verlassen. Bereits in der Epoche der Aufklärung wurde, wie gesagt, ein Männlichkeitsmodell entworfen, das aufs engste mit der Neustrukturierung der sozialen und politischen Ordnung verbunden war. Allmählich setzte sich dieses als hegemoniales Konzept von Männlichkeit[99] durch. Hegemonial war der neue Typus von bürgerlicher Männlichkeit freilich nicht allein, weil er das Modell der herrschenden Klasse darstellte, sondern auch weil er die unterschiedlichsten Bereiche und Diskurse normierte. Freilich bezog sich die strukturierende Macht dieser Männlichkeit nicht nur auf die Männer, sondern auf die gesamte Gesellschaft. Auch Frauenrollen und Weiblichkeit werden von nun an immer »dichotomisch geschlechtlich und asymmetrisch durch überlegene Männlichkeit markiert«[100]. Vor diesem Hintergrund klingt Schurtz' geschlechtspolitische Kardinalthese zugleich konsequent und radikal. Sie lautet: Alle gesellschaftlichen Gegensätze, die in der modernisierten Kultur nicht gemildert, sondern noch ausdifferenziert werden, partizipieren realiter und imaginär an dem »tiefsten, unzerstörbarsten Unterschied zwischen den Menschen, dem der Geschlechter. Vor allem ist daher das

Entstehen der menschlichen Gesellschaft ohne beständige Rücksicht auf die Geschlechtertrennung und ihre Folgen weder zu schildern noch zu begreifen.«[101] Indem der europäische Ethnologe in der Folge die ›Antipathie der Geschlechter‹ zum dynamischen Urgrund von Kulturentwicklung erklärt, plaudert er allerdings zugleich über die aktuelle Krise hegemonialer Männlichkeit. Als Reaktion auf die Modernisierung, die die bürgerliche Ordnung erschütterte, verschärften sich um 1900 die Tendenzen zur Naturalisierung gesellschaftlicher Konflikte, wobei »der Kampf von Männlichem und Weiblichem den Rang eines Leitmotivs«[102] erhielt. Zugleich verstärkte und beschleunigte sich die gesellschaftliche Dynamisierung, in die seit Mitte des 19. Jahrhunderts so gut wie alle Bereiche der Gesellschaft geraten waren. In den Wissenschaften erfaßte der Entwicklungsgedanke des Evolutionismus auch vormals ›heilige‹ und ›ewige‹ Werte und Institutionen. Erste radikale Anstöße kamen zunächst von Außenseitern.

So hatte Johann Jacob Bachofen in seinem Buch *Das Mutterrecht* von 1861 radikal auf die bedeutende Rolle der Frau und der Mutter in der urzeitlichen Familie und für die Kulturentwicklung allgemein hingewiesen: »An das Weib knüpft sich die erste Erhebung des Menschengeschlechts«, schreibt er in der Einleitung, »der erste Fortschritt zur Gesittung und zu einem geregelten Dasein [...].«[103] Am »Zauber des Muttertums, der inmitten eines gewalterfüllten Lebens als das göttliche Prinzip der Liebe, der Einigung, des Friedens wirksam«[104] wurde, habe sich die menschliche Kultur zuerst erhoben. Mit Bachofen, dem Mythos und Religion als zentrale Hebel der Geschichtserkenntnis galten, wurde die bis dahin unangefochtene Vorstellung von der (Ur)familie als einer patriarchalen Institution theoretisch ins Wanken gebracht. Gleichwohl war Bachofens Botschaft eine ambivalente. So artikulierte er nicht allein männliche Sehnsüchte, sondern auch Ängste, wenn er in die vorväterliche frühe Phase der Kulturentwicklung auch einen frauengeleiteten, »dionysisch-aphroditischen« Zustand projiziert, der zugleich »demokratisch«, »religiös« und »sinnlich« sei und die »fleischliche Emanzipation« beider Geschlechter ebenso wie die politische fördere.[105] Denn hinter dem »dionysisch-aphroditischen Gesetz« dieser »Frauenreligion« drohte bereits bei Bachofen, dem Zeitgenossen des vorrevolutionären Europas, die Herrschaft der ›Masse‹. Die dionysische Religion war für ihn nicht nur »die Apotheose des aphroditischen Genusses«, sondern auch »die der allgemeinen Brüderlichkeit«, wo sich »an der Stelle reicher Gliederung das Gesetz der Demokratie, der ununterschiedenen Masse [...]«[106] durchsetzt. Bachofen nahm seine in das »gebärende Muttertum«[107] und die »heidnische Gemeinschaft« verlegten Phantasien von stofflicher Ordnung und »allgemeiner Brüderlichkeit« denn auch erschrocken wieder zurück, machte sie zur Station einer Entwicklung zur Paternität und überführte sie so in ein Plädoyer für die geordnete, nordische Manneskultur, das »siegreiche Vatertum und [...] die uranischen Sonnenhelden«[108]. In seiner Konstruktion einer »Abfolge der Geschichte vom Mutterrecht zum Vaterrecht (von der ›unwürdigen Kindheit‹

der Menschheit zum ›Mannesalter‹) übertrug er die seit etwa einem halben Jahrhundert normensetzende Polarisierung der ›Geschlechtscharaktere‹ auf die ›Geschlechtscharaktere‹ zweier Weltalter«[109]. Die Ambivalenz freilich, mit der der konservative Patrizier in seinem *Mutterrecht* Motive von Befreiung und Ordnung mit Männlichkeit und Weiblichkeit verband, hat lange nachgewirkt.

So kam es am Ende des 19. Jahrhunderts zu einer heftigen Debatte über die Entstehung von Gesellschaft und Familie. Mit Lewis H. Morgan 1877[110] und Edvard Westermarck 1891[111] an ihrer Spitze, standen sich die Verfechter der Promiskuitätstheorie und der Einzelehetheorie gegenüber. Die eine Forschergruppe ging davon aus, daß die mutterrechtliche Sippe aus der »blutsverwandten, der freien Liebe huldigenden Horde«[112] entstanden sei, die andere Gruppe propagierte dagegen die These von der Monogamie als »ursprünglichster Form gesellschaftlichen Zusammenhalts«[113]. Allerdings gingen beide Ansätze, gleichgültig, ob sie die Urzeit mit »einer der freien Liebe huldigenden Horde«[114] oder mit der monogamen Ehe und Familie beginnen lassen, von der zentralen Rolle der Geschlechtsgenossenschaften und der familiären Verwandtschaftsgruppen aus.

Heinrich Schurtz entwickelt seine Theorie der Gesellschaftsbildung nun explizit gegen diesen Hintergrund. Er fragt sich, ob nicht noch ein drittes Modell der Entstehung höherer Gesellschaftsformen möglich sei: »Vielleicht ist es nicht geraten«, meinte er, »sich ohne weiteres der Ansicht anzuschließen, die in der Familie [...] die Keimzelle der menschlichen Gesellschaft sieht. [...] Und in der Tat zeigt ein Blick auf die gegenwärtigen Zustände, selbst die der Kulturvölker, daß im allgemeinen das in sich abgeschlossene, sich selbst genügende eheliche Leben die Geselligkeit nach außen hin nicht begünstigt, während die sozialen Triebe am lebhaftesten unter Gleichartigen wirken: die Jugend gesellt sich zur Jugend, die Männer scharen sich in den Klubs oder um ihren Stammtisch zusammen, die Berufsgenossen bilden Vereine usw., während die Frauen, bei denen das Geschlechtsleben überwiegt, im allgemeinen geringere Neigung zum Zusammenschluß mit ihresgleichen zeigen.«[115] Seine These, daß weder die mutterrechtliche Horde noch die vom Vater geleitete Familie, sondern die freie Assoziation von Männerbünden die *progressiven* ›Grundformen der Gesellschaft‹ konstituiert, bedeutet also einen massiven Einwand gegen alle bis dahin von der Familie oder der Verwandtschaft ausgehenden Kulturtheorien. Nach Schurtz sind es, wie gesagt, weder Geschlechter- noch Familienverbände, sondern vielmehr die auf Freiwilligkeit gegründeten »künstlichen« Bünde junger, unverheirateter Männer, die letztlich »Träger fast aller höheren gesellschaftlichen Entwicklung« sind und eine staatsbildende Potenz in sich tragen.[116] Dabei wird, wohlgemerkt, die gesamte Kulturentwicklung dynamisch getragen von dem unüberbrückbaren ›Gegensatz der Geschlechter‹. Ihre biologische Identität machen Frau und Mann zugleich zu Repräsentanten unterschiedlicher Gemeinschaftsformen: »In Wahrheit ist die Frau immer die Vertreterin des Geschlechtslebens und der auf ihm beruhenden Verbände, während der

Mann dem rein geselligen Dasein, das Gleiches mit Gleichem zu erhöhter Kraftentfaltung und gesteigertem Lebensbewußtsein vereinigt, aus seinem innersten Wesen heraus huldigt.« Und hierin, so folgert der Volkskundler, »liegt ein tiefer, kaum überbrückbarer Gegensatz zwischen Mann und Weib, ein Gegensatz, der in Deutschland vorwiegend in dem ewigen Zwiespalt zwischen Stammtisch und Familienleben auftritt.«[117]

Für Schurtz ist es vor allem der stärkere Geschlechtstrieb und ein völliger Mangel an Geselligkeitsbestreben, der die Frauen aus dem öffentlichen Leben ausgeschlossen habe und sie zu Recht zu Vertreterinnen der familialen und verwandtschaftlichen (Zwangs-)Gruppen werden ließ. Alle Gegensätze in der Gesellschaft sind damit auf zwei ›natürliche‹ Gegensätze zurückzuführen: einerseits auf den »Gegensatz zwischen Alten und Jungen, zwischen Vätern und Söhnen, [der] innerhalb der Familiengruppe bis zur Feindseligkeit heftig werden kann« und andererseits auf die unter der Oberfläche wirkende »gegenseitige Antipathie der Geschlechter.«[118] Im Verlauf der volkskundlichen Erläuterung dieser ›Antipathie‹ verrät der Autor gleichsam unbewußt die Virulenz magischer Vorstellungen, insbesondere solche der Ansteckungsangst. Ausführlich beschreibt er die »geschlechtliche Abneigung«[119] des Mannes dem Weibe gegenüber, ja, »nicht allein Antipathie, sondern Brutalität, Verachtung, Weiberscheu«[120]. Schurtz spricht an mehreren Stellen, in denen er sich auch auf Tolstois *Kreutzersonate* beruft, gar von Ekel, den der zivilisierte Mann vor allem Leiblichen und somit vor dem das Leibliche repräsentierenden ›Weib‹ empfinde. Betrachtet man die unterschiedlichen Zustände genauer, die den Ekel provozieren, dann handelt es sich immer um körperliche Mischungs-, Verwandlungs- und vor allem um Unreinheitszustände. Sie lösen, so der Autor, eine unwillkürliche Berührungsscheu aus. Obwohl Schurtz diese Abwehrhaltung des Kulturmenschen als unchristlich rügt, kulminieren seine Ausführungen zur ›natürlichen‹ Antipathie des Mannes dem ›Weibe‹ gegenüber in eine Analogiebildung zwischen tribalgesellschaftlichem Tabu und zivilisiertem Ekel. Wie im ›Völkerleben‹ fürchte und verabscheue der kultivierte Mann im Grunde das Weib, weil es »mit seinen reicheren geschlechtlichen Funktionen auch die unangenehme Seite des leiblichen Lebens und Vergehens in stärkerem Maße als der Mann« verkörpere, insbesondere durch »die Unreinheit des Weibes während der Menstruation.«[121] Schurtz' Darstellung geht spätestens dann in die allgemeine Geschlechtermythologie des späten 19. Jahrhunderts über, wenn er die Antipathie des modernen Mannes wie ein Überbleibsel archaischer Weiblichkeitstabus funktionieren läßt: hier wie dort ist es eine gleichsam dämonische, aus dem Sexuell-Leiblichen aufsteigende Unreinheit, die das imaginäre Weibliche zum Repräsentanten aller mit Faszination und Abscheu belegten Zustände des Chaotisch-Gemischten, Formlosen und Undifferenzierten werden lasse.

Bereits in der Charakterisierung der unterschiedlichen gesellschaftlichen Verbände, die nach Schurtz von den zwei Geschlechtern getragen werden, deutet sich die sozial-politische Dynamik dieser imaginären Geschlechterdichotomie an: Verbleibt in den ›natürlichen‹ Verwandtschaftsgruppen, die weiblich begründet sind, ein hoher sozialer Konfliktstoff durch die Mischung von Alters- und Geschlechtsgruppen, also die Verbindung von Unähnlichem, so wird sein Gegenmodell, der Männerbund, stets von dem Versprechen sozialer Konfliktlosigkeit begleitet. Diese aus dem europäischen Kontext der *fraternité* und von Bruder- oder Freundschaftsbünden übernommene Qualität erhält der Männerbund jedoch vor allem aufgrund seiner reinen *Homogenität*[122], also aufgrund eines bis zur Auslöschung von Differenz gesteigerten Phantasmas von Gleichheit. So entwickelt sich nach Schurtz der »freiwillige Zusammenschluß der durch Ähnlichkeit und Sympathie Verbundenen stets in dem Sinn, daß er die Macht der Familie und Verwandtschaft erschüttert und die natürliche Gesellschaft mehr und mehr zersetzt.«[123]

Ist der moderne Mann auch im Männerbund vor allem ein Teil der Gemeinschaft, so gibt der Volkskundler an keiner Stelle die Position der Autonomie auf, die das bürgerliche Individuum auszeichnet. Allerdings treibe den Mann und Bürger selbst bei der Gründung einer kaufmännischen Gesellschaft, die dem Überseehandel nachgeht, mehr als nur egoistisches Handelsinteresse. Was auf den ersten Blick wie eine lockere Verknüpfung von Individuen aussieht, »kann sich sehr eng zusammenschließen, die einzelnen Mitglieder können ihr ganzes Sinnen und Denken den gemeinsamen Unternehmungen zuwenden und andere, ursprünglich stärkere Gesellschaftspflichten darüber vernachlässigen.«[124] Auch die Vereins-, Studenten-, Geheimbund- und Clubkultur im Deutschland des 19. Jahrhunderts, die Schurtz zur empirischen Begründung seiner These vom Weiterwirken der Männerbünde bis in die Moderne hinein anführt, war eine rein männliche Kultur. Programmatisch wird der Sachverhalt freilich in dem Moment, wenn diese Kultur zu einem *survival* oder gar *revival* eines ›primitiven‹, wenn nicht ›archaischen‹ Männerbundes erklärt wird, der sich aus der Dynamik des Geschlechterkampfes heraus entwickelt habe. Schurtz bindet damit die ethnosoziologischen Auseinandersetzungen im kolonialen Grenzraum an den damals virulenten Diskurs über das ›Wesen‹ und die Rolle der Geschlechter.[125] Dabei geht er auch auf tagespolitische Ereignisse ein und verknüpft den vermeintlich uralten und universellen Geschlechterkampf mit den, wie er schreibt, »feministischen Bestrebungen und Kämpfen«[126] seiner Zeit.

Der nationale, patriotische Männlichkeitsdiskurs dagegen, dem seit der Einführung von freiwilligen Bürgerheeren in den sogenannten Befreiungskriegen eine besondere politische Rolle zukommt, wird von ihm nie direkt thematisiert. Im sozialen Wunschmodell eines ›frei‹ gebildeten Männerbundes, der sich über Rituale herstellen läßt, trifft der Völkerkundler jedoch seismographisch genau etwas für die gesellschaftspolitische Entwicklung des 20. Jahrhunderts Entscheidendes: Er zeichnet als erster das Modell einer *liminalen* durch performative Akte hergestellten sozialen Gemeinschaft, die außerhalb von Arbeit und Familie steht. Damit entwirft er eine *Communitasvision* im Sinne Turners von rein männlichen brüderlichen Bünden, Clubs und Banden: Diese ›wilde‹ männliche Jugend, so die Botschaft von *Altersklassen und Männerbünde,* ist befreit von der Autorität väterlicher und mütterlicher Herrschaft, sie steht im Jenseits sonst gültiger Normen, kann sich von Zeit zu Zeit der ›freien Liebe‹ mit unverheirateten Mädchen hingeben und lebt im Männerhaus als »Junggesellenbund junger Krieger und Jäger«[127] unter sich. Das geschieht zuerst mehr oder weniger ›führerlos‹ nach egalitären Prinzipien. Wenn sich der Männerbund dann jedoch als Bund der Krieger oder als Geheimbund im tribalen Gefüge etabliert, geht er nicht einfach ein in die tradierten Strukturen der Friedensherrschaft und der Alltagswelt der Frauen und Kinder, sondern formt sich auch jetzt noch in einem außeralltäglichen Raum um einen charismatischen »Führer«[128].

Die ethnographische Studie von Heinrich Schurtz durchziehen freilich vor allem die Traumbilder frauenloser freier Männerbünde. Gleichzeitig jedoch bedient er die phantasmatischen Komplexe um Freundschaft, Kameradschaft und nicht zuletzt um die Kriegergemeinschaft. Sie sind es insbesondere, die neben der leidenschaftlichen Sehnsucht nach neuen, man ist geneigt zu sagen *postpatriarchalen* Helden, das Buch bestimmen. Im *Wandervogel* und in der Jugendbewegung wird viel davon entstehen. Es war jedoch erst ihr umstrittener Chronist Hans Blüher, der den Männerbund zum radikalen Gegenmodell der gemischten demokratischen Gesellschaft[129] erhob und die Figur des ›Führers‹, seines ›Männerhelden‹, zu seinem vitalen Zentrum erklärte.[130] Er war es freilich auch, der im ›mann-männlichen Eros‹, sprich einer ebenso latent wirksamen wie offen ausgelebten Homosexualität, das eigentliche Bindemittel aller Männerbünde erkennen wollte.[131]

2.5. Rituale sozialer Männlichkeit

Als Ethnologe interessiert sich Schurtz selbstverständlich auch für die Riten der ›Weihe‹ im Männerbund. Für ihn sind die Initiationsrituale vor allem eines: ›Mannbarkeitsriten‹. Zuerst beschreibt er unterschiedliche Prozeduren, Quälereien und Mutproben, denen sich die Jungen in den indigenen Gesellschaften unterziehen müssen. In seiner darauf folgenden Ritualdeutung steht die soziale Produktion von Männlichkeit als ›Reinigung‹ von weiblichen Welten und Anteilen im Zentrum: »Bei den Knabenweihen«, so Schurtz, »handelt es sich aber nicht allein um die Aufnahme in die Schar der Jünglinge und Krieger, sondern zugleich um eine Abkehr von den bisherigen Verhältnissen: Der junge Mann ist fortan nicht mehr der Mutter untertänig, er wohnt nicht mehr in der Hütte der Weiber […].« Denn »für den selbstbewußten mannbaren Jüngling ist der Knabe ein Weib, ein Mädchen, das erst durch die Weihebräuche sich in ein Wesen männlichen Geschlechtes umwandelt.«[132] In dieser Aussage wird schlaglichtartig deutlich, warum das Schurtzsche Männerbundmodell derartig stark in seiner Zeit gewirkt hat. Denn mitten aus der schlichten Beschreibung eines Initiationsrituals tritt das Schreckbild des ›unsicheren‹ männlichen Geschlechts ungeschminkt hervor: Als Knabe war es/er sogar selbst noch ›Weib‹. Bevor sich jedoch die Geschlechtergrenzen vollends verwischen, liefert Schurtz das Antidot sofort nach. Denn gleichzeitig mit der Anerkennung der bedrohlichen Erschütterung männlicher Gewißheiten verspricht sein Männerbundmodell die Heilung des Übels, und diese liegt im Rituellen. Das männliche Geschlecht, dort wo es als ein biologisch-essentielles nicht haltbar ist, kann als soziales Geschlecht *performativ* hergestellt werden. Im geheimen, frauenfernen Ritual unter Gleichen sollte die neue und zugleich vermeintlich archaische *Maskerade der Virilität* gelingen. Der Körper des Jungen kann durch Gewalt geformt und soziale Männlichkeit durch magischen Rückgriff auf die Potenz der Ahnen formiert werden. Auch der Männerbund als sozialer Schutzraum, der vor der Macht von Frau, Familie und der Formlosigkeit der ›Masse‹ zu feien vermag, ist performativ herstellbar. Dem Volkskundler, der in diesem ›primitiven‹ Modell von rituellem Drill und ritueller Erziehung zugleich vieles über die bürgerliche Erziehung zur Männlichkeit in Gesellschaft und Militär gesagt hat[133], geht es freilich auch um folkloristische Reste und Spuren der indigenen Zeremonien in Europa. Seitenlang beschreibt er das gesellige Leben des jungen deutschen Mannes, wie es sich in der blühenden Landschaft der Burschenschaften, Vereine und Bünde darbot. Dort besonders waren verheiratete und unverheiratete Männer verschiedener sozialer Klassen frei assoziiert und frauenlos vereint. In der Zeit des Partikularismus in Deutschland hatten die spezialisierten Vereine, Chöre und Zirkel wichtige Funktionen zu erfüllen, demonstrierten sie doch als Sozialformen und Netzwerke in ihrem symbolischen und rituellen Gepränge vor allem das Bedürfnis nach nationaler Vereinigung.[134] Damit folgten sie der patriotischen Aufgabe, den Zusammenhalt »der zerstreuten Söhne des Vaterlandes«[135] zu fördern. Schurtz bleibt freilich in seiner Beschreibung mann-männlicher Vereinsgeselligkeit dem liberalen Ethos verbunden und deutet die Gemeinschaftskulturen vor allem als Zunahme städtischer Komplexität: »Die Kultur ermöglicht es dem Einzelnen, für fast alle seine Ziele oder Liebhabereien sympathetische Gruppen zu finden, und gerade in den Großstädten sind die eigenartigsten […] Blüten der freien Gesellschaftsbildung zu studieren. […] Je größer die Zahl der Gruppen ist, denen einer angehört, desto freier steht er ihnen gegenüber, desto leichter schüttelt er einmal ein beengendes Band ab und sucht sich eine neue Gemeinschaft Gleichgesinnter.«[136] Im Gegensatz zu diesen überkommenen sozialen Netzwerken und Vergemeinschaftungen war der von Schurtz wissenschaftlich konstruierte Männerbund an die Jugend geknüpft. Während seines diskursiven und sozialen Transfers aus dem Geheimbund- und Initiationsensemble tribaler Gesellschaften in das Zweite Deutsche Kaiserreich verwandelt er sich freilich von einem Modell des Übergangs in eine bleibende Institution. Die Initiation selbst mitsamt ihres rituellen Ensembles der Maskeraden, des Kultes und der formierenden Gewalt scheint hier permanent werden zu müssen, weil die Figuren und Imagines, die sich durch sie herstellen, nicht mehr und noch nicht gesellschaftlich tragen. Im Grenzraum des kolonialen Diskurses um 1900 hat Heinrich Schurtz, mitten hinein in die Krise der Repräsentation des Zweiten Deutschen Kaiserreiches, ein performatives, vom Ritual her bestimmtes Modell rein männlicher Vergemeinschaftung entwickelt: den Bund der unverheirateten Jungen und Krieger. Dieser Jünglings- und Männerbund ist eine freiwillige Vereinigung, die vom gemeinsamen Erlebnis, von der Dramatisierung des Körpers und – wie sich zeigen wird – vom Jugend- und Totenkult lebt. Er ist von Anfang an in einem gesellschaftlichen Zwischenreich sozialer Positionen und Traditionen angesiedelt und vehement gegen die Frau, die Familie und die ›Masse‹ positioniert. Allerdings beginnt das soziale Modell des Männerbundes bereits im Kaiserreich Wilhelms II. aus der Subkultur der abenteuernden Banden und Gruppen ins Zentrum des Politischen zu drängen, um spätestens ab 1918 zu einem diskursiven und sozialpolitischen Bollwerk gegen die republikanische Modernisierung zu werden. Denn, wie es später Hans Blüher ausdrücken wird, nur »wer im Bunde ist, kann nicht sinken.«[137]

3. Wandern, Reiten, Marschieren: Deutsche Jugend in Bewegung

3.1. Der Steglitzer Wandervogel

Wer heute die vielbefahrene Schloßstraße im Süden Berlins hinuntergeht, entdeckt mit etwas Glück an der roten Backsteinmauer des Rathauses Steglitz eine Tafel, die auf die Entstehung des Wandervogels[138] hinweist. Den eigentlichen Ort der Gründung, das, wie die Dokumente versichern, ›zweite Hinterzimmer‹, gibt es allerdings nicht mehr. Es mußte am 30. September 1974 dem Bau der U-Bahnlinie 9 weichen, deren Endstation seitdem Rathaus Steglitz heißt. Hier trafen sich am 4. November 1901 auf Einladung des Jurastudenten Karl Fischer die zehn Gründungsmitglieder eines sogenannten ›Ausschusses für Schülerfahrten‹ zum Zwecke einer Vereinsbildung.[139] Ein Protokoll der Sitzung berichtet ziemlich genau von dem Kreis, der damals dort zusammenkam: Es handelt sich um fünf alte Herren, zum großen Teil einflußreiche Väter von wanderbegeisterten Jungen, um einige Studenten und schließlich um zwei Schüler des Steglitzer Gymnasiums. Das Ziel der Sitzung ist klar und von Karl Fischer gut vorbereitet. Es geht um die Bildung eines ›Ausschusses‹, der eine Schüleraktivität besonderer Art fördern soll: das Wandern. Was auf den ersten Blick wie eine harmlose Freizeitbeschäftigung aussieht, bekommt durch den Zusatz »unter Ausschluß der Lehrer« wenn nicht etwas Revolutionäres, so doch zumindest etwas verboten Eigenständiges. Und diese Vereinsgründung sollte folgenreich sein. Schnell griff die Steglitzer Initiative auf andere Jungengruppen über und wurde schließlich zum Vorbild landesweiter lebensreformerischer Jugendaktivitäten. Ortsgruppen nach dem Steglitzer Vorbild gab es bald in Bayreuth, Posen, Stettin, Hamburg, Magdeburg, Halle, Braunschweig, Reichenbach und Freiberg i. Schlesien. Wer die Dokumente des Steglitzer Urwandervogels studiert, dem fällt auf, daß es sich dabei um eine rein männliche Angelegenheit handelte. Die Frage einer Aktivierung der Mädchen oder gar des ›gemischten Wanderns‹ erschien lange so abwegig, daß sie sich in den Kreisen um Karl Fischer gar nicht erst gestellt hat. Und dennoch ist es wieder das bildungsbürgerliche Steglitzer Milieu, aus dem sich die erste Initiative zum ›Mädchenwandern‹ entwickelt. Am 14. Juni 1905 wird dort der Mädchenwandervogel gegründet.[140]

Schon seit einiger Zeit konzentrierten sich im damals noch waldreichen Dorf Steglitz[141] lebensreformerische Aktivitäten und Zirkel, die alle ›unnatürlichen‹ Konventionen des Kaiserreiches ablehnten: Vegetarier gründeten hier eine Obstkolonie, Ärzte probierten neue Heilmethoden, und der frühe Protest gegen den ›Tiermord‹ wurde ebenfalls in Steglitz organisiert. Nicht zuletzt bewirkten die naturnahe Randlage des Ortes und die hohe Konzentration bildungsbürgerlicher

Einwohnerschaft, daß Steglitz zu einem regelrechten Refugium alternativer Denk- und Lebensformen avancierte: So sammelte beispielsweise der Steglitzer Maler Hugo Höppener – besser bekannt als FIDUS – alle um sich, die gegen die rasche Verstädterung und für mehr »Licht, Luft, Sonne und Wasser« waren. Fidus fungierte allerdings auch als Illustrator der Zeitschrift *Der Eigene*, die 1896 von Adolf Brand als erste literarische Homosexuellenzeitschrift der Welt gegründet wurde.[142] Hugo Höppener gehörte durch seine Bildwerke, wie der Maler Max Klinger, ebenso zu den Mitbegründern des ästhetisierenden Jugendkultes um 1900. Auch die 1903 von ihm mitbegründete homosexuelle *Gemeinschaft der Eigenen* verwendete die Zeichnung eines nackten Knaben von Fidus als ›Logo‹. Zu den eigentlichen Wegbereitern des Wandervogels zählten allerdings vor allem reformfreudige Pädagogen: allen voran der Steglitzer Ludwig Gurlitt, ebenso jedoch Gustav Wyneken, der Begründer der Freien Schulgemeinde Wickersdorf, für den nicht zuletzt der junge Walter Benjamin schwärmte. Bereits 1915 brach Benjamin angesichts dessen kriegs- und opferverherrlichenden Reden allerdings wieder mit Wyneken.

Ins Steglitzer Gymnasium brachte freilich erst der Student und Stenographielehrer Hermann Hoffmann den entscheidenden romantischen Impuls. Unter seiner Leitung brach bereits 1895/96 die erste Jungengruppe zu Wanderfahrten auf. Man wandte der Stadt den Rücken zu und strebte hinaus in die ›freie‹ Natur. Bei mehrtägigen Wanderungen ging es über den Harz und Kyffhäuser zum Rhein oder durch den Bayrischen- und den Böhmerwald. Als wandernde ›Horde‹ wollten die Jungen allen bürgerlichen Komfort hinter sich lassen und strebten zugleich mittelalterlichen und antiken Idealen nach: den fahrenden Schülern, den Vaganten und den musizierenden ›Bachanten‹ [sic!]. Kein Hoteltourismus, keine Reisen mit Stehkragen, langen Hosen und Hut mehr, hieß die Losung. Nun trug man Kniebundhosen mit Wanderstutzen, ersetzte den Regenschirm durch die Pelerine und schlief auf Stroh. Den Kopf bedeckte die Schülermütze, die 1902 durch die Wandervogelmütze – grünes Tuch mit goldenen Streifen – ersetzt wurde. »Letzteres geschah«, so Günter Köhler, »um sich von Hausierern und Landstreichern zu unterscheiden.«[143] Denn ordentlich und diszipliniert, alkohol- und nikotinfrei sollte es zugehen. Ganz nach dem Motto: ›Rein bleiben und reif werden‹.

Die Faszination des Wandervogels bestand neben der für Stadtkinder neuartigen Begegnung mit der Natur vor allem in ihrer Sozialform. Die ›Horde‹ oder später der ›Bund‹ war zunächst eine Gemeinschaftsform von Jungen. Man trat ihr freiwillig bei, gab sich eigene Gesetze und versuchte, in allem von der Welt der Väter unabhängig zu sein. Der Wandervogel wollte ein ›Jugendreich‹ sein. Der erste Theoretiker des Wandervogels, Hans Blüher, hatte deutlicher von einem ›Jungenreich‹ und schließlich vom ›Männerbund‹ gesprochen. Harry Pross nannte die ›Horde‹ »eine Gemeinschaftsform der Knaben«, in ihr »fanden sich die gesellschaftlich noch nicht Anerkannten zusammen, um spielerisch ihr Bedürfnis nach

Rang und Würde, ihren Ehrgeiz zu befriedigen. Noch nicht zugelassen zur Welt der Erwachsenen, bringen die Kinder doch Vorstellungen von Oben und Unten mit in die Horde, wo sie sich unter den eigenen Regeln erproben. Der Zusammenschluß erfolgt freiwillig, aber innerhalb gewisser Grenzen, wie etwa bei der ›Straßenhorde‹, die keinen zuläßt, der in einer anderen Straße wohnt. Die Regeln sind streng und werden blutig ernst genommen.«[144] Karl Fischer als selbsternannter ›Oberbachant‹ besaß geradezu fürstliche Rechte. Ihm folgte eine dem studentischen Verbindungswesen ähnliche Hierarchie von Bachanten, Burschen und Füchsen. Der Zusammenschluß war zwar freiwillig, doch gründeten die Auswahlprinzipien auf der Willkür des Gefühls, auf Sympathie oder Antipathie.

Liest man in den zahlreichen schwärmerischen Erinnerungen an Wanderfahrten und Ausflüge, dann steht neben dem religiös anmutenden Naturerlebnis, das den Spuren der ›blauen Blume‹ Heinrich von Ofterdingens folgt, vor allem die Erfahrung von Kameradschaft. Die Neugier auf die Fremde, die hinter den Bergen liegt, richtete sich immer auch auf die Selbsterfahrung der Gruppe in der Fremde. Dabei wollte man die städtische Realität nicht verändern, sondern bewegte sich nach draußen und suchte die Freiheit in der Natur. Der Wandervogel war bei all seinem protestierenden Elan eben auch eine Flucht vor der überlebten Gemeinschafts- und Familienordnung der Väter. Ebenso floh er allerdings vor der rationalisierten Anonymität der modernen Gesellschaft. Vor allem jedoch wollte man sich selbst erleben, oder, wie es programmatisch zum Freideutschen Jugendtag am 12. Oktober 1913 am Hohen Meißner formuliert wurde: »Die freideutsche Jugend will aus eigener Bestimmung, vor eigener Verantwortung, mit innerer Wahrhaftigkeit ihr Leben gestalten. Für diese innere Freiheit tritt sie unter allen Umständen geschlossen ein.«[145] Was aber dieses ›Eigene‹ sein sollte, blieb unklar. Anfänglich war es für die Wandervögel vor allem die Bewegungsform des Wanderns selbst, die sie faszinierte, und nicht so sehr irgendein Ort der Ankunft.

3.1.1. Im Rausch des Wanderns

Obwohl schon Goethe gewandert ist, bekam das Wandern seine eigentliche Bedeutung erst mit der Romantik im 19. Jahrhundert.[146] Aber bereits in Goethes *Schweizer Reise* ist das Durchstreifen des Naturraums nicht bloße Berührung mit der Natur: Diese ist vielmehr ein heiliger Raum, den der Wanderer durchschreitet. »Jede Quelle, aus der er trinkt, ist eine Art Sakrament. Dabei hatte Goethe bei seinem Durchstreifen der Natur kein festes Ziel. Er war immer schon angekommen im Augenblick sinnlicher Präsenz.«[147] In den *Müller-Liedern* und paradigmatisch in der *Winterreise,* wie sie Franz Schubert vertont hat, ebenso freilich in den gleichzeitig mit dem Wandervogel entstandenen *Liedern eines fahrenden Gesellen* von Gustav Mahler, verkehrt sich das Wandern letztlich zur einsamen Reise in den Tod. In der Melancholie des romantischen Wanderers wird der unerfüllte erotische Wunsch, die Sehnsucht nach der Geliebten, zugleich festgehalten und in Todessehnsucht verwandelt. Ganz diesseitig und patriotisch tritt das Wandern freilich in der Wander-Bewegung des beginnenden 19. Jahrhunderts auf. In dem Moment, als es zur Angelegenheit des ganzen ›Volkes‹ aufsteigt, bekommt das Wandern ein höchst irdisches, ja politisches Ziel. Es wird hinfort in Gruppen gewandert. Die Melancholie des todgeweihten einzelnen verschwindet, die Stimmung hellt sich auf und beginnt ›frisch, fromm, fröhlich und frei‹ zu werden. Nun erwandert man sich den Raum, den man in der Zeit historisch nicht erringen konnte. Wandern wird, so Klaus Heinrich, »zur natursakramental vermittelten Verständigung über die nationale Einigung. Denn so, wie die Wandernden im Riesengebirge oder in den Elbauen sich ihre Gebiete erwandern, erwandern sie sich das deutsche Reich.«[148] Nach 1871 erhielt der Traum vom ›Reich‹, dort wo er noch immer geträumt wurde, mehr und mehr eine transzendental-symbolische Bedeutung und wurde verinnerlicht.[149] Die Steglitzer Wandervögel verfolgten mit ihrem Wandern allerdings nicht von Anfang an ein nationales, sondern eher ein romantisch-mystisches Ziel. Darin orientierten sie sich mehr an der Literatur und am Lied als an den patriotischen Veranstaltungen der Vereine. Sie bezogen sich in der Genealogie ihres Wanderns ebenso auf die fahrenden Gesellen wie auf die heimatlosen mittelalterlichen Vaganten und Scholare. Dabei signalisierte ihre Flucht aus den Städten und ihre Suche nach der ›uralten‹ Kultur, vor allem der Germanen, ein gestörtes Verhältnis zur modernen Gesellschaft. In der wilden Natur, insbesondere im nahegelegenen Nuthetal suchte man nach ›Ursprüngen‹. So erzählt etwa Hans Blüher, selbst nicht nur zehn Jahre Wandervogel, sondern auch dessen berühmt-berüchtigter Theoretiker, in seiner Autobiographie: »Die uralte Grenze zwischen Slawen und Germanen durchschneidet unsere Fahrt. Hier ist Kriegsschauplatz, und wir glauben, die Stimme Albrechts des Bären zu hören. Hier sind die runden und bunten Wendensiedlungen zwischen Wasser und Sümpfen, mühsam und voller Furchtsamkeit eingeklemmt, dort die langgestreckten Germanendörfer fränkischen Stils mit dem forschen Erobererwillen, durch die wir singend ziehen. [...] Auf den Sandhügeln Kiefern, Waldklosterruinen, Reste von Nutheburgen, die mehr durch unseren Sagensinn erzeugt wurden, dann wieder Sandflächen, auf denen wir alte Scherben und Pfeilspitzen aus der Steinzeit fanden. *Die Vorgeschichte stieß hier durch* [Hervorhebung U. B.].«[150] Die modernen Städte sind dieser Jugend ebenso fremd geworden wie die Kultur ihrer Väter. Dagegen »brannten schon in den Bergen des Nuthetals nächtliche Feuer auf, das erste Herz-Glühen der Wandervogelbewegung«, und, so Blüher weiter, »in alten, längst vergessenen Burgruinen verschwärmte eine unerträglich belastete Jugend ihre tiefsten Tage und Nächte.«[151] Um nun aber, so fährt er in seiner Autobiographie fort, nicht »am unreinen Atem der Väterkultur« zugrunde zu gehen, »mußte diese Landschaft bezwungen werden, ihr Götterwort mußte uns zukommen.«[152]

Wenn aber diese Aufladung durch Natur und ›Urgeschichte‹ gelungen war, dann wurde die kleine Gruppe zu etwas ganz ›Eigenem‹[153], zu einer »Elite« der Jugend, deren »Bund alles galt«[154]. Dann brannte am nächsten Morgen der »Landschaftsrausch des Nuthetals«, so Blüher mit dem Pathos der Selbsterhebung, um so heftiger »in unseren Augen«, denn »wir waren der Jugend damals eine Bürgschaft für ihre besten Erlebnisse.«[155]

Gleichwohl gesellte sich besonders in den noch ungeordneten Anfängen des Wandervogels eine tiefere, von keinem nächtlichen Feuerritual stillbare Sehnsucht neben die Suche nach dem Selbsterleben und dem Erlebnis des ›Ursprünglichen‹. Es ist daher kein Zufall, daß zu den Lieblingsdichtern der Jugend dieser frühen Zeit neben Novalis Josef von Eichendorff zählte. Vor allem Eichendorffs sehnsüchtige Lyrik einer ›trunkenen Ferne‹ und eines nicht mit der offiziellen Vaterländerei zusammenfallenden Naturerlebnisses faszinierte sie. Auf das Antibürgerliche gerade in Eichendorffs so volksliedhaft anmutender Lyrik hat bereits Th. W. Adorno hingewiesen. Fast modern mutet ihn vor allem die »Absage ans Herrschaftliche, an die Herrschaft zumal des eigenen Ichs über die Seele [an]. Eichendorffs Dichtung läßt sich vertrauend treiben vom Strom der Sprache und ohne Angst, in ihm zu versinken.«[156] Seit Eichendorffs Gedichten wissen wir, wie sehr Wandern berauschen kann. Überhaupt war »Rauschen sein Lieblingswort«[157], und zwar in einer zugleich transzendent-schwebenden und sinnlichen Weise, wie es durch die Assoziation an Musik noch akzentuiert wird. Besonders das Gedicht *In der Fremde* zeichnet eindringlich den an Selbstauflösung grenzenden Verwirrungszustand des Wanderers, welchem man bei Eichendorff so oft begegnet. Dieser quasi vom Rauschen der Natur berauschte Zustand geht in die Sprache seiner Lyrik ein, wenn es heißt: »Ich hör die Bächlein rauschen./Im Walde her und hin,/Im Walde in dem Rauschen./Ich weiß nicht wo ich bin.«[158] Anstatt das Geräusch zu lokalisieren und zugleich ein Ziel des Wanderns anzugeben, gibt die »genial falsche Metapher von den Bächen, die ›her und hin‹ rauschen, […] das Verstörte dessen wieder, was die Laute dem Ich sagen, das lauscht.«[159]

Freilich ist das Wandern zu den Naturquellen ein höchst ambivalentes Unterfangen und birgt allerlei Gefahren: »Zurück in den Ursprung zu wollen«, so Klaus Heinrich, »das bedeutet auch, geschluckt zu werden vom Ursprung. Denn wenn man am Ursprung, der Quelle oder dem See angekommen ist, dann lauert dort immer schon der Tod. Andererseits bedeutet dieses Zurück-in-den-Ursprung die Chance von Neugeburt.«[160] Dort, wo das Wandern, wie beim *Wandervogel*, zur Suche nach ›Ursprüngen‹ wurde und dort, wo man, so Blüher weiter, wandernd »im harten Kampf um die Grunderlebnisse der Jugend *gestählt* (Herv. U. B.)«[161] wurde, lag freilich immer ein Hauch von »Kultstimmung« (Klaus Heinrich) in der Luft. Dabei dienten die nächtlichen Lagerfeuer und Sonnenwendfeiern demselben, nun rituell inszenierten Ziel. Das Wandern selbst wurde allerdings zu einem veritablen Prozeß der Selbstinitiation: »Das Nuthetal, auf dem die ersten Feuer der Jugendbewegung brannten, hatte uns getränkt mit der geschichtlichen Kraft, die seit Jahrhunderten in ihm stak, und uns zu sich genommen. Wir stiegen von seinen Hügeln herab und waren ein Stand.«[162]

In der Literatur und der Musik finden sich im 19. Jahrhundert viele Einzelgänger, die wandernd in den Tod ziehen. Besonders im Rauschen des Baches oder der Mühlräder, wie wir es neben den *Müller-Liedern* und der *Winterreise* in etlichen anderen romantischen Wandergedichten vernehmen können, verwandelt sich der Bach als ständiger Begleiter des deutschen Wanderers schließlich in ein Eis- und Todeswasser. Die Raststätte – die Mühle im tiefen Tal – und ihre schöne Hüterin treten nun als Hüter der Unterwelt und Repräsentanten des Todes auf.[163] Daß insbesondere die Attraktion der dunklen Seen samt ihrer Bewohnerinnen auch zur tödlichen Lockung der Tiefe werden kann, das mußte bereits Goethes *Fischer* erfahren. Sind in Goethes Gedicht Eros und Tod offen verbunden, so erinnert selbst die Todessehnsucht der einsamen Wanderer bei Schubert und Mahler noch an die Gestalt eines nun nicht mehr sozialisierten Eros. Wie kein anderer hat freilich der Wanderer und Maler Caspar David Friedrich, der übrigens um 1900 eine phänomenale Wiederentdeckung in Deutschland erfuhr, in seinem berühmten *Mönch am Meer* die Lockung der tödlichen Leere gestaltet. Gleichwohl verliert sie auf seinen Bildern ihre erotische Konnotation und wird zu einem erhabenen Mysterium der Innerlichkeit sakralisiert.[164] Wenn der einsame Wanderer am Ende den Gipfel des Berges erreicht hatte oder seinem Bach bis zum Ufer des Meeres gefolgt war, dann versank er gleichsam in einer Stimmung der Unendlichkeit. Im Deutschland des 19. Jahrhunderts waren also vor allem zwei Tendenzen mit dem Wandern verbunden: Die einen wollten »sich das Reich erwandern in einer Massenbewegung. Auf der anderen Seite standen die einzelnen, die in Musik, Literatur und Malerei wandernd den Todesweg einschlugen.«[165]

Die romantische Melancholie und die Todessehnsucht blieben in der Kunst einsame Gefühle, Gefühle, die mit der Klage um eine unerreichbare Liebeserfüllung verbunden waren. Beim Wandervogel dagegen ist eine Gruppe unterwegs, und der Rausch wirkt sozial. »Der Wandervogel erlöste sich selbst«, so Harry Pross, »indem er sich durch die Horde von der Distanz erlösen ließ. Die in der Schule noch erforderliche Zurückhaltung konnte hier aufgegeben werden, die Wärme der körperlichen Nähe kam zu ihrem Recht, die Berührung verlor das Beängstigende, weil sie aus sichtbarer Nähe kam, aus dem selben Gefäß von Gleichen, von dem man ein Teil war.«[166] Diese Gefühle verlangten zwar auch nach Symbolen, vor allem jedoch nach Formen. Man glaubte, sie in Liedern und Tänzen und in alten Kulten und Riten zu finden. Man entdeckte und erfand sie jedoch vor allem während der Fahrten selbst. In und mit der Natur, weit entfernt von den Häusern der Eltern, verband sich so im Wandervogel die esoterisch-romantische Tradition des einsamen Todeswanderers mit der nationalen des »Erwanderns vom Reich«[167]. Indem sich der Bund wandernd durch die »Grunderlebnisse der Jugend«, wie es bei Blüher heißt, »stählte«[168] und die romantische Gegenwelt realisiert werden sollte, wurde auch die Melancholie preisgegeben. Spätestens in dem Moment, wo sich die Wandervogelbewegung zur großen Jugendbewegung ausweitet, verbinden sich die religiösen mit den nationalen Strebungen, und »das kultische Element wird zentral«[169]. So war es nicht verwunderlich, daß bereits die Wandervögel nicht nur vom Zauber des vermeintlich Uralten, sondern ebenso von der Macht des Rituellen angezogen wurden. Die Zeit der Riten war jedoch nicht der Tag, sondern die Nacht. Hier verknüpfte sich die Attraktion des Kultischen und das Selbsterleben der Gruppe mit der Faszination des Feuers. Das Feuer – ihr Lagerfeuer – wandelte sich schnell zum wichtigsten Affektmedium der Gruppe. Hier, im rituellen Erleben der Gemeinschaft, verkörperten sich die von Hans Blüher beschworenen »Grunderlebnisse der Jugend«, die ihre innere »Glut« formten und sie, die Jugend, zu einer »Macht« werden ließen.[170] Das Feuerritual wurde lange vor den offiziell verordneten ›Sonnenwendfeiern‹ als Kult gepflegt und ständig verfeinert. Und wenn sich die Jungengruppe zum Feuer-Kreis um die Flammen zusammenfand, dann versank die Außenwelt völlig in Dunkelheit, und das Leben der Horde konzentrierte sich ganz nach innen. Nun waren sie zu einem kollektiven ›Wanderer über dem Nebelmeer‹ geworden, denn die reale Natur, sei es das Nuthetal oder das Riesengebirge, war ebenso unsichtbar geworden wie vorher die städtische Welt des Alltags.

3.2. Vom Wandern zum Marschieren: Walter Flex' idealischer Jüngling als ›Wanderer zwischen beiden Welten‹

Was aber enthielt dieses Innen? Wie eine Erscheinung trat aus den Flammen der Lagerfeuer und der grünen Weite einer schwärmerisch verehrten Natur eine männliche Licht-Gestalt hervor. Eine Gestalt, in der der Mythos der Jugend mit dem von Krieg und Opfer verknüpft werden sollte. Zu einem wirklichen ›Wanderer zwischen beiden Welten‹, der vom Leben in den Tod geht, wurde der Jüngling von Walter Flex in seiner gleichnamigen Novelle bereits 1917 stilisiert. Das Büchlein suggeriert Authentizität. Flex zeichnet in der Novelle quasi aus dem Kriegsgeschehen heraus ein Porträt des 1915 gefallenen Wandervogelführers Ernst Wurche. Zum Bestseller stieg die Novelle bereits kurz nach ihrem Erscheinen auf. Während der letzten Kriegsjahre wurden allein 130 000 Exemplare verkauft, 1940 waren es bereits 682 000[171]. Das geschah wohl auch, weil den Verfasser das gleiche Schicksal ereilen sollte wie den Helden der Geschichte: Walter Flex fiel 1917 als Kriegsfreiwilliger an der Ostfront. Unübertrefflich vereint Flex in seiner Hymne auf den ›reinen Jüngling‹ alle lebensreformerischen Tendenzen der

Zeit: »Trotz und Demut, die Anmut des Jünglings lagen wie ein Glanz über der Haltung des straffen Körpers, dem schlanken Kraftwuchs der Glieder, dem stolzen Nacken und der eigenwilligen Schönheit von Mund und Kinn. [...] Der Gang dieses ebenmäßigen Menschen konnte Spiel sein oder Kampf oder Gottesdienst, je nach der Stunde.«[172] Zuerst war es jedoch die »Reinheit von Stimme und Augen«[173], durch die der Jüngling, »die Anmut des Knaben mit der Würde des Mannes«[174] paarend, auffiel. Der, dessen »Christentum ganz Kraft und Leben war«, repräsentierte allerdings weit mehr, denn »aller Glanz und alles Heil deutscher Zukunft schien aus dem Geist des Wandervogels zu kommen [...].«[175] Diese neue Licht-Gestalt hatte vielfältige, wenn auch zugleich eindimensionale Züge: Zum einen ähnelte sie Zarathustra, so wie man ihn von Nietzsche her liebte, dann einer antiken Jünglingsfigur, deren wohlgebauter, nackter Körper die Reinheit der Seele zum Ausdruck brachte, schließlich reichte sie bis zur Imitatio Christi. Heilig war alles an ihr, wenn auch auf neue, halb christliche und halb kunstvoll-pagane Weise. In ihr sollten sich die Körperideale der klassizistischen Kunsttheorien mit der naturverbundenen, lebensreformerischen Sehnsucht nach dem ›neuen Menschen‹ verbinden. Ganz so, wie es der Maler Fidus in seinen verklärten nackten Jünglingen zum Ausdruck gebracht hatte. Die Novelle greift weit aus und erzählt von der Fahrt vom Heimatort mit der Bahn, der ersten Begegnung mit dem Wandervogelführer im Waggonabteil und den langen Wanderungen zum eigentlichen Kriegsschauplatz. Wie Kinder, die zu einer besonders abenteuerlichen Wanderfahrt aufbrechen, ziehen die jungen Soldaten um Ernst Wurche in den Krieg. Schwärmerische Männerfreundschaft, gesteigerte Naturmystik und eine unverstellt und dabei bis zum Kitsch von jedem sexuellen Impuls gereinigte, homoerotische Verehrung für den ›göttlichen Jüngling‹ in ihrer Mitte durchdringen das Buch und begleiten die Gruppe bis ins Elend des Sterbens hinein. Das schmale Bändchen von Walter Flex trägt den Untertitel *Ein Kriegserlebnis.* Gerade weil selten ein Buch stärker aus dem Vorrat herrschender Ideologeme gestaltet wurde und selten eine Hauptfigur mehr einem »wandelnden Bildungszitat«[176] glich, wurde der *Wanderer zwischen beiden Welten* vor allem als authentische Kriegserfahrung rezipiert. Auch lieferte das Büchlein gerade wegen seiner geringen literarischen Qualität und mit seiner ungebrochen einfachen und gradlinigen Hauptfigur vielfältige Identifikationsmöglichkeiten. »Hier wurde in der Tat ein Leseangebot gemacht«, so bemerkt Justus Ulbricht, »das über den Zeitraum von 70 Jahren hinweg von zahlreichen, nicht nur jugendlich-jugendbewegten Lesern gerne wahrgenommen worden ist.«[177]

Im Zentrum des eigentlich spannungslosen Textes steht zweierlei: eine geradezu mystische Naturerfahrung und das Erlebnis der Jungen- bzw. Männergemeinschaft. Natur-, Kampf- und Gemeinschaftserlebnis sind im *Wanderer* zwar aufs engste verbunden, das eigentliche Modell für dies alles aber ist die Männerfreundschaft. Die aus der Sicht des Jüngeren geschilderte, sich schwärmerisch steigernde Freundschaft hat ›Erweckungscharakter‹ und geht nach dem Tod des ›Helden‹ direkt in christlich konnotierten patriotischen Totenkult über. Der verehrte Freund ist Wandervogel und zutiefst gläubiger Theologiestudent, von Goethe ebenso eingenommen wie von der *Bibel* und Nietzsches *Zarathustra*. Vitaler Kraftmensch und gläubiger, protestantischer Christ, Inbegriff körperlich trainierter Jugendlichkeit und dabei zu jedem Dienst fürs Vaterland bereit. Die Feier von Wurches Kriegstod am Ende der Novelle als Wiederholung des Kreuzestodes Christi ist auch ein Zeichen für das immense Nachwirken der Befreiungskriege und ihres protestantisch verbrämten Totenkultes.[178]

Das eigentlich Faszinierende und Bedeutende jedoch erweist sich als das Einfache: »Dem Einfachen, dem Körper und der Männlichkeit, wohnt tiefe und beeindruckende Kraft inne.«[179] Die Sehnsucht nach dem Übermenschen, ungebrochener Jugend-Kult ebenso wie patriotische Neugeburtshoffnungen finden hier in der Verehrung formvollendeter, reiner Männlichkeit ihren Ausdruck. Idealische Männlichkeit strahlen sowohl die »lichtgrauen Augen« wie die »klare Gesangsstimme« des Wanderführers aus, vor allem jedoch erscheint sie in dem wohlproportionierten Bau seines Körpers. Dieser Körper jedoch kommt erst vollends zu sich in der Bewegung des Gehens: »Sein Gang«, heißt es im Text, »war Wille und Freude. [...] Sein Gehen war federnde, in sich beruhende und lässig bewegte Kraft, jenes Gehen, das ›Schreiten‹ heißt, ein ruhiges, stolzes und in Stunden der Gefahr hochmütiges Schreiten.«[180] Der aufrechte, dem Zarathustra ähnliche, federnde Gang prädestiniert den Helden dazu, »vom Berge herabzuschreiten [...] und unter die Führer des Volkes zu treten«[181], er hebt ihn jedoch gleichzeitig in der Zone des Todes aus der grauen Masse empor, denn selbst im »Granatenregen« der Ostfront »klang«, so Flex, »neben dem triebhaften Vorwärtsziehen der müden grauen Masse [...] der lebendige Schritt des jungen Führers über das Steinpflaster von Kalvarja.« Und er fährt fort: »Noch sehe ich Ernst Wurche durch den Granatenregen von Kalvarja schreiten mit demselben ruhigen und aufrechten Gang, mit dem er die Steilhänge der Côtes Lorraines hinab, an ostpreußischen und polnischen Seen entlang und singend an der Spitze der zum Baden ziehenden Kompanie durch die Sonnenwälder von Augustowo gezogen war.«[182] Dieser ›Wanderer zwischen beiden Welten‹ beherrscht die Todeszone und leitet das ›wandernde Heer‹ schließlich in die ›andere Welt‹. In der Idealgestalt des charismatischen Führers wird die Bewegungsform des Wanderns zugleich veredelt und direkt in die Sphäre des Krieges überführt. Bevor aus dem Tod im Krieg allerdings das »größte Erleben«[183] für »große Seelen«[184] wird, müssen noch verschiedene Umwandlungen und Verschiebungen stattfinden. Und ehe sich die kultisch verehrte »sonnenfrohe Jugend«[185] in die »ewige Jugend des Todes«[186] verwandeln kann, maskiert sich der Krieg als eine weitere Naturerfahrung. Er wird ›romantisch‹ und auf diese Weise zugleich harmlos und anziehend:

Ein Morgenbad im ›Weißen See‹ gab dem ganzen Tag einen frischen Glanz. Der Weg ging durch Sand und Föhrenwald. Zerstreutes Licht floß in breiten Bahnen durch grüne Wipfel und goldrote Stämme. Dann lag der weite See, von sonnigem Morgendunst überschäumt, vor uns, Pirole schmetterten, Schwalben schossen mit den Schwingen durchs Wasser, Taucher verschwanden vor uns, wie wir am Ufer entlang schlenderten. Nur aus der Ferne kam ein gedämpftes Grollen zu uns herüber und ab und zu das taktmäßige Hämmern eines Maschinengewehrs. ›Spechte!‹ lachte Wurche und ließ Sonne und Wasser über sich zusammenschlagen.[187]

Kriegszug, Jungenabenteuer und Naturerleben schießen hier zusammen und bilden das romantische Fundament für eine ganz besondere Schule der Männerfreundschaft. Aber das Motto des Wanderführers lautet: ›Rein bleiben und reif werden‹. Eine unirdisch-asketische Reinheit umgibt die Schilderungen seines nackten, lichtumglänzten Körpers. An manchen Stellen steigert sich diese verliebte Hymne des jüngeren auf den älteren Jüngling zu einer von jedem Wunsch auf sexuelle Vereinigung befreiten und dafür von Kitsch gesättigten Verehrung eines Kultbildes:

Dann lagen wir lange in dem reinlichen Gras und ließen uns von Wind und Sonne trocknen. Als Letzter sprang der Wandervogel aus den Wellen. Der Frühling klang ganz wach und klang von Sonne und Vogelstimmen. Der junge Mensch, der auf uns zuschritt, war von diesem Frühling trunken. Mit rückgeneigtem Haupte ließ er die Maisonne ganz über sich hinfluten, er hielt ihr stille und stand mit frei ausgebreiteten Armen und geöffneten Händen da. Seine Lippen schlossen sich zu Goethes inbrünstigen Versen auf, die ihm frei von den Lippen sprangen, als habe er die ewigen Worte eben gefunden, die die Sonne in ihn hinein und über Herz und Lippen aus ihm herausströmte:

»Wie im Morgenglanze
Du rings mich anglühst,
Frühling, Geliebter!
Mit tausendfacher Liebeswonne
Sich an mein Herz drängt
Deiner ewigen Wärme
Heilig Gefühl
Unendliche Schöne!
Daß ich dich fassen möchte
In diesen Arm! –«

Feucht von den Wassern und von Sonne und Jugend über und über glänzend stand der Zwanzigjährige in seiner schlanken Reinheit da, und die Worte des Ganymed kamen ihm schlicht und schön und mit einer fast schmerzlich hellen Sehnsucht von den Lippen.[188]

Es ist die Beschwörung des Lichts, die bis hin zu der Formulierung von der »schmerzlich hellen Sehnsucht« hier deutlich pointiert gegen die romantische Sehnsucht nach Dunkel und Tiefe steht. Ganz im Gegensatz zu Goethes Gedicht, in dem die Verkörperung des Frühlings und damit die Vereinigung in dem »Daß ich Dich fassen möchte«, ersehnt wird, findet bei Flex geradezu die ins Manische gesteigerte Abwehr dieses Wunsches statt: der Jüngling wird zum berührungsfernen Schauobjekt von Licht und Reinheit. Es geht im Grunde gar nicht um ihn, sondern um die Entgrenzung und Erhebung des Betrachters. Seit Fidus' ›Lichtgebet‹ gehörte gleichwohl das Motiv des »sonnenanbetenden Jünglings [...] zum Kernbestand lebensreformerischer und körperkultischer Aktfotografie«[189], wobei, so betont Justus Ulbricht, bereits in den klassizistischen »Theorien der Plastik [...] die höchste Idealität die affektlose [...] Darstellung des nackten menschlichen Körpers voraussetzt«.[190] Wenn man also bezüglich des *Wanderers zwischen beiden Welten* von einer ›Erotisierung des Krieges‹ sprechen möchte, wie es Irmela von der Lühe tut[191], und in der Schilderung der jugendlichen Männerfreundschaft diese wirken sieht, dann muß zugleich das in allem übermächtige, nicht allein sexualverneinende, sondern an manchen Stellen gar psychotisch wirkende Reinheitsstreben betont werden. Erst dadurch gerinnt die Homoerotik des Textes letztlich zu »lichtgeisterhafter Prüderie«[192]. An entscheidender Stelle der Novelle verläuft allerdings gerade über diese ›falsche‹ zum Kitsch führende Gefühlslage, die jedes offene Liebesstreben verdrängt, der zentrale Verschiebungsvorgang homoerotischer Wünsche auf die Waffen und den tödlichen Kampf:

> [...] am Abend des Tages stand derselbe Mensch im grauen Waffenrock neben mir auf dem dunklen Hochstand im Wipfel einer Doppelfichte [...] Seine rechte Hand glitt in leiser Unruhe prüfend an der Schneide entlang, und Auge und Hand freuten sich, wie so oft, an der römischen Form der blanken Waffe. [...] Wir sprachen, ins Dunkel der Riesenfichte geschmiegt, von den Kämpfen, denen wir entgegengingen. »Einen echten und rechten Sturmangriff zu erleben!« sagte der junge Leutnant neben mir, »das muß schön sein. Man erlebt vielleicht nur einen. Es muß doch schön sein.« Und schwieg wieder und blickte auf den breiten Stahl in seinen Händen. Mit einmal legte er mir den Arm um die Schulter und rückte das helle Schwert vor meine Augen: »Das ist schön, mein Freund! Ja?« Etwas wie Ungeduld und Hunger riß an den Worten, und ich fühlte, wie sein heißes Herz den großen Kämpfen entgegenhoffte. Lange noch stand er so, ohne sich zu rühren, mit leicht geöffneten Lippen im heller werdenden Mondlicht, das über die breite Klinge in seinen hellen Händen floß.[193]

Die sinnliche Sehnsucht, die im Naturerleben und noch mehr im Erleben und Phantasieren der Männerfreundschaft verkörpert wurde, kann allein, so die Botschaft des Textes, im Sturmangriff gestillt werden. Es ist der offensichtliche Kitsch dieser Szene, der zugleich auf die gerade noch verdrängte Homosexualität und bei völliger Verleugnung des anderen Geschlechts als Objekt der Sehnsucht auf die Faszination der Schlacht verweist. Sie treffen sich auf überdeterminierte Weise im Schwert, dessen »breiter und heller Stahl« das phallische Element des Glanzes mit der Drohung der Kastration versieht. Beide Momente werden jedoch, wieder über das Messer vermittelt, zugleich an die Sphäre des Schlachtopfers gebunden. Erst im Tod auf dem Schlachtfeld vereinigen sich das Schöne und der Eros mit der Gewalt.[194]

Läßt Flex im *Wanderer* die Szene vom Kultischen bestimmt sein, so gipfelt eine ebenso kitschige Kriegshymne an einer anderen Stelle seines Werkes in mystischer Gottesschau: »Wenn Mann und Weib sich in die Arme werfen«, schreibt er dort, »so steht zwischen ihnen in einem roten Nebel das Leben, wenn zwei Männer aufeinander zureiten, so steht zwischen ihnen in einem roten Nebel Gott selbst. Durch diesen Schöpfungsnebel zu reiten, daß der rote Tau uns auf Haut und Waffen perlt und trieft, das ist das höchste Glück, was wir kosten können.«[195] Im Bild des »roten Nebel[s]« verknüpft der Autor hier den erotischen Liebesrausch mit dem Blutrausch des Kampfes, um dann die männliche Ekstase des Krieges als »höchste[s] Glück« zu feiern und zu einer veritablen Gottesbegegnung zu erhöhen.

Walter Flex hat mit seinem *Wanderer zwischen beiden Welten* die Sphäre des Wanderns mit dem Marschieren und dem Krieg verbunden. Er ist es, der die lebensreformerische Lichtgestalt jugendlicher Männlichkeit mit dem grauen Rock des Soldaten zusammenführt. Damit schwindet allerdings in der literarischen Gestalt des Wanderführers und Leutnants Wurche, so bemerkt treffend Justus Ulbricht, »die Distanz zwischen den Milieus der Burschenschaften, des Wandervogels zu dem der kaisertreuen Soldaten. Diese Distanz war noch 1913 symbolhaft deutlich geworden im nebeneinander zweier Feste zum Gedenken der Leipziger Völkerschlacht.«[196] Auf diese Weise läßt Flex aus dem Ersten Weltkrieg heraus, gleichsam seismographisch dem real vollzogenen Umschwung nachspürend, die Widerstandskraft der Jugendbewegung einschmelzen, einer Freien Jugend, die 1913 nicht in Leipzig feierte, sondern in der Nähe von Kassel auf dem Hohen Meißner ihre ›Eigenständigkeit‹ proklamiert hatte. Damals richtete sie sich noch ebenso gegen den Hurra-Patriotismus des Kaiserreiches wie gegen die mit ihm verbundenen Altersgenossen in »Armee, Turnerschaft, Wehrvereinen und Burschenschaften«[197].

3.3. *Die Inszenierung des Krieges als Gartenkunst – Rainer Maria Rilkes'* Cornet[198]

3.3.1. *Das Lied des Todes*

Nicht Wanderer, wohl aber Reiter ›zwischen beiden Welten‹ gab es freilich schon vorher. Zu einem Identifikationsbuch der heranwachsenden Generation avancierte vor allem Rainer Maria Rilkes bereits 1899 geschriebene Novelle *Die Weise von Liebe und Tod des Cornet Christoph Rilke,* als sie 1912 in der neugegründeten Insel-Bücherei erschien. Wie der *Wanderer* von Flex, entwickelte sich Rilkes *Cornet* sehr schnell zu einem ›Kultbuch‹. Viele Soldaten hatten das schmale Büchlein – zusammen mit der *Bibel* – in ihrem Tornister. Dieses vom Autor später, nicht zuletzt wegen seiner schnellen ideologischen Vereinnahmung, wenig geachtete Jugendwerk, das er nach eigenen Angaben »in einer Herbstnacht, bei zwei im Nachtwind wehenden Kerzen, in einem Zuge hingeschrieben«[199] habe, avancierte zur meistgelesenen Frontlektüre in Deutschland. Dafür ist vor allem Rilkes Inszenierung von Erlebnis und Rausch verantwortlich gewesen. Es handelt sich beim *Cornet* um eine literarische Konstruktion, die noch ganz als Produkt des 19. Jahrhunderts erscheint und doch, vor allem in ihrem Sprachrhythmus, auf die Moderne verweist. Dabei wirkt das Prosagedicht mit seinem einsamen jugendlichen Helden und seinem ›schönen‹ individuellen Tod angesichts des Massensterbens im Ersten Weltkrieg auf den ersten Blick völlig anachronistisch.

Der Text versetzt den Leser in die Welt des Adels, der Pferde und Schlachten und beginnt mit den berühmten Zeilen: »Reiten, reiten, reiten durch den Tag, durch die Nacht, durch den Tag. Reiten, reiten, reiten, reiten. Und der Mut ist so müd geworden und die Sehnsucht so groß.«[200] Bereits hier mischt sich Vergeblichkeitsangst in die jugendliche Sehnsucht. In der Figur des melancholischen Jünglings, dessen Mut »so müd geworden« ist, der aber dennoch weiterreitet in den Krieg, entwirft Rilke bereits 1899 ein Modell jugendbewegter Männlichkeit, das nach 1918 besonders im Lied dominant werden sollte. Darüber hinaus greift auch Rilkes zwischen Lyrik und Prosa schwankender *Cornet* in Rhythmus, Musikalität und Stil liedhafte Elemente auf. Schon der Liederkanon des Wandervogels lebte freilich nicht allein von Goethes und Eichendorffs Wald- und Wandergedichten, sondern auch von einer romantisierten Scholaren-, Ritter- und Söldnerwelt. Selbst die neuen, männerbündischen Lieder besingen in der Regel keine konkreten oder gar realistischen Kriegshandlungen, das Geschehen ist vielmehr auch hier »in die ferne Reiter- und Landsknechtswelt verlegt, Pferde, das Lagerleben, Feuer, Fahnen und Trommeln liefern die Kulissen [...] der Handlung«.[201] In seinem 1902 publizierten Gedicht *Der Knabe* war es noch die pure jugendliche Sehnsucht nach rauschhaft aufbrechender Männlichkeit, der Rilke stellvertretend eine Stimme gab, wenn er den Jungen ausrufen ließ: »Ich möchte einer werden so wie die, die durch die Nacht mit wilden Pferden fahren, mit Fackeln, die gleich aufgegangenen Haaren in ihres Jagens großem Winde stehn«[202]. Seinen 1664 in den Krieg gegen die Türken ziehenden jugendlichen Cornet verbindet mit der männerbündischen Liedtradition der Nachkriegszeit neben einer unbestimmten Sehnsucht vor allem der melancholische Anfangston.[203] So war die Stimmung von Nachkriegsliedern wie *Wir ziehen über die Straße, Ihr lieben Kameraden, Es klappert der Huf am Stege* oder *Zelte sah ich, Waffen, Fahnen*[204] weder durch jugendlich-patriotischen Aufbruchsgeist noch von kämpferischem männlichen Heroismus, sondern vor allem von Melancholie bestimmt. Es handelte sich dabei um eine zuweilen ins Sentimentale wechselnde Stimmung, die von Vergeblichkeit und Leere ebenso getränkt war wie von balladesker Schicksalsergebenheit. Die monotone Bewegung des »Reiten, reiten, reiten durch den Tag, durch die Nacht durch den Tag« des Rilkeschen *Cornet* liefert für dieses Stimmungsgemisch schon vor der Katastrophe des Krieges ein identifikatorisches Modell. Allerdings produziert der *Cornet* die Attraktion und die Haltung gleich mit, die es ermöglichen, sich dieser subjektlosen Bewegung, deren Wirkung bereits mit der suggestiven Wiederholung des Infinitivs ›reiten‹ beginnt, dennoch und mit Vergnügen zu überlassen.

In der Beschwörung einer unumkehrbaren Vorwärtsbewegung[205] werden ihm die neuen männerbündischen Lieder folgen. So reiten die jungen Krieger in *Es klappert der Huf am Stege* am Ende »die Sehnsucht tot« und schwören gemeinsam: »Für uns gibt's kein zurück«.[206] Ganz ähnlich ist für den Sänger des Liedes *Ihr Lieben Kameraden* das »Totsein« am Ende zugleich verbunden mit einem »So muß es sein!«. Weitaus wirkungsmächtiger als diese direkten Aussagen ist für den Gesang jedoch die durch alle Lieder hindurchziehende musikalisch-poetische Performanz übermächtiger, dabei subjektloser Bewegung. Hier geht es um das, was der Religionsphilosoph Klaus Heinrich an Kulten, der Mystik und der Philosophie studiert und mit dem Begriff der ›Subjektlosigkeit‹ beschrieben hat. Dort, wo das Auslöschen des Subjekts auch in der Moderne inszeniert wird, haben »diese Konstruktionen«, so Heinrich, »immer ein *fundamentum in re,* setzen sie doch die Erfahrungen von Träumen, die Erfahrungen von Ohnmacht und Absencen, von Rausch und Ekstase fort. Sie setzen ebenso die in dieser Richtung sich bewegende Entfernung der Seele vom Körper, das Hinübersteigen in einen anderen Bereich [...] fort.«[207] Das Problem dieser Konstruktionen liegt allerdings in der Frage, wie es denn möglich sei, die Aktion der Selbstauslöschung als rauschhaftes und entlastendes ›Ereignis‹ zu erleben. In diesem Sinn und gleichsam als Medium des Hinübergleitens eröffnet sich in den Liedern, die auf der Fahrt, im Lager oder bei Aufmärschen gemeinsam gesungen werden, eine magische, performative Dimension: Der Rhythmus der Musik beschwört und formiert zugleich ein geschlossenes Kollektiv in Bewegung. Hervorgerufen wird eine widerstandslose Grundhaltung vor allem durch Wiederholungen und gehäuften Infinitivgebrauch. Da ist kein Individuum mehr, das wandert, sondern ›es‹ wandert, ›es‹ fährt, zieht, reitet oder marschiert. Nicht mehr das konkrete Reiten, Fahren oder Wandern eines einzelnen Ichs ist von Belang, sondern das Reiten, Fahren oder Wandern überhaupt. Eine pure Dynamik, die durch alle hindurchgeht und jeden mitzieht. Wie bereits Richard Wagner im *Lied der Rheintöchter* am Beginn seiner Oper *Rheingold* beispiel- und folgenreich vorführt, gewinnt zudem die Lautlichkeit und Melodie in den Liedern eine geradezu evokative Dominanz über die Bedeutung. Sprache löst sich im ›Wagalaweia‹ der Rheinnixen in den Naturlaut des Wassers auf. Auch das monotone Fahren, Ziehen, Wandern, Reiten, Wogen und Wallen der männerbündischen Lieder scheint im naturmythischen ›Rauschen‹ erst zu sich selbst zu kommen. Auch hier ist Walter Flex in seinem überaus populären und wirksamen[208] Gedicht *Wildgänse rauschen durch die Nacht* von 1916, das sofort nach seinem Erscheinen in der bekannten, nach Art von Fanfarenklängen stilisierten Melodie von Robert Götz vertont wurde, zugleich Vorbildliches und Symptomatisches gelungen:

> Wildgänse *rauschen* durch die Nacht.
> Mit schrillem Schrei nach Norden.
> Unstete *Fahrt*! Habt acht, habt acht!
> Die Welt ist voller Morden.
> *Fahrt* durch die nachtdurch*wogte* Welt,
> Graueisige Geschwader!
> Fahlhelle zuckt, und Schlachtruf gellt,
> Weit *wallt* und *wogt* der Hader.
>
> *Rausch' zu, fahr' zu, du graues Heer!*
> *Rauscht zu*, fahrt zu nach Norden!
> *Fahrt ihr* nach Süden übers Meer –
> Was ist *aus uns* geworden!
> Wir sind wie ihr ein graues Heer
> *Und fahr'n wir ohne Wiederkehr,*
> *Rauscht* uns im Herbst ein Amen![209]
> [Herv. v. U.B.]

Als Teil seiner Novelle *Wanderer zwischen beiden Welten* ist das Gedicht von derselben Aura des authentischen Kriegserlebnisses geprägt, wie das Buch als Ganzes. Wie dieses ist es zugleich ein Versuch, die Trauer über den 1915 gefallenen Freund und Wanderführer Ernst Wurche zu verarbeiten. War bereits in der Selbstbezeichnung und dem Logo des Wandervogels die Verknüpfung zwischen der Gruppe der wandernden Jungen mit den am Himmel ihrer Fluglinie folgenden Vogelzügen hergestellt, so gründet Flex sein Gedicht ganz und gar auf dieses Doppelgängertum: Beginnt es auch mit dem »Rauschen« der Wildgänse, so wird aus der anfänglich noch dagegengesetzten »Fahrt« der Soldaten bereits in der zweiten Strophe ebenfalls ein »Rauschen«. Ein »graues Heer« sind gar beide Gruppen, oben wie unten, und ganz wie die Welt »nachtdurchwogt« ist, »wogt und wallt auch der Hader«. Nachdem der Rollentausch dann in der Mitte der zweiten Strophe vollständig vollzogen ist und zwischen »Rauschen und Fahren« kein Unterschied mehr besteht, umgibt Flex, sinnsuchend, am Ende den Kriegstod mit einer gleichsam transzendenten Aura. Pantheistisch erhoben, wandelt sich das naturhafte »Rauschen« der Wildgänse in eine Geste göttlicher Gnade und religiöser ›Heimkehr‹: »Und fahr'n wir ohne Wiederkehr, Rauscht uns im Herbst ein Amen!«

Auch in Rilkes *Weise von Liebe und Tod des Cornets Christoph Rilke* geht das willenlose Reiten durch eine Kette sich steigernder Erlebnisse – die Ernennung zum Cornet durch den General, ein Fest und die erste Liebesnacht – direkt in das Sterben auf dem Schlachtfeld über. Die Melancholie des Anfangs wird hier allerdings nicht wie bei Flex in den sinnstiftenden Trost der überzeitlichen Religion aufgenommen. Sie weicht vielmehr einer ästhetischen Inszenierung, die den Tod selbst als Fest erlebbar macht. Diese wäre ohne Anleihen beim Reservoir der Kulte jedoch kaum möglich. In gewissem Sinn bekam also der *Cornet* seinen Sonderplatz in den Tornistern von 1914 zu Recht. Es würde sich bei Rilkes Prosagedicht allerdings nicht um ernstzunehmende Literatur handeln, wäre nicht ständig auch ein Einspruch gegen diese Ästhetisierung spürbar. Nicht zuletzt dieses Moment selbstanalytischen Widerstands unterscheidet den *Cornet* von den sentimentalen, und dabei einverständigen Männerbundliedern der frühen Nachkriegszeit.

3.3.2. Imaginierte Weiblichkeit[210]

Neben dem Titel gibt der sachlich im Stil alter Chroniken gehaltene Vorspann dem Leser bereits vor der berühmten ersten Zeile »Reiten, reiten, reiten« darüber Auskunft, daß der Tod auf dem Schlachtfeld das Ziel des traumverlorenen Ritts sein wird. Dort heißt es: »Appel Rilke, Herr auf Langenau, Gränitz, Greußen u.s.f., hat drei Söhne. Der Jüngste, Otto, tritt in österreichische Dienste. Er fällt, 18 Jahre alt, als Cornet in der Companie des Freiherrn von Pirovano gegen die Türken in Ungarn (1664).«[211] Anders als die männerbündischen Lieder, die das soldatisch-männliche ›Wir‹, den Freundschafts- und Kameradenbund beschwören und der »Sehnsucht nach einer Geliebten oder dem Liebesleid«[212] keinen Raum geben, aber auch anders als in den traditionellen Soldatenliedern, »die oft auch die Perspektive der Ehefrauen und Mütter wiedergeben«[213], spielt sich der Untergang des jungen Helden bei Rilke von Anfang an im metaphorischen Rahmen des Geschlechterverhältnisses ab. Getragen wird das gesamte Geschehen – das entspricht noch der Liedtradition – durch die Anfang und Ende beherrschende Imago der Mutter. Die Nähe aller Figuren vermittelt sich an entscheidenden Stellen über diese Figur. Das gilt besonders, wenn es von den Kameraden heißt: »als ob es nur *eine* Mutter gäbe [...]«[214], oder wenn Rilke den »großen Schlaf« der Liebenden als

»so gemeinsam wie *eine* Mutter oder *einen* Tod«[215] beschreibt. Die Mythisierung der Mutter geht schließlich über ins religiöse Bild der Madonna: »Fern ragt in den Glanz, etwas schlankes, dunkles. Eine einsame Säule, halbverfallen. Und wie sie lange vorüber sind, später, fällt ihm ein, daß das eine Madonna war.«[216] Die Sehnsucht nach der Heimat verkörpert sich auch in einer Kinderfreundin, die nicht zufällig den Namen der biblischen Sünderin Magdalena trägt. An anderer Stelle wird der traumverlorene Ritt des Fähnrichs jäh durch die spukhaft-grausige Begegnung mit einer geschändeten Frau unterbrochen. Sie ist an einen Baum gebunden, und er befreit sie. Aus dem um Hilfe schreienden »braunen Mädchen«[217], einer deutlich als Opferfigur gezeichneten Gestalt in der frühen Fassung des *Cornet*, hat Rilke 1906 seine Version des Fin-de-siècle-Dämons ›Weib‹ stilisiert. Eine schlaglichtartig beleuchtete Inkarnation animalisch überzeichneter Sinnlichkeit. Nicht zuletzt der häufige Gebrauch des unpersönlichen Pronomens ›es‹ läßt ›Weibliches‹ und subjektlos ›Elementares‹ an dieser Stelle verschmelzen:

> Aber da schreit es ihn an.
> Schreit, schreit [...]

Wie aus einer Szene des *Erlkönig* entsprungen, verdichtet sich dieses ›Es‹ zuerst zu einem Baum:

> der einzige Baum
> schreit ihn an:
> Mann![218]

– um dann erneut ins bloße ›Es‹ zu versinken. Zugleich jedoch wandelt sich der Baum und wird zu einer aktiven Instanz, führt über zum Verb ›bäumen‹. Nun endlich löst sich von diesem Komplex ein Drittes, zuerst nur ein schlangenhafter »Leib«, dann ein »junges Weib«. Der Übergang ins Menschliche will auch jetzt freilich nicht ganz gelingen, es ist eher ein Wechsel vom Pflanzlichen ins Animalische:

> es bäumt sich.
> Es bäumt sich ein Leib
> Den Baum entlang, und ein junges Weib,
> blutig und bloß
> fällt ihn an: Mach mich los!
> und er sieht ihre Blicke glühn
> und ihre Zähne beißen.
> [...]
> Ihn graust.[219]

Hatte er schon die krude Sinnlichkeit der Knechte und »Dirnen mit purpurnen Hüten im flutenden Haar«[220] bloß ›geschaut‹, so flieht der Cornet hier vor der medusischen Bedrohung durch die geschändete Frau.

»Mann!« hatte sie ihn genannt und damit zugleich ein geheimes Stichwort des Textes geliefert. Mit seinen achtzehn Jahren ist der Fähnrich ein liminales Wesen, noch fast Kind und schon fast ein Mann. Er befindet sich im Prozeß der Initiation. Dabei ist es vor allem seine Leere und Passivität, die ihn zur Projektionsfläche aller möglichen Wünsche und Phantasien werden läßt – neben kraß sinnlichen und erotischen, vornehmlich Größenphantasien – denn so heißt es im Text: »Und da träumst du: Geschmückt sein [...] und dir eine Krone verdienen für deine Stirn, die leer ist.«[221] ›Geschaffen‹ wird er in fast biblischem Sinn und zum Cornet gemacht durch das Wort vom General Spork. Auch der übermächtige Vater, adeliger Vertreter der männlichen Welt des Heeres, evoziert wie die idealisierte Mutterfigur das Göttliche: »Neben seinem Schimmel ragt der Graf«, schreibt Rilke, und »Der Spork ist vor allem. Sogar der Himmel ist fort.«[222] Im Bannkreis des Generals gerät der Junge in einen Taumel, und dann »weiß er nicht mehr, wo er steht«.[223]

Wird die Welt des Krieges auch in glänzend männlichen und kameradschaftlichen Farben geschildert, so läßt es Rilke in der Schwebe, wie und wo sich die eigentliche Mannwerdung des Jünglings ereignet. Vor die Erfahrung der Schlacht schiebt sich das Erlebnis eines in dionysischen Farben geschilderten Festes. Wie entrückt ereignet es sich in der Nacht- und Gartenwelt eines gräflichen Schlosses. Und es wird die Begegnung mit der mütterlichen Herrin dieses Schlosses sein und die Liebesnacht mit ihr, durch die dem Jüngling, wie es im Text heißt, »Das Kindsein (ihm) von den Schultern«[224] fällt. Nicht so sehr die zuweilen extrem gesteigerte Sinnlichkeit, wohl aber die den Text durchziehende und in der inzestuös konnotierten Liebesnacht kulminierende erotische Spannung ist es, welche den *Cornet* radikal von den Männerbundliedern entfernt. »Der Höhepunkt in Rilkes dramatischem Gedicht, gewissermaßen das Initiationserlebnis des Cornets Christoph Rilke«, so führt Jürgen Reulecke aus, »ist die nächtliche Vereinigung mit einer Frau« und nicht »die Schlacht, das heißt [...] das tapfere Kämpfen und ehrenvolle Sterben des jungen Reiters in der männlichen Bewährung«[225]. Den konventionellen Gegensatz zwischen Liebesvereinigung mit der Geliebten und männlicher Bewährung durch tapferes Kämpfen und Sterben im Krieg hat Rilke wohl aufgebaut, er wird ihn in der Folge jedoch erschüttern und letztlich in sein Gegenteil verkehren.

3.3.3. Rauschkonkurrenz

Spätestens seit Friedrich Nietzsche sich in seiner *Geburt der Tragödie* 1872 mit der Rolle kollektiver Ekstase im rituellen und im theatralen Prozeß beschäftigt hat, und nicht zuletzt durch die psychoanalytische Entdeckung des Unbewußten, entwickelt sich um 1900 zwischen den Künsten und den Kulturwissenschaften ein

denn es sind seine Halluzinationen und es ist seine Erregung, die diese Verwandlung zustande bringt. Die Vision, die das Getötetwerden durch die »sechzehn runden Säbel« überlagert, ist jedoch selbst von nicht geringer Bedeutung im Werk Rilkes. Es handelt sich um die oft poetisierte Wasserkunst der Fontänen und Brunnen, die er in den Gärten und auf den städtischen Plätzen von Rom und Paris bewunderte. Goethe und nach ihm Conrad Ferdinand Meyer hatten aus dem aufsteigenden und fallenden Strahl und dem Geben und Nehmen der römischen Schalenbrunnen ein exemplarisches Balancemodell gestalteter Naturkräfte geformt. Auch gehörte das Niederfallen des Fontänenstrahls ebenso wie der verschlafen rauschende Brunnen schon lange in die romantische Vergänglichkeitsstimmung Eichendorffscher Parklandschaften. Anders als in seiner Version der *Römischen Fontäne* von 1906 knüpft Rilke jedoch im *Cornet* eher an das euphorisiert und erotisiert festliche Moment der Fontänen-Wasserkunst an. In einem Brief an Clara Rilke, den er am 14. Juli 1907 aus Paris schreibt, ist von der »festlichen Bewegung in der Luft« die Rede, die bei der Feier des 14. Juli durch »Blumen, Kleider und alle die Fontänen und Fahnen«[241] gebildet sei. Auch das erotische Moment ist Rilkes ›Fontänen-Dichtung‹ nicht fremd. So beschreibt der darauffolgende Brief an Clara Rilke vom 19. Juli 1907 in Erinnerung an einen Spaziergang durch den Jardin du Luxembourg gar »das Nackte der Fontäne, die wie eine Badende an sich hinunterlangt«[242], und in einem Gedicht heißt es, die »Gestalt des Strahls stand [...] fast weiblich da auf dem runden hell blendenden Wasserkreis, um den herum die übrige Fläche des Teichs dunkel und offen spiegelnd ausgebreitet war«[243]. Die erotischen Assoziationen um die Wasserkunst der Fontäne kulminieren freilich in dem *Geburt der Venus* benannten Gedicht. Dort spricht Rilke vom

> Graden Körper, der aus dem Becken wie ein Springbrunn aufstieg
> und zögernd in den langen Armen abfiel
> und rascher in dem vollen Fall des Haars.[244]

Im *Cornet* gewinnt der Strahl der Wasserkunst allerdings nicht durch die Vision des Haares und eines weiblichen Körpers an erotischer Qualität. Es sind vielmehr die Spannungslinien der im gesamten Prosagedicht zwischen der mann-weiblichen und der homoerotischen Sphäre aufgebauten Rauschkonkurrenz, die sich im Endbild der festlichen Wasserkunst zum letzten Mal auf tragisch-ironische Weise treffen: Weg von ihrem Fest und aus den Armen der dem Flammentod geweihten Geliebten fliehend, ist der Fähnrich mit offenen Locken mitten hinein in die feindlichen Linien geritten. Hatte ihr Eros ihn im Park zuerst verwandelt, so wandeln sich nun im traumatischen Moment die Feinde zunächst in ›Gärten‹, um dann wieder zu Männern zu werden. Das mythische Selbstopfer des Ritters Curtius imitierend, der zur Rettung Roms in voller Rüstung in den klaffenden Abgrund auf dem *forum romanum* sprang, wirft er »sein Pferd mitten hinein«[245]. Dann jedoch sind es wieder Gärten und das Getötetwerden selbst eine – nun deutlich homoerotisch konnotierte – Wasserkunst: »Und die sechzehn runden Säbel, die auf ihn zuspringen, Strahl und Strahl, sind ein Fest.«[246]

Um den Tod im Krieg zum Rausch zu stilisieren und gleichzeitig die den Schock der tödlichen Realität überlagernde, selbstgemachte halluzinatorische Erregung zur heroischen werden zu lassen, muß die Geliebte untergehen. Rilke spricht diese krude Notwendigkeit überdeutlich aus, wenn er seinen Cornet bei der Flucht aus dem brennenden Schloß nicht die Frau, sondern die »Fahne« retten läßt, er diese jedoch auf seinen Armen trägt »wie eine weiße, bewußtlose Frau«.[247] Hier deutet sich bereits an, wie sich unbewußt im Medium mann-männlicher Inszenierungen die Aufladung der Fahne und die Verwandlung des Sterbens im Krieg zum Fest vollziehen wird. Die reale Frau wird geopfert, der Zauber aber, den sie mitsamt ihrer Fest- und Gartenkultur verkörperte, ist notwendiges energetisches Mittel des männlichen Zaubers auf dem Schlachtfeld.[248] Und es ist nicht zufällig die Fahne, die er der Geliebten vorgezogen hatte, welche sich dieser ›Energie‹ bedient, um während seines selbstmörderischen Ritts zu gesteigertem Leben zu entbrennen und »groß und rot«[249] zu werden.

3.3.4. Die Fahne als Lebensbaum und Vampir

Den *Cornet* zeichnet insgesamt eine eigentümliche, manchmal analytisch eingesetzte Verschlingung erotischer und kultischer Dimensionen und Motive aus. Diese umfassen sprachliche, formal-rhythmische, inhaltliche und rezeptionsgeschichtliche Ebenen. Insbesondere macht der Text vielerlei Anleihen bei »kultischen Zuständen der Subjektlosigkeit«[250], vornehmlich Rausch- und Ekstaseformen, seien sie nun dionysisch, schamanisch oder christlich konnotiert. Vor allem im häufigen Gebrauch von Verbalnomina inszeniert Rilke auch sprachlich die Auflösung des Subjekts und die Entgrenzung des Individuums. Oft genug erscheint das Ich nur mehr als Behelf zum Ordnen der Sinneseindrücke, alles ist Impression, Farbe, Ton und Bewegung. Besonders an einer Stelle jedoch kommen die Sprachrhythmik und der ausgesprochene Wunsch nach Selbsthingabe zusammen. Dort bekundet der *Cornet* entzückt seine Festfreude: »Einmal sich alles geschehen lassen und wissen: was geschieht, ist gut. Auch der Mut muß einmal sich strecken und sich am Saume seidener Decken in sich selbst überschlagen. Nicht immer Soldat sein. Einmal die Locken offen tragen.«[251] Eine zweite Stelle gesteigerter Rauschversunkenheit, in der die Individuen völlig im Geschehen aufgehen, findet sich in der Schilderung des Festes: »Das war ein Wellenschlagen in den Sälen, ein Sich-Begegnen und ein Sich-Erwählen, ein Abschiednehmen und ein Wiederfinden, ein Glanzgenießen und ein Lichterblinken und ein Sich-Wiegen in den Sommerwinden.«[252] Hier sehnt sich jemand danach, den, seit Klaus Theweleits Untersuchungen zu den ›Männerphantasien‹ sprichwörtlichen, ›soldatischen Körperpanzer‹ abzuwerfen und in eine ebenso dionysisch wie feminin gezeichnete Welt einzutauchen. Nach Klaus Heinrich handelt es sich jedoch sprachlich immer zugleich »um protokollierende Raster, die nichts Individuelles mehr haben. Sie arbeiten daran, den Subjektwechsel, also die Selbsthingabe an eine höhere Macht, um den es in den religiösen Ekstasekulten allemal geht, poetisch vorzubereiten.«[253] Wie bereits Käthe Hamburger[254] zieht auch Klaus Heinrich in diesem Zusammenhang eine Parallele zwischen Rilkes lyrischer Konstruktion von ›Erleben‹ und der Wahrnehmungsform des ›Erlebnis überhaupt‹[255], wie sie in der Phänomenologie Edmund Husserls formuliert wurde.[256]

Um die Bewegung nachzuzeichnen, die Rilke vom rauschenden Vereinigungsfest mit der Frau zum männlichen Untergangsrausch im Krieg durch die glänzenden Krummsäbel entwirft, erscheint eine Konzentration auf die ›Fahne‹ nützlich. Die Fahne steht als Feldzeichen und Symbol für die Gesamtheit des Heeres. In der patriotischen deutschen Liedtradition des 19. Jahrhunderts spielt sie eine zentrale Rolle, die sich bis zum Nationalsozialismus ins offen Kultische – man denke nur an die Zeremonien der ›Blutfahne‹ – steigern wird. Im Rilkeschen Prosagedicht wird die Fahne dem Cornet von General Spork verliehen und ist seitdem sein persönliches Symbol. Sie wird aber auch, so bemerkt Martina Wagner-Egelhaaf, »zum regulierenden Faktor in einem wechselseitigen Spiegelverhältnis zwischen Mutter und Sohn«[257], wenn er ihr stolz und beschwörerisch schreibt: »Meine gute Mutter, seid stolz: Ich trage die Fahne. Seid ohne Sorge: Ich trage die Fahne, habt mich lieb: Ich trage die Fahne.«[258] Besonders gegen Ende tritt die Fahne zugleich als Ding, Bild und Symbol auf. Als Symbol für das ›Ganze‹ des Vaterlandes ist sie bereits traditionell. Als magisches Ding gewinnt die Fahne jedoch zugleich Verweischarakter auf »die erotisch besetzte Materialität der Dinge«[259] überhaupt, ja auf eine vampirhaft-fetischistische Qualität von Dinglichkeit, die den *Cornet* durchzieht. Magische Rätselhaftigkeit bestimmt freilich den Text insgesamt. Rilke inszeniert diese Stimmung durch häufige Verwendung von Alliterationen, gestisch eingesetzte Reime und evokative Interpunktionen. Diese Atmosphäre wird verstärkt durch eine vom Autor suggestiv angelegte Kette direkt religiöser Anspielungen und kultischer Verweise. Sie beginnt bei der Madonna und dem »Rosenblatt«, das der Marquis ablöst, »als ob man eine Hostie bricht«[260], geht über zu dem Cornet, der vor der Gräfin steht, »nackt wie ein Heiliger«[261], und führt schließlich bis hin zur Problematik der Transsubstantiation in der Eucharistie: In einer flackernd-erotischen Szene zwischen Dirnen und Soldaten springt das Moment gesteigerter Sinnlichkeit zunächst von den Menschen auf die Dingwelt über. Dabei erwacht eine »Trommel« mit einem »Poltern«[262] zu eigener schamanenhafter Ekstase-Existenz. Die nächtliche Rauschszenerie steigert sich jedoch jäh in eine »Transzendenz beanspruchende Bedeutungshaftigkeit«[263], wenn Rilke nicht beim Wein, den man hier aus Helmen trinkt, stehen bleibt, sondern zum Blut übergeht. Aus Soldatensinnlichkeit und Trommelmagie heraus werden plötzlich Probleme der Transsubstantiation entwickelt, wenn der Autor an dieser zentralsten ›Verwandlung‹ in der christlichen (katholischen) Religion seine Zweifel anmeldet und fragt: »Wein? Oder Blut? – Wer kann's unterscheiden?«[264] Am Ende ist es jedoch die Fahne, die sich zum sakralen Zentrum des gesamten Geschehens verdichtet und – ein Mittelding zwischen Lebensbaum, Kreuz Christi und Vampir – nun der veritablen Speisung durch Blut bedarf. Der Cornet wird ihr erster Blutspender werden. So ist es sein rasender Todesritt, während dessen die Fahne wie ein lebendes Wesen zu sich kommt und ihre strahlende, nun nicht mehr allein symbolische Macht gewinnt: »Und da fängt sie zu scheinen an, wirft sich hinaus und wird groß und rot [...].«[265] Die kulturell hergestellte und im Normalfall verbürgte Distanz zwischen Symbol und Symbolisiertem beginnt sich im *Cornet* an dieser Stelle aufzulösen: die Fahne wandelt sich, um einen Begriff Klaus Heinrichs zu verwenden, zur ›Ursprungsmaske‹. »Wein oder Blut?« – nun kann man es in der Tat nicht mehr unterscheiden. Damit wird freilich zugleich der – freilich immer schon ambivalente – zivilisatorische Gewinn der Eucharistie, der in der Ersetzung des Opferblutes durch den Wein lag, preisgegeben. Christologische und ältere opferkultische Linien treten im Textgeschehen mit den nationalen zusammen: »Wenn man ferner im Auge behält, daß im christlichen Bereich die Fahne als Siegessymbol Attribut des auferstandenen Christus ist, wird die enge Motivverflechtung des Textes deutlich: Im Bild der Fahne begegnen sich erotische Wünsche, Schreibphantasien, an religiöse Dimensionen reichende Größenträume«[266] und moderne, zur Zeit des *Cornets* noch kommende Opferinszenierungen.

Der rauschhafte Tod des jungen Mannes ist vor diesem Hintergrund zwar immer noch ein Beispiel »der Heroisierung des ›großen‹ Individuums und der Ästhetisierung des Kampfes [...] in der Schlacht«[267], wie es Joachim Pfeiffer betont, er liefert jedoch vor allem ein subtiles und verführerisches Modell zur Einübung in Selbstauslöschung. Damit steht Rilkes Konstruktion des individuellen Heldentodes im *Cornet* aber nur bedingt gegen die Enteignung des eigenen Todes in der Massengesellschaft[268], wie sie von ihm im *Malte* konstatiert wird, oder wie sie sich 1914–1918 im anonymen Massensterben des Ersten Weltkriegs vollziehen sollte.

Wenn Rilke im *Cornet* »den Zwischenraum, der sich zwischen den materiellen Dingen und Stoffen, wie Fahne und Blut, und ihrer transzendenten Bedeutung auftut, [...] zu zelebrieren [sucht]«[269], dann tut er das durch eine ins Ästhetische verlagerte, die Sphäre des Symbolischen jedoch zugleich durchbrechende, ins Performative zielende Opferinszenierung. Im Innersten kreist das Doppelopfer im *Cornet* – das stumme der Geliebten und das ästhetisierte des jungen Helden – indes um eine Leere und um den Sog, sich ihr zu überlassen. In dieser Leere aber, die im kultischen Raum den Ort des Ursprungs oder »des abwesenden Gottes«[270] markiert, können sich impersonale Mächte einrichten, als ›Es‹ einer neuen charismatischen Herrschaft oder als ›Bewegung überhaupt‹[271].

3.3.5. Stahlgestalt und Überwindertum

Rilkes künstlerische Leistung besteht nicht zuletzt in der Herstellung einer Konkurrenz zwischen erotischem und kriegerischem Rausch, deren Austragungsmedium bis zuletzt die Geschlechterspannung bleibt. Sein *Cornet* hat die kriegführende Generation von 1914 bis 1918 zwar im Tornister begleitet, die traumatischen Erfahrungen der Materialschlachten führten in den zwanziger Jahren des 20. Jahrhunderts jedoch zu völlig anderen, nun vollends affektlos-sachlichen und enterotisierten Modellen von ›neuer‹ Männlichkeit. In einem Jenseits der Geschlechterspannung und der ödipalen Generationenkonflikte versucht besonders Ernst Jünger den soldatischen Mann zu verorten. Dabei knüpft er in direkter und indirekter Weise immer wieder an die mythische Figur des Herakles an, des Arbeiters und Kämpfers unter den griechischen Heroen. Seine Entdeckung des ›Primitiven‹ und der Natur verläßt nun endgültig das romantische Landschaftsszenario und begibt sich in die von Darwin und Nietzsche inspirierte Zone des Animalisch-Barbarischen. Doch erst im Niemandsland der Front, in der Todeszone zwischen den feindlichen Gräben kann nach Jünger »des Lebens Wellenkurve zur roten Linie des Primitiven zurückschwingen«[272]. Und nicht nur das – Jünger übertrumpft seine Vorläufer noch, indem er bei seinem ›Zurück zur Natur‹ nicht eine Rousseausche Reinheit, sondern das ›Tier‹ und vor allem den allein von Instinkten geleiteten ›Wilden‹ im Manne sucht. Das geschieht vor allem im außeralltäglichen Erlebnis der Schlacht, und »nackt wie je bricht er hervor, der Urmensch«[273]. Dieser neue Urmensch ist zwar vital und barbarisch, seine ›Nacktheit‹ steht gleichwohl jenseits verletzlicher Körperlichkeit. Denn trotz seiner Beschwörung ›vorzivilisierter‹ Männlichkeit, die im Kampf Mann gegen Mann aufscheint, versucht Jünger den gesamten Bereich geschlechtlich-leiblichen Seins, so weit es sich um die weiblich konnotierte Sphäre geborener, bedürftiger und sterblicher Körper handelt, zu überspringen. Allerdings, das ist seit Klaus Theweleits Pionierarbeit zu den Freikorpssoldaten[274] immer wieder betont worden[275], beschwört er im »Kampf« zugleich die frauenlos »männliche Art der Zeugung«[276] und die mann-männliche Vereinigung[277]. Mann-männliche Begegnungen und Sozialformen funktionieren hier, das erinnert durchaus an Walter Flex' *Wanderer zwischen beiden Welten*, als Abwehrformen gegen alles konkret Leibliche. Sie dienen als Medien des Übergangs. Diesmal ist der Tod jedoch weder ein Heldentod noch bildet er die letzte Station. Es geht bei Ernst Jünger vielmehr um die Beschwörung einer elternlosen Neugeburt, die aus der ›Beherrschung der Todeszone‹ erwächst. Nicht mehr Söhne einer menschlichen Mutter und eines menschlichen Vaters sind diese neuen Krieger der Hölle von Verdun, sondern »Söhne ihrer selbst und der Erde«[278]. Wir haben es hier mit dem Versuch einer ›Selbstschöpfung‹ zu tun. Letztlich wird in der Jüngerschen Konstruktion selbst noch das explosionsartige Zerbrechen des soldatischen »Körperpanzers« (Theweleit) während des Feindangriffs zur Selbsterschaffung eben dieses Körpers als »Kampfmaschine« (Theweleit) und als »eisklarer Geist« (Lethen) stilisiert. Der neue, in seinem Schrecken unfaßbare Krieg, der zu solchen Metamorphosen führt, verwandelt sich bei Jünger auf diese Weise zum ›Heiligen‹. Dieses bestimmt sich jedoch nicht mehr durch die ›Sache‹, für die gekämpft wird, sei sie eine religiöse oder nationale, sondern durch die Performanz des Krieges selbst: »Gewiß wird der Kampf durch die Sache geheiligt«, so Jünger, »mehr noch wird eine Sache durch den Kampf geheiligt. Und: Was könnte heiliger sein, als der kämpfende Mensch?«[279] Auf den ersten Blick scheint sich der Grad der Heiligkeit allerdings vor allem an der Intensität der Sensationen zu messen, denen die Kämpfenden ausgesetzt sind. Das Ziel des Kampfes ist dann das ›ultimative Erlebnis‹. Sehnte sich die Jugend der Jahrhundertwende vor allem nach gesteigerten Erlebnissen in der ›freien Natur‹ und sehnte sich die Nation 1914 nach dem großen rauschhaften Abenteuer des Eins-Werdens, so wird der verlorene Krieg bei Jünger als ›inneres Erlebnis‹ real. Erst die Verinnerlichung und damit die nachträgliche literarische Darstellung setzt den Prozeß der Sakralisierung in Gang, der die Niederlage in einen Sieg verwandelt. In der Sensations- und Rauschhierarchie figuriert das entfesselte Töten ganz oben, die dabei gewonnene mann-männliche Ekstase wird zugleich als »Rausch über allen Räuschen«[280] und damit als das ultimative Erlebnis stilisiert. Allerdings entsteht im Moment des gesteigerten Erlebens und der Sprengung des Körperpanzers bei denen, die nach Jünger den ›neuen Menschen‹[281] bereits verkörpern, auch die Verachtung alles Organisch-Materiellen: »Gerade in Stunden, wo die fürchterliche Wucht der Dinge die Seele weich zu hämmern drohte, fanden sich Männer, die achtlos darüber hinwegtanzten wie über ein Nichts. [...] Im Rausch erwachte das Überwindertum. Und die einzige Idee, die sich für Männer geziemt: daß die Materie nichts und der Geist alles ist.«[282] Als Agenten des großen »Überwindertums« gehen die Ekstasen des Kampfes damit erneut über in eine fundamentale Sehnsuchtsbewegung, die alle kämpfenden Männer verbindet. Nun ist es freilich nicht mehr das Wandern, Ziehen oder Reiten. Der Sog einer rückhaltlosen Verschmelzung des Kollektivs ist gleichwohl um den Schock der Materialschlacht noch vergrößert: »Um sie schlang sich ein Band, das fester war, als es Treueschwüre und Organisationsstatuten sein können, sie fesselte der gleiche Rhythmus, der in ihren Adern schlug. Es erwies sich, daß eine Reihe von neuen Geboten, von ihnen allen mit gleicher elementarer Sicherheit anerkannt, sie in die gleiche Linie zwang. Sie hielten sich für Menschen von einer Rasse, sie spürten die gleichen Wehen in sich und die gleichen Ströme.«[283] Ziel dieser gleichgerichteten Teilnahme des Männerbundes an den Lebensströmen ist freilich bei Jünger kein bloßer Vitalismus, sondern sie ist auf eine niemals völlig gelingende Mimesis ans Maschinelle gerichtet. Der ›Neue Mann‹, der aus diesem Krieg hervorgeht, kann nur überleben, wenn er die neue technologische Rationalität in Körper, Habitus und Geist aufgenommen hat. Nicht zuletzt die unaufgelöste Spannung zwischen Organischem und Anorganischem zu halten, und nicht lebensphilosophisch aufzulösen, macht die modernediagnostische Dimension von Jüngers Werken aus. Denn erst am avisierten Endpunkt absoluter Inkorporation der Tötungstechnik wäre der vom Pathos der Distanz geprägte ›Neue Mensch‹ zu einem Übermenschen geworden.

Diese ›heroische‹ Vision blieb nicht allein eine Leitfigur im Werk Ernst Jüngers. Sie erschien vielmehr als faszinierende Antwort auf die ebenso nüchterne wie trostlose Diagnose der modernen rationalisierten Welt, die Max Weber am Ende seiner *Protestantischen Ethik* entwirft. Wenn es dort vom vollends technisierten und bürokratisierten Kapitalismus heißt, er bestimme die in »dies Triebwerk Hineingeborenen mit überwältigendem Zwang«[284], und wenn dieser Zwang dann sprichwörtlich gemacht wird in der berühmten Metapher vom »stahlharten Gehäuse«, das den Menschen umschließt, dann tritt 1918 nach dem Trauma eines vollends technisierten Krieges aus ebendiesem Gehäuse der neue Mann hervor, der zugleich Kämpfer und Arbeiter ist – allerdings nicht mehr als Individuum, sondern in tötungssicherer Mimikry als autopoietische *Stahlgestalt*.

4. Herakles: ›Der Über-Mann und das Weibliche‹[285]

Der Winckelmannsche Held, den George L. Mosse zur Repräsentationsfigur moderner Männlichkeit erklärt hatte, war von strahlendstem Weiß, edel in seinen Proportionen, ohne ein Gramm Fett zuviel und von erhabener Selbstbeherrschung im Ausdruck. Eigentlich war er kein Heros, sondern ein Gott und wie der *Apoll vom Belvedere* Aristokrat, moralische Idee und Kunstwerk in einem. Im Grunde zählte er zu den Vorfahren der idealistischen Utopie einer sich selbst feiernden politischen Gesellschaft, wie sie Hegel am Ende seiner Phänomenologie unter der Überschrift *Kunstreligion* entwirft. Dort tritt die Skulptur als sinnliches Scheinen der Idee auf, und die freien Polisbürger erfreuen sich im »Kultfest, das der Mensch zu seiner eigenen Ehre sich gibt«, ihrer selbst, in »lebendiger Körperlichkeit« und zugleich wie lebende »Bildsäulen«[286]. Als das harmonisch Schöne und moralisch Gute war dieser göttliche Heros weder mit den Niederungen animalischer Fleischlichkeit noch mit den Tiefenregionen gesellschaftserhaltender Arbeit je in Berührung gekommen. Als ebenso entrückt von den ökonomischen Unterwelten und der Mühsal entfremdeter Industriearbeit beginnt im späten 19. Jahrhundert der Theater- und Weingott Dionysos in gebildeten Kreisen zu faszinieren. Selbst getötet und wiederauferstanden, erscheint er nicht zuletzt als lustvolleres Gegenmodell zur Leidensfigur Christus. Gegen die Gefahren einer Feminisierung der Kultur, wie sie um 1900 virulent zu sein schienen, werden allerdings andere Bollwerke heroischer Männlichkeit aufgeboten. Diese sind nicht zufällig, wie bereits 1789 in Frankreich, mit dem mythischen Gegenspieler des Rauschgottes verknüpft: Herakles[287]. Ließ das literarische Interesse an Herakles im 19. Jahrhundert auch nach, so hat sich nun »die historiographische Prosa seiner angenommen, Herakles wird zum Stellvertreter des Weltgeistes auf Erden, zum großen Kolonisator, und überschreitet als Kulturbringer und Eroberer alle Grenzen.«[288] Dabei tritt dieser zum Mythos gewordene *Über-Mann*, der, weil er ›Weiber‹ und Amazonen zu bändigen weiß, schon in der Antike als *mysogynes* verehrt wird, bei Jules Michelet als Pionier und »Held des Abendlandes auf, der den orientalischen Bacchus verfolgt, den weiblichen und den wütenden.«[289] Auch für Bachofen repräsentiert Herakles, als Bruder des Apoll, eine reine, okzidentale Männlichkeit. Der Heros erscheint auch hier als unversöhnlicher Gegner der ›Weiberherrschaft‹ und als Verfechter von »Männerrechten«[290]. Anders als Apoll erfährt Herakles, der muskelstrotzende Athlet, jedoch die Mühen, den Dreck und die Leiden der Zivilisation. Dieser Heros, der bereits in der Antike zwölf Initiationskämpfe und Abenteuer bestehen mußte, um zu seiner Apotheose zu gelangen, repräsentiert im 19. Jahrhundert einen explizit männlichen Weg zu Gott, der sich vor allem über Arbeit, Askese und Kampf vermittelt. Schon für Hegel wird

Herakles, darauf hat Klaus Heinrich verwiesen, als Heros der Arbeit zum Heros *par excellence.*[291] Er ist nichts weniger als eine heroische Präfiguration des christologisch inspirierten Knechts aus der *Phänomenologie* und damit eine Epochenfigur des 19. Jahrhunderts.[292] Aber Herakles, der Muskelmann, Athlet und mythische Gründer der olympischen Spiele, repräsentiert für das späte 19. und beginnende 20. Jahrhundert auch die Gefahren einer Verweiblichung der Kultur. Wie kein anderer griechischer Held steht Herakles, den Nicole Loraux den »Heros der Männlichkeit« nennt, gerade in diesem Kampf gegen weibliche Gottheiten und Figuren für die Ambivalenz und Polyphonie der männlichen Identität. Das geht bis zur völligen Verkehrung seiner heroischen Männlichkeit. So wird Herakles im Dienst einer lydischen Königin mit Namen Omphale sogar die Kleider mit ihr tauschen und als Transvestit am Spinnrocken sitzen. Zu den bis heute berühmten Eigenschaften des Jägers im Löwenfell gehört hingegen gerade nicht diese effeminierte Tätigkeit, sondern der Ungeheuerkampf. Schaut man sich allerdings die mythischen Ungeheuer, die er zu töten trachtet, genauer an, dann fällt eines auf: Sie zählen alle, vom nemeischen Löwen bis zur Hydra von Lerna, zu den ältesten mythischen Repräsentanten von Weiblichkeit und Wildheit, die in der antiken europäischen Tradition überliefert sind.[293] Wie zuerst Klaus Theweleit und Bernd Widdig gezeigt haben, sind es aber gerade solche Phantasmen und Figuren verschlingender mythischer Weiblichkeit, welche den Aufbruch in die Moderne und den Eintritt der Frau in Öffentlichkeit und Arbeitswelt begleiten.[294] Als gleichsam polymorphe Imagines von Leiblichkeit *und* Masse, als vielköpfige, verschlingende Ungeheuer, als Fluten, Ströme oder Schoßabgründe bilden sie das phobische Gegenüber des kulturellen Männerbunddiskurses um 1900.

Aber der Ungeheuervernichter und Zivilisationsbringer Herakles ist auch ein rebellierender Sohn, von dem Prometheus einmal gesagt hat, daß er die Herrschaft des Zeus übernehmen werde. Gleichwohl scheint mit ihm der ödipale Konflikt wenn nicht beruhigt, so doch von einem Vater und Sohn verbindenden Unternehmen überlagert zu sein. Nicht als Mörder des Vaters, sondern als sein Verbündeter kämpft dieser Sohn um die bedrohte Männlichkeit. Dabei stellt er sich immer wieder gegen die Abkömmlinge uralter, wohlweislich mütterlicher Naturgewalten und kultischer Ordnungen. Freilich bleibt Herakles mit den mütterlichen Figuren, die er vernichtet, in oft fataler Mimesis verbunden. Indem er mit ihnen kämpft und sie auszulöschen trachtet, wird er ihnen zugleich ähnlich. Dabei eignet er sich allerdings, wie das Gift der Hydra augenfällig macht, allein ihren tödlichen Aspekt an. Überhaupt tritt Herakles weitaus mehr als andere Heroen schon in der Antike durch seine Abenteuer mit Tod und Töten in Verbindung. Als Ungeheuerbezwinger, Hadesreisender und als tollwütiger Mörder seiner eigenen Familie, trägt er letztlich den tödlichen Kampf, den er nicht mehr zu beenden versteht, in sein Haus und in die Polis.

Wie kein zweiter griechischer Heros steht Herakles damit für die fatale Dialektik des Heroischen selbst. Für das zwanzigste Jahrhunderts hat sicherlich nicht allein der von Freud wiederentdeckte Vatermörder und Muttergatte Ödipus, sondern auch der Zivilisationsheros, Ungeheuerbezwinger und Mörder von Frau und Kindern Herakles eine diagnostische Qualität. Im Gegensatz zum Rätsellöser und inzestuösen Familienheros Ödipus ist Herakles vor allem als misogyner Heros der Arbeit, des Kampfes und der dorischen Männerbünde rezipiert und politisch funktionalisiert worden. In dem mit ihm verbundenen Modell vom Sohn-Sein, scheint sich der ödipale Konflikt durch den Vater und Sohn verbindenden Kampf gegen das ›Chaos und die Weiblichkeit‹[295] zu beruhigen. Das jedoch hat fatale Folgen. Denn die mythische Figur, die in Herakles beschworen wird, steht besonders dort, wo sie vernichtet, Tabus bricht und die Grenzen zwischen Lebenden und Toten unbeachtet läßt, in kultischem Bann. Einem Bann freilich, der bereits in Euripides' Tragödie *Herakles* von 420 v. Chr. dazu führt, daß der glorreich heimkehrende Heros zu Hause nicht mehr aufhören kann, zu töten, und in einem wütenden Vernichtungsrausch Frau und Kinder abschlachtet wie vorher die Ungeheuer. Dabei sprengt seine Wutekstase, die ihn während der Ausführung eines Opfers befällt, sowohl die Rausch-Mysterien des Dionysos als auch die Grenzen von Theater und Polis. »Aus dem Totenreich kommend, wandelt sich Herakles am Ende seiner Abenteuer auf diese Weise selbst in den verehrten und gefürchteten Ahn.«[296] und wird zu einem Agenten des Todes. Neben seiner Wut und der Tötungsgewalt ist es freilich gerade diese widergängerische Qualität, die bei der Konstruktion moderner, beispielsweise in den Berserkern verkörperter Totenkulte[297], nach 1918 attraktiv wurde.

4.1. Gottfried Benns Dorische Welt*: Männerlager, Jünglingsliebe und Zucht der Form*

Herakles ist der Held der Widersprüche. Daß dieser ityphallische Kraftprotz bereits in der Antike vom jägerischen Einzelkämpfer zum mythischen Führer des griechischen Kolonistenheeres avancierte, macht seine Aktualität um 1900 um so sinnfälliger. Freilich haben die repräsentativen Interpreten des Herakles damals nicht die Widersprüche des Heros interessiert, sondern die Reinheit eines tugendhaften Ideals von Ehre und Manneskraft, *arete*. Herakles wurde ›eindeutig‹ gemacht und zum ›Gottmenschen‹ stilisiert. Für den berühmtesten Altphilologen des Zweiten Deutschen Kaiserreiches, Ulrich von Wilamowitz-Moellendorff, der sich in einem umfangreichen, zweibändigen Werk mit dem Herakles des Euripides auseinandergesetzt hat, verdichtet sich der Heros gar zum ›dorischen Mannesideal‹. Obwohl er die Gefahren der »ungeheuren Überschätzung der Menschengröße [...], die zum Größenwahn führt«[298], im Männlichkeitsideal der Heraklesfigur entdeckt, erliegt er schließlich selbst ihrer Faszination. Als Verkörperung des ›dorischen Mannes‹, für den »Leben Arbeit ist, und Dienst des Allgemeinen«, für den die Maxime gilt: »Wo immer ein Feind des Reichs sich zeigt, stracks geh auf ihn los und schlag ihn nieder ohne Zagen«, so daß ihm durch »Manneskraft und Ehre« der »köstlichste Lohn gewiß sein wird«[299] hat, Herakles als ersehnter ›Mann der Tat‹, Krieger und opferbereiter Arbeiter Eingang gefunden in die Männlichkeitsideale der Jahrhundertwende. So bildet im Modell des vom Männerbund regierten Staates, wie es Hans Blüher entworfen hat, nicht mehr die jüdisch-christliche Nächstenliebe die moralische Basis, sondern die »Liebe zum Helden«[300]. Nicht zufällig stehen bei Blühers Versuch von 1921, die Heroen der Antike im Reich des Männerbundes wieder als mythische Herrscher einzusetzen, neben Christus und Siegfried auch Herakles und Theseus, denn »diese Göttersöhne sind an den Himmel gesetzte Lieblinge der Männer«[301]. Das muskelstrotzende Körper-Bild des Herakles und die von ihm repräsentierte Welt des Heeres, des mythischen Ungeheuerkampfes und der Arbeit werden besonders in der Nachkriegszeit bis in die dreißiger Jahre kulturell relevant. Neben den monumentalen Körperstilisierungen des Bildhauers Arno Breker führten besonders Ernst Jünger in *Der Arbeiter* (1932) und Gottfried Benn in *Dorische Welt* (1934) den politischen Herakleskult in die Nähe des Nationalsozialismus. In den Visionen ›dorischer Welten‹ feierte man zugleich den gegenwärtigen, technoiden Triumph ›reiner Männlichkeit‹. Denn nach Benn war mit der vom Herakles-Sohn Hyllos angeführten dorischen (Ein-)Wanderung kämpferisch-nordischer Stämme in die Peloponnes zugleich der Sieg jener »männlich solaren Kultur [vollzogen, U. B.], die sich gegen das Mütterliche richtet«[302]. Auf geradezu unheimliche Weise findet in Benns antiker Utopie dieser antimatriarchalen ›Männerwelten‹ dreierlei zueinander: 1. Das moderne Kunstprinzip des *l'art pour l'art* formuliert seine »unerbittliche Härte des Formalen«[303] präzise in der »grauen Säule ohne Fuß«[304]. 2. Ein militärisches Modell von reiner, homosozialer Gesellschaft unter Führung des Herakles bekommt einen nun offen antistädtischen Namen: »Männerlager«[305]. 3. Der lange geträumte »Traum von ewiger Jugend«[306] wird dingfest gemacht als Züchtungstraum »schöner Männerkörper«[307].

Nicht nur, wie Inge Stephan in ihrer Deutung der Bennschen Totenrede auf Stefan George anmerkt, wird das Georgesche »*l'art pour l'art* Prinzip kurzerhand zu einem soldatischen Kampfbegriff umfunktioniert«[308], sondern eine kulturell seit dem Wandervogel virulente Spannung zwischen weiblichen Städte- und männlichen Fahrten- bzw. Heereswelten wird hier systematisiert. Darüber hinaus erhält das moderne Leben im Männerbund sein kriegerisch-antikes Modell: Sparta. Dabei gab es in der Reihe der großen Gesellschaftsutopien schon immer, darauf hat Michel Foucault verwiesen, »ein militärisches Träumen von der Gesellschaft; dieses berief sich nicht auf den Naturzustand, sondern auf die sorgfältig montierten Räder einer Maschine; nicht auf einen ursprünglichen Vertrag, sondern auf endlos fortschreitende Abrichtungen; nicht auf den allgemeinen Willen, sondern auf die automatische Gelehrigkeit und Fügsamkeit.«[309] Das im Grunde ebenso antibürgerliche wie antidemokratische Träumen von »Männerbünden [...] als makromaschinelle Ganzheitsgebilde«[310] hatte in der Zeit des Zweiten Deutschen Kaiserreiches und noch in der Weimarer Republik im Militär ein innerweltliches Refugium gefunden. Der Text von Benn nimmt zwar diesen Zeitgeist auf, er wird jedoch in erster Linie von der Dynamik bestimmt, die der Autor zwischen Macht, Kunst und Männerkörper herstellt. Diese Dynamik kulminiert in einer antimaterialistischen Theorie der Form. Veranschaulicht und symbolisiert wird sie anhand der dorischen Plastik, als Handlungsmodell korrespondiert mit dem Kult der reinen Form allerdings einzig das im Zwang total gewordene, keine Veränderung zulassende Ritual. Dort, wo der Kult der Form regiert, wird alles Ritual. Körper verfestigen sich in ihm zu Skulpturen. Im Vergleich mit Ernst Jüngers Entwurf der ›Stahlgestalt‹ ist Gottfried Benn gleichwohl derjenige, der am deutlichsten an die repräsentative, auf der Idee prästabilierter Harmonie von Vernunft und Gesellschaft gründenden Tradition der klassizistischen Skulptur anknüpft. Mit seinem dorischen Formkult, das heißt dem absoluten Triumph der Form über das Material, wird er sich allerdings im gleichen Augenblick von ihr abwenden.

Wo Form reiner Ausdruck des ›Willens zur Macht‹ und wo ›absolute Kunst‹ als Ganzes »*Stil* [...], Einarbeitung ideellen Seins in das Material«[311] und Körperzucht ist, diese sich aber vollkommen im schönen Männerkörper ausdrückt, da gibt es weder einen Gesellschaftsvertrag noch Kritik, da wird der empirische Mann durch Zucht direkt zum Kunstwerk und zum Übermenschen transzendiert. Das gilt für die *Dorische Welt.* In den Worten Benns: »Der Staat, die Macht reinigt das Individuum, filtert seine Reizbarkeit, macht es kubisch, schafft ihm Fläche, macht es kunstfähig.«[312] Und das dorische Gesetz ist dann »ein Gesetz für Helden, nur für den, der am Marmor arbeitet und der die Köpfe mit Helmen gießt.«[313] Dieser ›dorische‹ Mann ist keine »Mischgestalt, kein Minotauros« mehr, er ist »akkordisch rein«[314]. Denn »die Dorer arbeiten am Stein, er bleibt unbemalt. Ihre Figuren sind nackt. Dorisch, das ist die Haut, aber die bewegte, die über Muskeln, männliches Fleisch, Körper. [...] Jeder Muskel, die Kniescheibe, die Gelenkansätze behandelt, angeglichen, ineinandergearbeitet, das Ganze kriegerisch, doch sehr erwählt.«[315] Die Statuenkunst, die sich aus der ›Soldatenstadt‹ Sparta über Griechenland verbreitet, steht nun ganz unter der Regie von zwei Gestalten: Apollon als dem Gott der reinen Form und Herakles als dem ersten König, dem Körper-Mann und sprachlosen Kämpfer, denn »es sind die Statuen reiner Glieder, sie enthalten noch kaum das geistige Element, es sind Glieder des Gymnasten, des Kriegers, des Ringers.«[316] Nietzsches Traum einer Geburt der (Tragödien-)Kunst *aus dem Geiste der Musik* wird in dem Bennschen Modell einer soldatischen Lagerwelt reiner Form, Zucht und Ritual eine Absage erteilt. Das gleiche gilt für alles Feminine, alle chaotischen Mischungen und damit auch für den Rauschgott Dionysos, denn: »Zwischen Rausch und Kunst muß Sparta treten, Apollo, die große züchtende Kraft«[317], dann erst – und in diesem Satz kulminiert die moderne dorische Utopie Benns – »wird man wirklich von einer Geburt der Kunst aus der Macht sprechen«[318]. Das unter dem Banner des Herakles marschierende homosoziale Gesellschaftsmodell der dorischen Männerlager wird von Benn, nun ganz im Sinne Nietzsches, nicht als genuin politisches, sondern von Anfang an als ästhetisches Gebilde postuliert und ›gerechtfertigt‹. Die Heereswelten von Sparta sind selbst ein lebendes Kunstwerk. Sie stehen unter den Zeichen von Form und Kult und unterliegen somit keiner moralisch begründeten Kritik. Zu sich selbst finden sie im Kunstideal der fußlosen Säule, der Statue und dem durchtrainierten Männerkörper.

Wenn aber das Kunstideal der reinen Plastik gleichzeitig Modell des vollendeten Männerkörpers und Vorbild des Politischen wird, dann haben wir es mit einem politischen Männlichkeitskult zu tun, der seine misogyne und homoerotisch-narzißtische Grundierung nicht zu verleugnen vermag. Das hat Benn auch gar nicht im Sinn. Ganz im Gegenteil. Politische Homoerotik in diesem Kontext trägt den Nimbus und ist das Medium des ›männlich‹ Auserwählten, des Spirituellen, ja des Heiligen. Und wieder, wie bei Walter Flex, ist es das Abrutschen des Autors in den Kitsch, das an diesen Stellen zugleich auf ihre affektive Basis hindeutet: »Dorisch ist jede Art von Antifeminismus. [...] Dorisch ist die Knabenliebe, damit der Held beim Mann bleibt, die Liebe der Kriegszüge, solche Paare standen wie ein Wall und fielen. Es war erotische Mystik: der Ritter umarmte den Knaben wie der Gatte das Weib und übertrug ihm seine Arete, vermischte ihn mit seiner Tugend. [...] Am heiligen Ort findet die Vereinigung statt.«[319]

Aber die *Dorische Welt* Benns ist in einem viel weiter und grundsätzlicher gefaßten Sinn eine antifeminine Welt, eine Welt, die den gesamten Bereich zweideutigen Lebens und Sterbens hinter sich zu lassen versucht. Da die ideale Körperform eines jeden Mannes in diesem System der empirischen Gestalt immer vorausgeht, ist jeder Mann in gewisser Weise seinem eigenen Körper überhoben. Mit dem bedürftigen, triebhaften und letztlich sterblichen Körper ist aber zugleich die Tatsache der Geburt[320] – als die Abhängigkeit *par excellence* von *mater* und *materia* – ausgelöscht. Wo die Skulptur als Freiheitssymbol eines *l'art pour l'art* direkt ins Allgemeine übergeht, kann sie nun zum Symbol reiner Autonomie werden. Wird der homosoziale Zusammenhang, den die Statue symbolisiert, dann sekundär sexualisiert und zugleich von allem ›Anstößigen‹ gereinigt, wie es bei Flex, Jünger und Benn geschieht, dann ist er zugleich vorstellbar als naturalisierter Geist. Diese Männergesellschaften sind dann alles andere als triebhaft oder lustvoll homosexuell, sie sind vor allem: antimaterialistisch, elitär, misogyn und rein. Denn der Männerbund, wie ihn sein radikalster Verfechter um die Jahrhundertwende, Hans Blüher, fassen wird, ist auch dort, wo er vom mann-männlichen Eros durchdrungen ist, vor allem eine höhere »geistige Gemeinschaft«[321].

5. Hans Blüher: Theoretiker und Kämpfer des ›Männerbundes‹

5.1. Blüher als Grenzgänger

Hans Blüher (1888–1955) steht als zweideutiger Grenzgänger zwischen dem entmystifizierenden Wissen der Psychoanalyse, das er wie kein anderer auf die unbewußten Substruktionen ›männlicher Gesellschaften‹ anwendet, und dem breiten ideologischen Strom der sogenannten ›Konservativen Revolution‹, deren Botschaft immer ein Bekenntnis zum deutschen Männerbund[322] enthielt. Mit seiner zentralen These, daß alle mann-männlichen Verhältnisse von der Freundschaft bis zum Staat[323] libidinös grundiert seien, daß also »überall dort, wo Männer miteinander verkehren, Erotik ihre Beziehungen«[324] bestimme, und seiner idealtypischen Darstellung des Männerbundes hat Blüher die »sexuelle Dimension in die Politikwissenschaft, um nicht zu sagen in die Staatswissenschaft eingeführt«[325]. Das war ohne die Lektüre Freuds, von dem der mehr oder weniger ›wild‹ praktizierende Psychotherapeut Hans Blüher bis zu seiner antisemitischen Radikalisierung[326] sehr profitierte, nicht denkbar. Trotz seiner zuweilen luzide aufklärerischen Zeitdiagnosen arbeitete Hans Blüher, darin Walter Flex ähnlich, zugleich an einer Sakralisierung von Männerfreundschaft und männlichen Bünden. Mit dem Buch *Der Wanderer zwischen beiden Welten* war Flex etwas Besonderes gelungen: Zum einen überführte er die Bewegungsform des Wanderns mitsamt dem Naturkult und der homoerotischen Freundschaftsmystik in das Kriegsgeschehen. Zugleich verwandelte er die Idealgestalt des vitalen und dabei asexuell ›reinen‹ Jünglings in die des toten Helden im Heldenhain. Beides sollte sich für den modernen Totenkult um die *Jugend von Langemarck*, die angeblich am 10. November 1914 mit dem Deutschlandlied auf den Lippen im Kanonenfeuer bei Ypern starb, als außerordentlich folgenreich erweisen. Ein nationales Männlichkeitsideal, dessen kämpferische Tugenden bis zum ›Opfer auf dem Altar des Vaterlandes‹ reichten, kannte die deutsche Politik freilich bereits seit den Befreiungskriegen. Die direkte Verknüpfung des nationalen Männlichkeitsdiskurses mit dem romantischen Freundschaftskult und den ethnologischen Studien von Heinrich Schurtz zum Männerbund stellte allerdings erst der in Berlin lebende Autor und Privatgelehrte Hans Blüher her. Damit trug er freilich nicht wenig zur Verwandlung des bürgerlich-patriotischen Heldenbildes[327] der Befreiungskriege bei. Er war es auch, der das soziologische Gemeinschaftsmodell des Männerbundes zuerst auf den Wandervogel und auf das Freimaurertum, danach auf die Ritterorden und alle ›militärischen Kameraderien‹ und zuletzt auf den kommenden ›idealen‹ Staat übertrug. Im Anschluß an den romantischen Freundschaftskult und unter dem Zeichen einer

›Renaissance des Griechentums‹ entdeckte und konstruierte er eine Freundschaftsgeselligkeit und eine männliche Kultur, die zugleich erotisch und politisch sein sollte und zu der Frauen der Zugang verwehrt war.

Hans Blüher wurde am 17. Februar 1888 in Freiburg (Schlesien) geboren und gehört damit derselben Generation an wie Alfred Bäumler und Carl Schmitt. Bis zum 28. Februar 1907 besuchte er in Berlin das Steglitzer Gymnasium, die Geburtsstätte des Wandervogels, und war selbst zehn Jahre in der Jugendorganisation aktiv. Zeit seines Lebens blieb er den Wandervogelführern Karl Fischer und Wilhelm Jansen in leidenschaftlicher Freundschaft verbunden. Letzterem schenkte er 1908 ein in Freundschaftsidyllen schwärmendes, selbstgedichtetes Liederbuch mit dem Titel *Böse Lieder* zum Geburtstag.[328] Aus dem Wandervogel, Griechenkenner und romantischen Naturverehrer wurde jedoch in der Zeit der Weimarer Republik ein exponierter Vertreter der sogenannten ›Konservativen Revolution‹. So nannte man eine Strömung in den Jahren zwischen 1918 und 1932, die als weniger vom traditionalen Konservativismus abstammend verstanden werden muß, sondern vielmehr, wie Stefan Breuer vorgeschlagen hat, »als ein Ensemble von Orientierungsversuchen und Suchbewegungen in der Moderne, die zwar dem von Aufklärung und Liberalismus geprägten *mainstream* opponieren, dabei aber so tief von dem für die Moderne typischen Voluntarismus und Ästhetizismus durchdrungen sind.«[329] Nach Armin Mohler, der lange als Sekretär Ernst Jüngers arbeitete, repräsentiert Blüher in der vielstimmigen politischen Wirklichkeit der ›Konservativen Revolution‹ die ›Bündische Gruppe‹. Diese umfasse die bündische Jugend und die Jugendbewegung, habe eine »explosive Kraft« und gehöre »einer Elite an, die später Führungsaufgaben übernimmt.«[330] Nachdem Blüher in Berlin und Basel Philosophie und Altertumskunde studiert hatte, wurde er 1916 aufgrund einer gegen den amtierenden Direktor gerichteten Schrift der Universität verwiesen.[331] Zur gleichen Zeit hatte der damals 28jährige Blüher bereits seine Karriere als Publizist und Autor begonnen. Er veröffentlichte in seinem Leben insgesamt »etwa 160 Titel aus dem Gebiet der Kulturgeschichte, Sexualtheorie, Autobiographie, Aphoristik und Homöopathie«[332] und zählte im ersten Drittel des 20. Jahrhunderts »zu den meistgelesenen und -zitierten Kultur- und Sexualtheoretikern«[333] Deutschlands. Mit Nazigrößen wie Alfred Bäumler, Ernst Krieck, Ernst Röhm und Alfred Rosenberg, die alle seine Theorien rezipiert und auf ihre Weise umgesetzt haben, verband Blüher vor allem das misogyne und antisemitische Bekenntnis zum elitären und ›rassisch‹ reinen Männerbund. Andererseits wurde sein Frühwerk von Schriftstellern und Intellektuellen wie Gottfried Benn, Rainer Maria Rilke, Sigmund Freud und Thomas Mann[334] zum Teil begeistert gelesen. Für kurze Zeit pflegten sie sogar brieflichen Kontakt mit Blüher. Von einer Lektüre des späteren Blüher geradezu erschüttert war hingegen Franz Kafka. Das zeigen vor allem Briefstellen und Postkartenverweise an Max Brod und Robert Klopstock vom 26. bzw. 30. Juni 1922, ebenso ein längerer Tagebucheintrag desselben Monats. Nach der Lektüre der Schrift *Secessio Judaica* von 1922 ringt Kafka besonders mit dem doppeldeutigen, zwischen Philo- und Antisemitismus schwankenden Stil Blühers: »Er nennt sich einen Antisemiten ohne Haß, sine ira et studio«, schreibt Kafka, »und er ist es wirklich, aber er erweckt sehr leicht, fast bei jeder Bemerkung, den Verdacht, daß er ein Judenfeind ist, sei es in glücklichem Haß, sei es in unglücklicher Liebe.«[335] Blüher radikalisierte sich in den zwanziger Jahren zum völkischen Autor, und sein Antifeminismus wurde mehr und mehr durch Antisemitismus ersetzt; auf seine fachliche Anerkennung als Psychotherapeut mußte er bis zum Nationalsozialismus warten. Erst 1936 wurde Blüher als außerordentliches Mitglied in die Deutsche Ärztliche Gesellschaft für Psychotherapie aufgenommen. Dennoch kann besonders dem Blüherschen Frühwerk die Dimension seismographischer Zeitdiagnose nicht abgesprochen werden. »Nicht zuletzt durch seine modernisierten Abgrenzungsstrategien gegenüber dem anderen Geschlecht traf Blühers Theorie von superiorer Männlichkeit den Nerv der Zeit. Sie wurde von einer breiten (auch weiblichen) Öffentlichkeit wahrgenommen und beeinflußte den medizinischen, literarischen und politisch-kulturellen Diskurs.«[336] Als von den Erkenntnissen der Psychoanalyse begeisterter wilder Psychotherapeut nahm er damals aktiv teil an den aktuellen Debatten zum Thema Sexualität und Homosexualität und publizierte von 1912–1915 in den von Sigmund Freud und Magnus Hirschfeld herausgegebenen Fachzeitschriften.[337] Auch bewegte sich Blüher ungezwungen in den jüdischen wie in den homosexuellen Künstler-, Psychoanalytiker- und Intellektuellenmilieus Berlins. So war es etwa der vom jungen Blüher leidenschaftlich verehrte Wandervogelführer Wilhelm Jansen, der ihn mit dem Philosophen und Zoologen Benedict Friedländer bekanntmachte. Jansen und Friedländer zählten freilich zu tragenden Mitgliedern einer von Adolf Brand gegründeten Vereinigung homosexueller Literaten, Wissenschaftler und Künstler mit Namen *Gemeinschaft der Eigenen* (1903). Diese war Teil der homosexuellen Bürgerrechtsbewegung und setzte sich hauptsächlich durch Publikationen in der Zeitschrift *Der Eigene* (1896) für die Emanzipation der Homosexuellen und für »Kunst und männliche Kultur«[338] ein. Blüher verkehrte während seiner Abiturientenzeit häufig im Hause Friedländers und wurde von dessen Buch *Renaissance des Eros Uranios* (1904) bei dem Entwurf seiner Männerbundtheorie stark beeinflußt. Bereits der jugendliche Blüher fühlte sich persönlich mehr zu den Ideen von Friedländer und Brand sowie der *Gemeinschaft* hingezogen, die das anarchisch-individualistische Programm des »Sich-selbst-leben« und »Sich-aus-leben« des »Eigenen«[339] auf ihre Fahnen geschrieben hatte, als zu denen des jüdischen Arztes und Sexualwissenschaftlers Magnus Hirschfeld. Als psychologisch-wissenschaftlich Interessierter war er gleichwohl acht Jahre Mitarbeiter beim *Wissenschaftlich-humanitären Komitee* Hirschfelds, der sich auf andere Weise als die *Gemeinschaft* für die Reform des Homosexualität kriminalisierenden

Paragraphen 175 einsetzte. Hier deuten sich bereits biographisch Konflikte an, die später zum Bruch mit Hirschfeld führen. Denn Blüher sympathisierte mit dem Projekt einer Aufwertung der Virilität der Homosexuellen, wie es neben Adolf Brand von seinem älteren Freund Benedict Friedländer und dem Mediziner und Naturforscher Gustav Jäger verfochten wurde. Gegen dieses Bestreben stand nun Hirschfelds ›Zwischenstufentheorie‹ und seine biologisch fundierte Lehre vom ›Dritten Geschlecht‹, die die ›Weiblichkeit‹ des Homosexuellen implizierte. 1906 trennte sich Friedländer im Streit um die Theorie der Homosexualität und um die Männlichkeit der Homosexuellen von Hirschfelds Kreis, um den *Bund für männliche Kultur* zu gründen.[340] Trotz dieser Differenzen und Konflikte partizipierte Hans Blüher noch 1912 an beiden Homosexuellenorganisationen, dem *Wissenschaftlichen-humanitären Komitee* (1897) des Magnus Hirschfeld und der *Gemeinschaft der Eigenen* Adolf Brands. Sein Frühwerk kann sogar als Brücke bzw. Schnittstelle zwischen den unterschiedlichen Konzepten von Homosexualität und Männlichkeit und denen der Psychoanalyse Sigmund Freuds gelesen werden. In seinen späteren Schriften zur *Rolle der Erotik in der männlichen Gesellschaft* wird Blüher allerdings die Konstruktion einer sozial tragenden und sich bis zum »supervirilen Männerhelden«[341] steigernden Männlichkeit des Homosexuellen (Invertierten) aufnehmen und in seiner misogynen Männerbundtheorie radikalisieren. 1912 hingegen war die Situation noch eine andere. In diesem Jahr kam Magnus Hirschfeld sogar Blühers Wunsch nach und schrieb das Vorwort zur 1. Auflage der Wandervogelchronik.[342]

Schon zwischen 1914 und 1916 spielte Blüher allerdings eine zweischneidige Rolle in der Politik. Einerseits avancierte er zu einer der führenden Stimmen gegen den Paragraphen 175, der Homosexualität zu einem Verbrechen erklärte, und war als Mitglied der Freien Studentenschaft mit Karl Joel, Gustav Landauer, Martin Buber, Kurt Hiller, Rudolf Leonhard, Alfred Wolfenstein, Hans Reichenbach und anderen jüdischen Intellektuellen wie Hans-Joachim Schoeps verbunden.[343] Andererseits engagierte er sich antifeministisch, antiliberal und in Ansätzen und manchmal durch scheinbar philosemitische Ausführungen hindurch bereits damals antisemitisch.[344] Mit allen seinen Themen und Thesen traf er jedoch zugleich das Interesse der Öffentlichkeit. War doch bereits kurz vor Ausbruch des Ersten Weltkriegs die ›Frauenfrage‹ und das Frauenwahlrecht ein zentraler politischer Streitpunkt, der viele bürgerliche Männer in antifeministische Bünde und Positionen trieb.[345] Mit anderen Worten: Hans Blüher war eine höchst ambivalente Figur. Wie immer wir die Person Blühers einschätzen und wie sehr auch ein Großteil seiner Pamphlete in den Giftschrank gehört: unzweifelhaft bleibt sein Beitrag zur Analyse der Substruktur mann-männlicher Soziabilität und zur *sexual politics* des frühen 20. Jahrhunderts. Das gilt besonders für die Analysen in seinem Hauptwerk *Die Rolle der Erotik in der männlichen Gesellschaft* (1919–1921), wird jedoch schon in seinen frühen sexualtheoretischen Schriften und in einigen Passagen zum *Wandervogel* deutlich. In diesem Zusammenhang wird auch Blühers Freudlektüre bedeutsam.

Der junge Hans Blüher stellte sich selbst als begeisterten Freudleser dar. In den Jahren 1912–1913 fand sogar ein Briefwechsel zwischen Freud und Blüher statt. Im ersten Brief vom 2. Mai 1912 sandte der 23jährige Hans Blüher Freud einen Text über *Niels Lyne* für die neue Zeitschrift *Imago* und bat den Gründer der Psychoanalyse gleichzeitig um Unterstützung für seine *Geschichte der Wandervogelbewegung*. In diesem Brief, wie auch in seiner Autobiographie, betont Blüher enthusiastisch, daß die Freudsche »Neurosenlehre« eine »wahre Entdeckung«[346] für ihn und seine Analyse der Inversion gewesen sei. Bis der Briefwechsel dann im September des Jahres 1913 nicht zuletzt aufgrund Blühers Rechthaberei und seiner beginnenden antisemitischen Ausfälle abbrach, wurden in ihm die nicht geringen Differenzen bei der Einschätzung der Homosexualität erörtert. Nach der Lektüre des dritten Bandes der Wandervogelgeschichte im Sommer 1912 lobte Sigmund Freud indes in einem Brief vom 10. Juli 1912 noch Blühers »Mut« und seine »Hemmungslosigkeit« und nannte sein Buch zum *Wandervogel* »viel gescheiter als das allermeiste der homosexuellen Literatur und richtiger als das meiste der medizinischen.«[347] Auch Rainer Maria Rilke äußerte sich geradezu begeistert nach der Lektüre dieser Schrift und empfahl das Blühersche Werk mit dem Satz »in der ›Rolle der Erotik in der männlichen Gesellschaft‹ steht einiges Wunderbare«[348] seiner Freundin Lou Andreas Salomé. Eine ganz besondere Affinität zu Blühers Thesen von der staatstragenden Rolle des mann-männlichen Eros und der Männerbünde entwickelte jedoch Thomas Mann. Am 11. Februar 1919 ist er Zuhörer von Blühers Vortrag *Deutsches Reich, Judentum und Sozialismus. Eine Rede an die freideutsche Jugend* und notiert in sein Tagebuch: »Dann zu Fuß durch den Englischen Garten (bei knarrendem Frost) zu Steinicke, Vortrag von Hans Blüher. [...] Ein ausgezeichneter Vortrag, mir fast Wort für Wort aus der Seele geredet. Freute mich aufrichtig, dem jungen deutschen Volkslehrer (dies ist sein persönlicher Typus) nachher danken zu können.«[349] Kennt man den radikal antisozialistischen und den hinter zionistischen Formeln versteckten, zum Teil allerdings offen antisemitischen Inhalt des Vortrags, dann müssen diese anerkennenden Worte Manns zunächst verwundern. Aber im Februar 1919 »war Thomas Mann noch der komplizierte Konservative der *Betrachtungen* und Blüher stimmte der Weimarer Republik noch vorsichtig zu. [...] Die Momentaufnahme des Treffens am Scheideweg bleibt jedoch unscharf, weil sich die Weltanschauungen von Mann und Blüher in Bewegung befanden, und zwar in entgegengesetzte Richtungen.«[350] In dem Moment freilich, wo sich Thomas Mann in seiner 1922 gehaltenen Rede *Von deutscher Republik* sehr nahe an Blühers These vom homoerotischen Eros als staatsbildender Macht anschließt, hat sich dieser durch den nun ungeschminkt antirepublikanischen und antisemitischen Text der *Secessio Judaica* politisch bereits auf die andere Seite begeben. 1922 ist auch das Jahr, in dem der frühere Verehrer Freuds diesen auf zynische und seine eigene Ambivalenz offenbarende Weise attackiert, wenn er in der *Secessio Judaica* schreibt: »Es gibt eine Anzahl korruptiver Gedankengänge des Judentums [...]. Beispiele einer solchen Entdeckung: die des Juden Sigmund Freud. Sie ist richtig und hat großes Format: sowie man sie aber am Phänomen der Liebe mißt, tritt ihr korruptiver Grundcharakter (sie ist reiner Materialismus) unabweisbar zutage. Diese Gedankengänge werden erst fruchtbar, wenn sie durch ein deutsches Gehirn gehen, das imstande ist, ihrem tückischen Urgrunde Widerstand zu leisten.«[351] Allerdings gingen diesen Äußerungen andere voraus. So hob Blüher bereits 1913 die »völkische Bedeutung der Wandervogelbewegung, was Heimatkunde und Rassensinn anbetrifft«[352] hervor und verband die griechische, von ihm idealisierte ›Erasten-Kultur‹ mit vermeintlich germanischen ›Urbildern‹ von Männlichkeit und Freundschaft. Der gleiche Autor, der in seinen frühen antibürgerlichen Schriften für die Legalisierung und ›Normalisierung‹ der Homosexualität eintrat, sich vehement für die »Freigabe der Inversion als psychosanitäre Forderung«[353] engagierte und gegen die rigide Moral des Christentums und des ›apollinisch‹ verkümmerten humanistischen Gymnasiums zu Felde zog, vertrat nach 1920 in der Weimarer Republik einen ›philosophischen‹ Antisemitismus[354], pflegte regen Kontakt zum exilierten Kaiser Wilhelm II. und inszenierte sich in seinen Schriften und durch öffentliche Vorträge als Anhänger und Verteidiger von Kirche und Monarchie. Darüber hinaus beschimpfte er 1922 in einer unter dem Pseudonym Artur Zelvenkamp veröffentlichten Schrift den Kreis um Magnus Hirschfeld als die »Schweine von der homosexuellen Bewegung«[355]. Zur gleichen Zeit unternahm Blüher mehrere Versuche, seine nun ›gereinigten‹ Visionen vom elitären Männerbund, den er als eine »Wiedergeburt der platonischen Akademie«[356] feierte, in Realität umzusetzen. So trachtete er mehrmals vergeblich, zum berühmten Kreis um Stefan George vorzudringen. Obwohl der esoterische Bund um den Künstler Blühers Vorstellungen vom Männerbund vollkommen entsprach und er beide Bände seines Hauptwerkes *Die Rolle der Erotik in der männlichen Gesellschaft* mit Auszügen aus Georges *Stern des Bundes* enden ließ, fand er keinen Zugang. »Vonseiten Georges erklärt sich diese Aversion zum einen durch Blühers Neigung, Sexualität und Homosexualität öffentlichkeitswirksam zu thematisieren, zum anderen durch dessen unverhüllte Judenfeindschaft.«[357] Blühers Versuch hingegen, in den »wichtigsten zeitgenössischen Herrenclub«[358], dem *Deutschen Herrenclub*, welchem allein Personen aus Adel, Politik, Kirche und Wirtschaft angehörten, aufgenommen zu werden, schlug nicht ganz fehl. Er »durfte zwar nur als Gast an verschiedenen Treffen teilnehmen, sich aber von 1928 bis 1933 unzensiert in der Clubzeitschrift *Der Ring* verbreiten.«[359] Daher nimmt es nicht wunder, wenn Teile seines Werkes große Aufmerksamkeit auch in Kreisen des deutschen Adels gewannen. So publizierte etwa die *Zeitschrift der deutschen Adelsgenossenschaft für die Aufgaben des christlichen Adels* im Mai 1932 eine jubelnde Rezension von Blühers antisemitischem Werk *Die Erhebung Is-*

raels gegen die christlichen Güter und lobte den Autor besonders dafür, »einen Angriff gegen das Judentum unternommen [zu haben], wie ihn dieses in gleicher Schärfe und Offenheit seit langer Zeit nicht erfahren hat.«[360] Veränderte sich auch seine Haltung zum Establishment, dem »geistigen Antifeminismus«[361] hielt Hans Blüher als Kämpfer des Männerbundes vom Anfang bis zum Ende seiner publizistischen Karriere die Treue. Der imaginäre Drachenkampf gegen die angeblich mit der Weimarer Republik heraufziehende moderne »Gynäkokratie«[362], der in seiner Zeit von konservativer Seite allerorten beschworen und ausgefochten wurde, spitzt sich in seinen Schriften besonders nach 1918 noch zu und verläuft parallel zu seinem sich radikalisierenden Antisemitismus.

Wie zentral Blühers Lehre vom Männerbund für den Nationalsozialismus werden sollte – freilich ›gereinigt‹ vom homoerotischem Eros – ist ein offenes Geheimnis. Neben Alfred Rosenberg, Ernst Röhm, Karl Günther Heimsoth und Ernst Krieck, rezipierte besonders Alfred Bäumler, der von 1933–45 Direktor des Instituts für politische Pädagogik an der Universität Berlin war, das Männerbundmodell. Für ihn stehen in der Moderne zwei »Kulturen und Lebenssysteme im Kampf«[363]: die materielle, auf Genuß und städtische Geselligkeit gerichtete Kultur des Weibes und die auf den Bund, den Staat und die Arbeit gegründete Kultur des Mannes. Bäumler verknüpft in seiner Gegenüberstellung Demokratie mit Weiblichkeit, denn die Demokratie »kann sich nur da erhalten, wo das Weib vorherrschend ist, niemals da, wo die Freundschaft herrscht«[364]. Bäumler zufolge ist es daher 1933 »Deutschlands vordringlichste Aufgabe, die Lebensform des Mannes, den heroischen Männerbund, als weltgeschichtliche Gestalt selbstständig gegenüber diesen Mächten zu bewahren«[365]. Bereits im Zweiten Deutschen Kaiserreich war die Debatte um Homosexualität und Politik ein zentrales Austragungsmedium für die Krise hegemonialer Männlichkeit. Bei der SA und im späteren Naziregime traten Homosexualität und Politik auf ambivalente Weise eng zusammen. Wurde die Homosexualität in der Zeit bis zur Machtergreifung als Bindemittel der nationalrevolutionären Männerbünde wie der SA auch pragmatisch toleriert[366], so verschärfte sich ab 1932, nicht zuletzt durch eine Verleumdungskampagne der linken Presse gegen Ernst Röhm[367], besonders jedoch ab 1934 nach seiner Ermordung, die Verfolgung der Homosexuellen radikal. Nicht zuletzt die Gerüchte um eine homosexuelle Verschwörung innerhalb der SA, die Putschpläne gegen das Hitlerregime hege, speisten die Homophobie der NSDAP und damit die Verfolgung der Homosexuellen. Unter Bezugnahme auf Hans Blühers Lehre vom mann-männlichen Eros im Männerbund begründete Heinrich Himmler in einer Geheimrede vor SS-Gruppenführern die Verfolgung und Verhaftung von Homosexuellen[368] damit, daß »ein Männerstaat« wie der nationalsozialistische durch Homosexualität Gefahr laufe, zerstört zu werden: »Wir sind ein Männerstaat, und bei allen Fehlern, die dieser Männerstaat hat, müssen wir eisern daran festhalten [...]. Dieser Männerstaat ist aber jetzt durch Homosexualität im Begriff, sich selbst kaputt zu machen.«[369] Daß Hans Blüher in vielen Punkten zwar nicht Hitler, den er verachtete, sondern der nationalsozialistischen Bewegung besonders in ihrer revolutionären Frühzeit nahestand, darüber gibt ein Text Auskunft, der vom Hans-Blüher-Archiv posthum veröffentlicht wurde. Unter der Überschrift *Gründung des 3ten Reiches* erzählt Blüher darin von einer indirekten Begegnung mit Ernst Röhm im Sommer 1933 in Trier. Dort habe sich Röhm mit einem engen Freund von Blüher getroffen und beim Wein ganz offen über seine Wertschätzung der Schriften von Hirschfeld, Blüher und Freud zum Thema Homosexualität geredet: »Er, Röhm«, so Blüher, »habe Hitler auf den Wert erotischer Bindungen in den Männerbünden aufmerksam gemacht. Die ganze, von ihm aufgebaute, Hunderttausende junge und ältere, meist unbeweibte Männer zählende SA sei doch ein einziger Männerbund, der einstmals als solcher in die Geschichte eingehen werde, wie die heilige Schar Spartaner. Hitler hätte das erkannt und anerkannt, er hätte ihm deshalb in dieser Hinsicht freie Hand gelassen.«[370] Das sollte sich allerdings sehr schnell nach der Machtergreifung ändern. Daß Hans Blüher letztlich nicht Anhänger der NSDAP wurde und 1933 verstummte, beruhte neben der Offenheit in Sachen Homosexualität und Männerbund sicherlich auf seiner elitären Grundhaltung. Selbst dort, wo er sich antisemitisch und rassistisch äußerte, wollte er »geistig« sein und mit dem »Pöbel« in Gestalt der NS-Bewegung, die er als »Schub von unten her« oder als »germanische Unterrasse«[371] bezeichnete, nichts zu tun haben. Die Skepsis war gegenseitig. So klagte man Blüher bereits 1920 im *Völkischen Beobachter* als Verführer der Jugend zur Homosexualität an.[372] Andere völkische Kritiker seines Werks fragten sich gar, ob Blüher nicht selbst ›Jude‹ sei.[373]

Ungeachtet dieser Zweideutigkeiten und Debatten kann Blüher als der entscheidende Transporteur des ethnologisch gewonnenen Männerbund-Modells zuerst in die deutsche Kulturdebatte und die damit verbundenen Skandale und Auseinandersetzungen um Homosexualität, dann darüber hinaus in den völkischen und letztlich nationalsozialistischen Diskurs- und Ideologieraum gelten. Gleichwohl gehen seine Schriften nicht in dieser immer wieder beschworenen genealogischen Linie auf. Vielmehr schwankt sein Werk in einer für heutige Leser manchmal schwer erträglichen Weise zwischen Abwehr und Analyse, zwischen Zeitdiagnose und Ideologieproduktion. Insbesondere wehrte er sich in einem publizistischen Feuerwerk gegen die Emanzipation der Frauen und die Auflösung ständisch-monarchischer Gesellschaftsstrukturen. Widerstand hegte er jedoch ebenso gegen jede Form von bürgerlich-kapitalistischer Rationalisierung. Heute noch bestrickende Zeitdiagnosen stehen in seinem Werk neben zuweilen haßerfüllten Attacken gegen jüdische Intellektuelle wie Freud und Hirschfeld. Sie münden von 1922 bis 1933 in offenen Antisemitismus.

Blühers Schriften sollten insgesamt als Teil des Experiments der Moderne und ihrer *sexual politics* erschlossen und gedeutet werden. Denn »der schnelle ökonomische und soziale Wandel in Deutschland führte dazu, daß sich das Problem neuer Geschlechtergrenzen und -beziehungen zuerst im Zweiten Deutschen Kaiserreich stellte, und daß, als ein Ergebnis dieses Wandels, die wilhelminische Kultur und Gesellschaft auf der Grenzlinie zum Geschlechterkampf des Zwanzigsten Jahrhunderts stand.«[374] Zur Auseinandersetzung mit der Moderne gehörten freilich auch die im kolonialen Grenzdiskurs mit den Stammesgesellschaften verhandelten rituellen Modelle von Gemeinschaft und Bund. Im Modell des Männerbundes verknüpfte sich nun die Suche nach alternativen Gemeinschaftsformen mit dem politischen Ringen um hegemoniale Männlichkeit *und* Homosexualität.[375] Vor diesem Hintergrund wird das Blühersche Werk im folgenden als eine bedeutende mentalitätsgeschichtliche Zeit-Quelle rekonstruiert werden. Denn Hans Blühers Männlichkeitskonstruktionen werden nicht erst durch ihre Rezeption, sondern waren von Anfang an eine politische Angelegenheit. Sie haben zudem Anteil an einer Hinwendung zum Ritual und zu ritueller Neuproduktion von Gemeinschaften und Bünden, die sich um 1900 in Kultur und Wissenschaften vollzog.[376] Im Männerbund wird gesteigerter Voluntarismus mit Gemeinschaft verknüpft. Mit seinem ritual- und affektzentrierten Charakter steht er als neu entwickeltes soziologisches Modell neben oder besser zwischen den von Ferdinand Tönnies 1887 gebildeten Grundbegriffen und Modellen der Vergemeinschaftung: Der vertraglich fundierten ›künstlichen‹ *Gesellschaft* einerseits und der auf Blutsverwandtschaft, Geschlecht und Tradition beruhenden ›natürlichen‹ *Gemeinschaft*[377] andererseits. Die Blühersche Männerbundtheorie mit ihrem starken Hang zum Sakralen, zu Kult und Ritual kann freilich von heute aus nicht ohne ihre Perspektive auf die männerbündisch organisierten Kampfverbände der Freikorps, der SA oder der SS gedeutet werden. Gleichwohl sollte dies den Blick offen halten für ihre Rolle in einem weitaus breiter gefaßten sozialen und geschlechterpolitischen Such- und Orientierungsprozeß innerhalb des Zweiten Deutschen Kaiserreichs und der Weimarer Republik. Eines Suchprozesses, in dem das Ringen um soziale Männlichkeit eine ebenso zentrale wie überdeterminierte Rolle spielte.

5.2. Eros und Männlichkeit

Als Blüher 1912 als Dreiundzwanzigjähriger sein zweiteiliges Erstlingswerk *Wandervogel. Geschichte einer Jugendbewegung* veröffentlichte, avancierte er schlagartig zu einem der meistgelesenen Autoren der Jugendbewegung. Ein wirklich phänomenaler Erfolg, ja ein Skandal wurde seine Darstellung jedoch erst mit der Veröffentlichung des dritten Bandes noch im gleichen Jahr. Dieser trägt den nicht wenig provozierenden Titel *Die deutsche Wandervogelbewegung als erotisches Phänomen* und verspricht im Untertitel einen »Beitrag zur Erkenntnis der sexuellen Inversion«. Worum geht es? Blüher setzt sich für die Legalisierung der Homosexualität ein. Für ihn ist männliche Homosexualität und mann-männlicher Eros ein komplexes Phänomen, das sowohl eine ontobiologische Konstante sei, aber zugleich auf einer *allgemeinen Bisexualität* aller Menschen beruhe. Das bedeutet, sie ist keine Abirrung oder gar biologisch determinierte Perversion einer Minderheit, sondern ein Teil normaler, also hegemonialer Männlichkeit. Wohlgemerkt, die Diskurse um Sexualität im 19. Jahrhundert wurden stark von den auf Ergänzung bestimmten dichotomischen Geschlechtervorstellungen des aufgeklärten Bürgertums geprägt. Im Kontext einer allgemeinen Medikalisierung von Sexualität erschien Homosexualität daraufhin als ›krank‹, ›conträr‹ oder gar ›pervers‹. Ihr häufiges Auftreten stellte man nun in direkten Zusammenhang mit individueller Pathologie und sozialer Krise oder gar mit kultureller ›Degeneration‹. Michel Foucault hat in *Sexualität und Wahrheit* den kulturellen Prozeß der Konstruktion von Homosexualität als einer Geschlechtsidentität im 19. Jahrhundert dargestellt. War die »Sodomie« im alten Zivilrecht noch eine »verbotene Handlung, deren Urheber nur als ihr Rechtssubjekt in Betracht kam«, so war »der Homosexuelle des 19. Jahrhunderts zu einer Persönlichkeit geworden. [...] Der Sodomit war ein Gestrauchelter, der Homosexuelle ist eine Spezies.«[378] Bei der Konstruktion der »conträren Sexualempfindung« wurde der Homosexualität ein »unsichtbares Referenzfeld ›gesunder‹ Männlichkeit«[379] als Norm zugrunde gelegt.

Am Phänomen der Wandervogelbewegung und ihrer vermeintlich homoerotischen Substruktur wollte Blüher nun Grundsätzliches und grundsätzlich Neues nicht über eine vermeintliche Minderheit, sondern über die gesamte Kultur sagen. Wie bei Otto Weininger, bildet auch bei Hans Blüher und seinem Geistesverwandten Gustav Friedländer die von Wilhelm Fließ und Sigmund Freud erkannte Bisexualität jedes Menschen den Ausgangspunkt seiner Gedanken. Obwohl er Freuds Trieb- und Neurosentheorie anfänglich sehr lobt – der Bruch mit Freud erfolgte erst später – findet der Psychologe nicht in der Psychoanalyse, sondern vielmehr in Platons philosophischer Lehre vom Eros die Bestätigung seiner Freud widersprechenden These von der ›gesunden‹ Normalität der mann-männlichen Liebe. Stichwortgeber für ihn ist vor allem das *Symposion*. Insbesondere die berühmte Rede des Aristophanes, die er später sogar neu übersetzt[380], gibt Blüher die richtige Antwort auf die Frage danach, was denn der Eros sei. Um die erotische Sehnsucht der Menschen zu erklären, erzählt die Figur des Aristophanes im *Symposion* den Ursprungsmythos von den Kugelmenschen. Diese kannten die Sehnsucht noch nicht, denn sie waren in sich doppelt und sich selbst genug: »Ferner war die ganze Gestalt eines jeden Menschen rund, so daß Rücken und Brust im Kreise herumgingen. Und vier Hände hatte jeder und Schenkel ebensoviel wie Hände, und zwei Angesichter, und vier Ohren, auch zweifache Schamteile, und alles übrige wie es sich hieraus ein jeder weiter ausdenken kann.«[381] Wichtig für den

Fortgang des Mythos ist nun aber die Tatsache, daß die Kugelwesen aus drei Geschlechtern bestanden: dem Weiblichen, dem Männlichen und dem Mannweiblichen. Als sie von Zeus zur Strafe für ihre Hybris entzweigeschnitten wurden, gab es ganz unterschiedliche Ergebnisse. Zwar war nun jeder Mensch nur ein Teil [*symbolon*], aber nicht jeder sehnte sich im heterosexuellen Sinn nach seiner ›anderen Hälfte‹, denn:

> Welche Männer nun von einem Gemeinschaftlichen ein Schnitt sind, was damals Mannweib hieß, die sind weiberliebend […] und so auch, welche Weiber männerliebend sind […], die kommen aus diesem Geschlecht. Welche Weiber aber Abschnitte eines Weibes sind, die kümmern sich nicht viel um die Männer, sondern sind mehr den Weibern zugewendet, […] die aber Schnitte eines Mannes sind, suchen das Männliche auf, und so lange sie noch Knaben sind, lieben sie als Schnittstücke des Mannes die Männer, und bei Männern zu liegen und sich mit ihnen zu umschlingen ergötzt sie.[382]

Ganz im Sinne der antiken Hochschätzung der homoerotischen Liebe gelten diese männerliebenden Jünglinge nicht etwa als effeminiert oder gar ›verweichlicht‹, sondern, so Platon, »dies sind die trefflichsten unter den Knaben und heranwachsenden Jünglingen, weil sie die männlichsten sind von Natur.«[383] An diese Betonung gesteigerter, nicht etwa geschwächter Männlichkeit bei den männerliebenden Exemplaren der *species* Mann knüpft Blüher, darin Gustav Jäger und Benedict Fiedländer folgend, mit aller Deutlichkeit an. In offenem Gegensatz zu Weininger[384] und zu Hirschfelds Theorie der sexuellen Zwischenstufen, der zufolge jeder Mensch durch unterschiedliche Anteile an einer weiblichen bzw. männlichen ›Substanz‹ geformt werde, so daß sich Homosexuelle also durch einen übergroßen Anteil an Weiblichem auszeichnen würden, geht es Blüher um die Dramatisierung ›intakter Männlichkeit‹. Gleichzeitig integriert er damit die Homosexualität, so auch die These von Claudia Bruns[385], in das hegemoniale Paradigma männlicher Gesundheit. Denn, so der Autor, es »lehrt die Erfahrung, daß vollbetonte, ja sogar auffallende Männlichkeit mit voller Inversion wohl verträglich ist.«[386] Auch in diesem Bestreben kann sich Blüher auf Platon stützen, denn schon dieser hatte betont, daß die männerliebenden Knaben nicht aus blinder Gier und »Schamlosigkeit« bei den Männern liegen, sondern »weil sie mit Mut und Kühnheit und Mannhaftigkeit das ihnen *Ähnliche* lieben. [Hervorhebung U.B.]« Diese sind dann als Erwachsene nicht etwa verweichlicht, sondern, ganz im Gegenteil, »solche Männer gedeihen vorzüglich für die Angelegenheiten des Staates.«[387] Blüher verknüpft nun die »mythologische Theorie des Aristophanes, also seine Lehre von der *Ursprünglichkeit der Liebeseinstellung*«[388], mit der psychoanalytischen Erkenntnis einer psychischen Bisexualität. Er fügt allerdings noch die Freud widersprechende Theorie Gustav Jägers hinzu, nach der es nicht die ›normgemäße‹ heterosexuelle Objektwahl, sondern schon das über die asoziale ›Onanie‹ hinausgehende Begehren einer anderen Person – männlich oder weiblich – sei, was einen sozial integrierten Mann ausmache. Intakte invertierte Männlichkeit ist somit für Jäger und für Blüher nicht allein synonym mit ›Gesundheit‹, sondern auch mit Soziabilität.[389] Der Blühersche Idealtypus des supervirilen Invertierten steht damit in Widerspruch zu Sigmund Freud, der bei der Entstehung der Homosexualität auch neurotische Momente zu entdecken vermeint. In einem Brief an Blüher vom 10. Juli 1912 schreibt Freud: »Die theoretische Differenz zwischen uns ist wirklich nicht mehr groß. Doch meine ich, daß Sie durch die Berücksichtigung des Verhältnisses der Inversion zur Impotenz gegen das Weib zu einer Modifikation Ihrer Einschätzung der Inversion genötigt würden. Ich kann sie nicht voll normal nehmen, da sich das Stück Entwicklungshemmung in ihren Bedingungen leicht aufzeigen läßt.«[390] Wohlgemerkt bleibt selbst in diesen internen sexualwissenschaftlichen Debatten für Blüher das Thema Homosexualität immer ein Medium, in dem die Krise und die Selbstvergewisserungsstrategien hegemonialer Männlichkeit um 1900 indirekt verhandelbar sind. Denn im konservativen Kampf um die Grenzlinien zwischen den Geschlechtern auf allen Ebenen der Gesellschaft bildete die Vorstellung einer »*Aufhebung der biologischen Sexualdifferenz* [...] einer Verwischung der Grenzen zwischen Männern und Frauen« zugleich die Metapher für andere Vermischungsphantasien, allen voran solche der »deutsch-jüdischen Assimilation«[391]. Wurde eine Kriminalisierung der Homosexualität nicht zuletzt durch den medizinischen Diskurs der Zeit gerechtfertigt, so kam der idealen Männlichkeit als »Nationaltypus«[392] die Aufgabe zu, das Chaos der Vermischung zu verhindern und die Gesundheit des Staates zu erhalten. Sich dieser hegemonialen ›normgerechten‹ Männlichkeit einzuschreiben, oder sie gar noch zu überbieten, war kein geringes Ziel von Adolf Brand, Benedict Friedländer und nicht zuletzt Hans Blüher. Damit stellte »die Wiederentdeckung des menschlichen Körpers im *Fin de siècle* eine ernsthafte Herausforderung dar, [denn sie, U. B.] geschah im Namen wahrer Männlichkeit«[393]. Und auf erschreckende Weise brachte sie die homoerotischen Implikationen wieder zu Bewußtsein, »die eigentlich fortwährend [...] in der Nacktheit der griechischen Statuen und in der Männlichkeit der nationalen Leitbilder gegenwärtig gewesen waren. Die Mauer zwischen Normalität und dem ›Abnormen‹ [...] war ernsthaft erschüttert worden, und die Tür zwischen beiden Bereichen sollte sich niemals wieder ganz schließen lassen.«[394]

So ist es auch kein Zufall, daß Hans Blüher für die ›edle‹ dorische Männerkultur der griechischen Antike, die zugleich eine der geistigen Erziehung und der mann-männlichen Erotik gewesen sei, im Wandervogel ein modernes Exempel zu finden glaubt. Der Wandervogel ist für ihn nicht nur eine »romantische Orgie«, ein »Naturereignis« und »ein Kampf zweier Generationen gegeneinander«[395], der Wandervogel wie die Romantik, das ist auch das »Gesunde«[396], also ein »dorisches Gesellschaftsgebilde in der deutschen Jugend, das ausgesprochen männlich nuanciert war«[397]. In seiner Autobiographie spricht Blüher deutlicher vom Wandervogel als einer revolutionären Jugendbewegung, die nichts mit einem rationalen Zweckverband gemein habe, sondern eine leidenschaftliche Bewegung der männlichen Jugend sei, also vor allem ein »erotisches Phänomen«[398]. Dabei bleibe der Wandervogel allerdings immer eine »völkische Begebenheit in der Jugend ohne patriotische Verfälschung«[399]. Alle darin auftretenden homoerotischen Freundschaftsbünde, das wird Blüher nicht müde zu betonen, führten nicht etwa zur Feminisierung, sondern zeichneten sich durch eine ›heroische‹ Note aus und verträten »einen stark betonten germanischen Rassetyp.«[400] Darüber hinaus stehe nicht mehr der Vater und das Vater-Sohn-Verhältnis im Zentrum dieses soziologisch neuen Phänomens eines Jung-Männer-Bundes, sondern die Attraktion des ›heldischen‹ jungen Mannes. Man könne sogar beobachten, so Blüher, »daß die Jugend, die zum Wandervogel wurde, an ihren Vätern verzweifelt war«[401]. Im selben historischen Moment, in dem Freud mit seinem Rückgriff auf den mythischen Vatermörder Ödipus den tödlichen Konflikt zwischen Vater und Sohn ins Zentrum seiner Kulturtheorie stellt, beschreibt der dreißig Jahre jüngere Blüher eine Jugend und wird von einer Jugend gelesen, die an den Vätern resigniert. Diese Generation tritt nicht frontal gegen die Väter an, sondern bricht mit ihnen, indem sie sie flieht, sucht jedoch zugleich einen Ersatz für die »Republikanisierung und Entvaterung«[402] der Gesellschaft. Den wiederum liefere die »Heroenliebe«[403], das heißt »die Heldenliebe zum älteren Gefährten oder Manne«[404]. Nehmen wir Blühers Analyse ernst, dann wird hier die Geburt des charismatischen Helden aus enttäuschter Vatersehnsucht inszeniert. Daraus entwickelt sich um 1900 eine schwärmerische Sehnsucht nach dem idealen väterlichen Helden, der allerdings zugleich Sohn und Rebell sein soll. Ein Zwitterwesen ganz eigener Art also, das seinen Ort inmitten einer bündisch organisierten männlichen Jugend hat und vom Alter her eher zwischen den Generationen steht. Komplementär zu dieser Führersehnsucht entsteht ein spezifischer Eros der Gemeinschaft, der sich später auf die Nation verschieben ließ. Was in Blühers Konstruktionen allerdings völlig ausgeblendet wird, ist der von Freud so zentral plazierte Inzestwunsch der Mutter gegenüber. Durch die Verdrängung des heterosexuellen Eros und die Austreibung aller sinnlichen Elemente aus der Freundschaft erhält das »Gespenst der Homosexualität«[405] in der Folge um so größeres Gewicht. Dagegen kann der leidenschaftlich verehrte Wandervogelführer Karl Fischer als erstes und überwältigendes Beispiel des neuen, von mann-männlichem Eros gespeisten sozialen Bindungsmodells gelten, denn, so der Augenzeuge Blüher: »Kein anderer Bachant brachte es neben ihm zu dieser Gefühlsmacht der Jugend gegenüber. Er war König und Herr, und die psychologische Situation, in der sich die Jugend damals befand, war diesem Verhältnis durchaus angemessen.«[406]

Typus inversus nennt Blüher den Mann, der völlig dem mann-männlichen Eros ›verfallen‹ ist und keine Familiengründung anstrebt, sondern sich als Männer-

und Knabenliebender mit Herz und Seele der Förderung der männlichen Jugend hingibt. Im Anschluß an Gustav Jägers Konstruktion des homosexuellen Über-Mannes bezeichnet Blüher seine charismatische Führer-Figur als ›Männerheld‹[407]. Dieser hypervirile »überlegene Mann« wird von den Jugendlichen »mit Fanatismus« und anarchischem Stolz »gegen die minderwertigen und bürgerlichen Naturen verteidigt«[408]. Verdrängt der *typus inversus* im Gegensatz zum sogenannten *typus inversus neuroticus* seine Liebe zum gleichen Geschlecht nicht und kann es durchaus auch manchmal zu »sexuellen Orgien mit dem überlegenen Mann«[409] kommen, so ist die Haupttendenz dieser Verhältnisse dennoch eine indirekte und sublimierte im Sinne des antiken *eros paidikos*[410]. Damit war der Wandervogel auch für Blüher eben keine wie auch immer geartete Schwulenbewegung *avant la lettre.* Sicherlich, für den charismatischen »Männerhelden« befand sich der »Wert des Weibes« eher »in der äußersten Ecke seines Bewußtseins«[411], offene Homosexualität bildete jedoch auch in den Beschreibungen Blühers die Ausnahme. »Trotz Blühers Buch und der angeblichen Verfehlungen Jansens«, so urteilt auch George Mosse, »war die Jugendbewegung schon von Anfang an puritanisch gewesen«[412]. Die Aktivisten bemühten sich, »ihre eigenen Beziehungen jeglicher Erotik zu entkleiden, die ja außer Kontrolle geraten konnte, um ihre Gemeinschaft Gleichgesinnter statt dessen einem höheren Ziel zu weihen.«[413] Mit Nachdruck unterscheidet Blüher denn auch immer wieder zwischen offener Homosexualität und sublimierter, sozial wirkender Homoerotik. Überhaupt durchzieht seine Ausführungen zum Eros eine unübersehbare Spaltungstendenz, die sich zwar erneut an das platonische Modell vom ›himmlischen‹ und ›gemeinen Eros‹ anlehnt, gleichwohl aber dazu dienen soll, den virilen Invertierten, der seine Triebe zu beherrschen und kulturell sinnvoll zu sublimieren weiß, in das herrschende Modell ›normaler Männlichkeit‹ einzuschreiben. Dazu werden freilich neue Figuren des Anderen konstruiert. Gespalten wird ›Trieb‹ und ›Eros‹ ebenso wie ›gesunde‹ und ›kranke‹ Inversion. »Auf keinen Fall«, so Blüher, »kann der Eros physischen Ursprung haben – auf keinen Fall kann man ihn aus tierischen Vorgängen ableiten. Es gibt zwar keine rein geistige Liebe, aber der Eros ist ›metaphysischer Natur‹«[414]. Spricht Blüher hier noch vom ›allgemeinen‹ Eros, so trennt er später in platonischer Manier auch diesen in einen ›geistigen‹, den er den Invertierten vorbehält, und einen ›triebhaft-tierischen‹ Eros, der die heterosexuelle Liebe antreibe. Diese sei überhaupt weniger sublimierungsfähig, da das triebhafte »Bestreben im mannweiblichen Liebesfalle offen herausströmt und ohne Hemmung [...] zu seinem Ziel gelangt«[415]. Der mann-männliche Eros ziele hingegen auf Höheres, sprich auf Geist und kulturelle Leistung. In seiner Schrift *Der bürgerliche und der geistige Antifeminismus* von 1918 schließlich versucht Blüher, die alte Geschlechterpolarisierung entlang der Achse Geist-Eros zu verteidigen. Der Mann als einzig geistbegabtes Wesen, so die Kernaussage des Vortrags, sei im Gegensatz zum geistlosen Weib als Vertreterin des (unsublimierten) Eros auch unter den Bedingungen der

Republik, die die Gleichberechtigung der Frau propagiert, allein fähig und berechtigt, alle Staatsgeschäfte zu führen. Diese offen antifeministischen Aussagen Blühers führen ins Zentrum seines Projekts. Sie bewegen sich allerdings zugleich auf einer großen Welle männlichen Kampfes, die sich gegen das Erscheinen der Frau im öffentlichen Raum von Arbeit und Politik richtet. So haben Organisationen wie der 1916 gegründete *Deutsche Bund zur Bekämpfung der Frauenemanzipation* in dieser Zeit großen Zulauf.[416]

Wird die Frau in Blühers Text noch eher konventionell mit dem Eros, »dem Repräsentanten der Natur innerhalb des Menschenwesens«[417] identifiziert, so vollzieht sich dennoch bereits seit 1912 die theoretische Integration des Eros in Blühers Männlichkeits- und Männerbundmodell.[418] Was der Autor damit anstrebt, ist die Aneignung des weiblich bestimmten Eros durch die mann-männliche Sphäre, ohne dafür den Verlust an Männlichkeit zu riskieren. Das Übernahmeunternehmen weiblicher Eroskräfte kulminiert 1919–1921 in seinem Hauptwerk *Die Rolle der Erotik in der männlichen Gesellschaft*. Und abermals fungiert die Debatte um Homosexualität als Reflexionsmedium. »Mit diesem Buch«, so Ulfried Geuter, »hob Blüher die frühere Diskussion über die Inversion in der Jugendbewegung [...] auf die Ebene einer grundsätzlichen Auseinandersetzung über das Wesen von Mann und Frau und über deren Rolle in der Gesellschaft.«[419] Gleichzeitig spaltet sich sein Erosbegriff, nicht ohne auf antike Vorbilder zu verweisen, endgültig in einen ›grob sinnlichen‹ irdischen Eros, der ohne Umwege auf direkte sexuelle Befriedigung und damit auf die Sicherung der Gattung zielt, und den mann-männlichen Eros, der viele Umwege kennt, zugleich geistbegabt ist und als sublimierter zu schöpferischen, kulturtragenden Taten anspornt. In einem Text mit dem Titel *Über die Sublimierung der Sexualität* von 1914 zitiert Blüher bestätigend Gustav Wyneken, der »meint, daß das Objekt der sublimierten Sexualität die Kultur sein soll, ja der Geist selbst.«[420] Wie bei Platon ist die sinnliche Knabenliebe und die jugendliche Verehrung des ›Männerhelden‹ nur eine, freilich bereits recht hohe Stufe auf der Suche des Eros nach der Erkenntnis der Ideen. Die charismatischen ›Führer‹ des Wandervogels – Männer wie Karl Fischer, Siegfried Copalle, Hermann Friese und vor allem der Rittergutsbesitzer Wilhelm Jansen – konnten nach Blüher eben darum zu »Wirbelpunkten der Jugendbewegung« werden, weil sich zwar ihr »Liebesleben ganz oder fast ganz zum eignen Geschlechte hin richtete«[421], sie ihre Homosexualität jedoch sublimierten und in ein lebenslanges Engagement für die männliche Jugend verwandelten. Aber »dem, der dem Manne verfallen ist, ist das männliche Geschlecht überhaupt Schicksal«[422].

Homosexualität und die Tatsache einer libidinösen Bindung zwischen Mann und Mann sind nach Blüher weder ein ›Verbrechen‹ noch eine ›Krankheit‹, ganz im Gegenteil: »Denkt man sich einmal den ganzen Ast der Inversion aus dem sexuellen Triebfonds der Menschheit ausgeschaltet, was wäre die Folge? Es gäbe dann keine Triebbindung zwischen Mann und Mann, die Menschheit wäre auf das Familienprinzip zurückgeworfen, und die Familie bildet bekanntlich niemals die Grundlage des Staates.«[423] Für Blüher handelte es sich demnach bei dem sozialen Engagement der Invertierten für die männliche Jugend zugleich um nichts weniger als »um das grundlegende soziologische Ereignis der menschlichen Staatenbildung.«[424]

5.3. Homosexualität als offenes Staatsgeheimnis

Blühers Bestreben, eine philosophische und zugleich psychoanalytisch fundierte Eros- und Staatstheorie zu entwerfen, war sicherlich ein ernstes wissenschaftliches Projekt. Sein leidenschaftliches Engagement für die Anerkennung der Homoerotik als kulturtragende Macht ist gleichwohl auch ein Symptom für die umfassende Krise hegemonialer Männlichkeit um 1900. Die politische Brisanz seiner Theorie kann gleichwohl nur vor dem Hintergrund der Homosexualitätsskandale und -prozesse verstanden werden, die den Wandervogel, aber auch den Kaiserlichen Hof von 1906–1909 heimsuchten. Im *Wandervogel* entzündete sich die erste Auseinandersetzung um Homosexualität an der Person von Wilhelm Jansen, dem Nachfolger Karl Fischers. Jansen, dem Blüher freundschaftlich verbunden war, »wurde der homosexuellen Neigung zu Knaben bezichtigt [und] mußte 1908 seine Ämter niederlegen.«[425] Nicht allein mit seiner Figur des ›Männerhelden‹ hat Blüher Wilhelm Jansen ein emphatisches Denkmal gesetzt. Im Grunde ist der zweite Band seiner Geschichte des *Wandervogels* insgesamt »eine Hommage an Jansen und eine Kampfschrift gegen dessen Gegner.«[426] Von weitaus größerer sozialer Wirkung waren allerdings mehrere andere Fälle angeblicher oder nachgewiesener Homosexualität, die sich im Zentrum der politischen Macht selbst abspielten. Nicht zuletzt die Skandale um den Kaiser rückten um 1900 »die gleichgeschlechtliche Männerliebe mit Macht in das Bewußtsein der Menschen in Deutschland«[427]. Im November 1906 hatte der Journalist Maximilian Harden mehrere »politisch intendierte Verdächtigungen in seiner Zeitschrift *Zukunft* an die Adresse des sogenannten ›Liebenberger Kreises‹ um den auch literarisch tätigen Grafen Eulenburg«[428] ausgesprochen, die zu einer öffentlichen Diskussion um Homosexualität und Politik führten. Da fast alle Beschuldigten zu den engsten Vertrauten des Kaisers zählten und der Graf Philip zu Eulenburg gar als sein bester Freund und Berater galt, war Hardens Äußerung, »daß eine Menschengruppe von normwidrigem Geschlechtsempfinden sich auf dem Gipfel des Staatsgebirges nicht festnisten darf«[429], ein Politikum. Der Kaiser forderte »die Beschuldigten sogleich auf, die erhobenen Vorwürfe ehrenwörtlich in Abrede zu stellen, was diese jedoch nicht taten.«[430] Folgt man Nicolaus Sombart, dann ist »die politische Bedeutung der Eulenburg-Prozesse nicht hoch genug zu veranschlagen. Stärker als irgendeine andere der inner- und außenpolitischen Krisen erschütterte sie das deutsche Reich in seinen Grundfesten und trug entscheidend dazu bei, das Vertrauen in die Monarchie und den Monarchen, in die Führungsschicht und den Führungsstil, zu diskreditieren.«[431] Diesem Skandal am Hofe, der sich mehrere Jahre hinzog und dem mehrere Prozesse folgten, die der Eulenburgfreund Kuno von Moltke gegen Harden anstrengte, war 1902 die sogenannte Krupp-Affäre vorausgegangen. Auch hier wurde von seiten der Linken der Homosexualitätsverdacht als Mittel im politischen Kampf gegen die Herrschenden eingesetzt. Durch die italienische Presse und vermittelt über den sozialdemokratischen *Vorwärts* wurde in Deutschland davon berichtet, daß der Großindustrielle Krupp angeblich in der Tradition des Tiberius auf Capri homosexuelle Orgien mit jungen Männern und Knaben feiere. Als Krupp kurz darauf Selbstmord beging, stellte sich der Kaiser schützend vor »seinen wichtigsten Industriellen und Freund« und hielt nach seinem Begräbnis »eine Rede gegen die Sozialdemokratie, die er für den Tod von Krupp verantwortlich machte.«[432] Im Strudel dieser Affären und Prozesse wurde einerseits die Wirksamkeit eines komplexen Männerbundsyndroms in der deutschen Oberschicht sichtbar. Dabei spielte die Homosexualität bzw. der Homosexualitätsverdacht eine ambivalente Rolle. In einer bestimmten Klasse auf verborgener Ebene als sexuelle Ausdrucksform sogar bevorzugt, blieb sie auf der öffentlichen Ebene doch absolut verboten.[433] Auf diese Weise konnte der Homosexualitätsvorwurf zur Waffe innerhalb politischer Machtkämpfe werden. Das ging sogar soweit, daß Magnus Hirschfeld – ein Vorkämpfer der Entkriminalisierung der Homosexualität – als Gutachter im Moltke-Harden-Prozeß gegen Kuno von Moltke Partei ergriff, indem er ihm eine »ihm selbst nicht bewußte homosexuelle Veranlagung«[434] attestierte. Doch nicht allein über Homosexualität debattierte man damals. »Harden war Jude, und dadurch wurden gleichzeitig Vorurteile ganz anderer Art geschürt: Stramme Nationalsozialisten führten die Affäre auf eine ›jüdische Schmutzkampagne‹ zurück, die in ihren Augen nicht nur die kaiserliche, sondern die deutsche Ehre überhaupt beflecken sollte.«[435] In der Folge des Eulenburgprozesses brach allerdings eine geradezu epidemische Homosexuellenverfolgung im Umkreis des Kaiserhofs aus. Freilich spielten auch hierbei nachgewiesenermaßen machtpolitische Interessen eine Rolle.[436] In gewisser Weise ist die Unentschiedenheit der Gesellschaft der Homosexualität gegenüber zugleich ein Symptom der Krise der Herrschenden und ihres ›normativen‹ Männlichkeitsmodells. Es bleibt die brisante Unsicherheit: Ist Homosexualität ein Symptom individueller und/oder sozialer Pathologie und damit ein Beweis für die ›Dekadenz‹ des Kaiserhofs? Oder ist sie vielmehr eine besonders schöpferische Dimension ›normativer‹ Männlichkeit, die nach sozialem und triebhaftem Ausdruck verlangt. Diese Unsicherheit wurde freilich nicht bewußt oder gar allgemein diskutiert. Ganz im Gegenteil, der ungelöste Konflikt im hegemonialen Männlichkeitskonzept löste um so stärkere Homophobie aus. Eine ähnliche Homophobie wie in den politischen Kreisen brach nach dem Eulenburgprozeß auch im *Wandervogel* aus. Dort sorgte die ›Homosexualitätsfrage‹ neben der ›Mädchenfrage‹ über Jahre für Streit, der zu phobischen Überreaktionen, Anfeindungen und Prozessen führte. Allerdings provozierten die Homosexualitätsskandale ebenso wie die Wandervogel-Bücher Blühers nicht allein entrüstete Ablehnung, sondern wandelten sich auch zum Medium der Selbstreflexion.[437] Blühers Thesen zielten somit um 1900 ins Zentrum des Politischen. Mitten hinein in die aufgeladene öffentliche Stimmung und in die vergiftete und angstvolle Atmosphäre von Wissen und Tabu erhob Hans Blüher seine Stimme. Nicolaus Sombart hat die damalige Situation auf seine Weise dargestellt: »Wenn es in den Eulenburg-Prozessen hieß: Homosexuelle gefährden die Sicherheit des Staates, Homosexuelle sind für das harte Handwerk der Politik nicht geeignet – sagt Blüher [...]: Der Staat wird getragen von mannmännlicher Erotik, die Politik ist essentiell und exklusiv Sache von homoerotischen Männern!«[438] Blühers Theorie des Männerbundes war also auch eine politische Waffe im Kampf um seinen geliebten Kaiser (»Unseren jungen Kaiser«)[439] und nicht zuletzt um die Monarchie. Wie sehr Hans Blüher den Kaiser verehrte und sich in seinem Glanze zu sonnen trachtete, davon gibt eine autobiographische Notiz Auskunft, die von einem Besuch im holländischen Exil berichtet: »Ich saß im mittleren Wagen links und daneben der Deutsche Kaiser – wir beide allein. Jedesmal, wenn wir durch ein Dorf kamen, standen die Kinder jubelnd am Rinnstein, und die Bauern grüßten ehrfurchtsvoll.«[440]

Aber Blüher ging es um mehr. Schon während seiner Zeit als Mitstreiter von Magnus Hirschfeld verstand er sich nicht als Verfechter von Minderheitsrechten, sondern als Verkünder eines »Allgemeinguts«, das »an den schamhaftesten Wurzeln der Kultur lag.«[441] Bei diesem allgemeinen Gut handelte es sich um nicht weniger als um die These von der ›libidinösen Grundlage‹ aller homosozialen Gemeinschaften, also auch des Staates. Allerdings widersprach Hans Blüher an dieser Stelle seinem volkskundlichen Stichwortgeber Heinrich Schurtz, den er sonst sehr schätzte und dessen Werk *Altersklassen und Männerbünde* den Hintergrund seiner eigenen Vergemeinschaftungstheorie bildete. Schurtz war bekanntlich von der Existenz zweier Triebe bei der Bildung gesellschaftlicher Gruppen ausgegangen: dem Geschlechtstrieb, von dem die Frau beherrscht sei und der zur Familiengründung strebe, und dem Gesellungstrieb, einer zusätzlichen Eigenschaft des Mannes, der zu Männerbünden und damit zu allen höheren Kulturformen führe. Blüher bezog sich direkt auf Schurtz, löste seine liberale bürgerliche Geselligkeitstheorie jedoch auf, indem er die Bildung der Männerbünde zu einer ›Schicksalsangelegenheit‹ erklärte. So formulierte er 1918 in *Familie und Männerbund* seine Kritik an Schurtz' Theorie. Darin bezweifelt er, daß der Gesellungstrieb, den Schurtz dem Männerbund zugrunde legt, wirklich »ursprünglich« und »triebhaft« sei und nicht vielmehr beliebig und »zufällig«: »Wir spüren es diesem Begriff aber von weitem an«, entgegnet er, »daß er nicht ausreicht, jenes schwerwiegende Schicksal zu erklären, das die Menschen-Tierart getroffen hat. Die Spur der Staatenbildung beim Menschen reicht vielmehr ganz in den Eros hinab [...]. Die Männerbünde [...] sind Produkte der Sexualität, und zwar der mann-männlichen.«[442]

Eine männerliebende Aura – ob nun sinnlich realisiert oder imaginär – umgab allerdings den um 1900 neu erwachten pädagogischen oder kameradschaftlichen Eros, die Suche nach Männerbünden und heroischer Männlichkeit, von Anfang an. So rief der jugendbewegte Walter Benjamin 1913 seine Antike als eine ›männerliebende‹ aus: »Trotzig, im Vertrauen auf eine Jugend, die ihm folgt, sollte unser Gymnasium die kleinen modernen Reformpädagogen überrennen. Das Griechentum dieses Gymnasiums sollte nicht ein fabelhaftes Reich der ›Harmonien‹ und ›Ideale‹ sein, sondern jenes frauenverachtende und männerliebende Griechentum des Perikles, aristokratisch, mit Sklaverei, mit den dunklen Mythen des Aischylos.«[443] Und es war kein geringerer als Thomas Mann, der in einer am 13. Oktober 1922 vor Berliner Studenten gehaltenen Rede mit dem Titel *Von deutscher Republik* sein Plädoyer für eine demokratische Republik im Sinne Walt Whitmans mit einem Bekenntnis zur staatsbildenden Macht des mann-männlichen Eros verband. Auch für Mann war es

> jene Zone von Erotik, in der das allgültig geglaubte Gesetz der Geschlechterpolarität sich als ausgeschaltet, als hinfällig erweist und in der wir Gleiches mit Gleichem, reifere Männlichkeit mit aufschauender Jugend, in der sie einen Traum ihrer selbst vergöttern mag, oder junge Männlichkeit mit ihrem Ebenbilde zu leidenschaftlicher Gemeinschaft verbunden sehen. [...] Eros als Staatsmann, als Staatsschöpfer sogar ist eine seit alters her vertraute Vorstellung, die noch in unseren Tagen aufs geistreichste propagiert [wird].[444]

Blüher wollte mit seiner Theorie von der Rolle des mann-männlichen Eros bei der Gemeinschaftsbildung und beim Männerbund letztlich eine ebenso grundlegende Kulturtheorie entwerfen wie Sigmund Freud: Nicht verdrängte oder sublimierte Sexualität, wie es Freud betont, sondern veredelte oder verwandelte Homoerotik sei das Bindemittel und der Motor aller kulturellen Höherentwicklung. Der Autor treibt seine Theorie bis zu dem Versuch voran, die jüdisch-christliche Ethik der Nächstenliebe[445] aus sublimierter Männerliebe abzuleiten und im Bund Jesu mit seinen Jüngern den ersten Männerbund zu erkennen. Unter dem Motto »Das Bild des Helden« formuliert Blüher schließlich seine nicht allein an Nietzsche orientierte Absage an die jüdisch-christliche Moral: »Es gibt überhaupt nicht ›Liebe zum Guten‹ (darum bemüht sich das Judentum samt seinem christlichen Ausläufer vergeblich), so wenig, wie es Liebe zum Dreiecke gibt. Es gibt nur Liebe zum Helden«, um dann direkt die rhetorische Frage anzuschließen: »Was heißt, *so* gesehen, ›Glaube‹ an Christus [...]?«[446] In einem Text aus dem Nachlaß mit dem Titel *Der Menschensohn* gibt Blüher die Antwort: »Jesus ist also ohne Sexus. Dagegen hat Jesus Eros. Und zwar in höchst gesteigerter Form. Und zwar ist dieser ausgesprochen heidnisch. Er bezieht sich nämlich, das wissen wir mit Sicherheit, auf das eigene Geschlecht. Der Rest dieses Eros trifft auf die Güte und macht diese zum Kern der Ethik.«[447]

5.4. Der Bund zwischen ›Gemeinschaft‹ und ›Gesellschaft‹ und die Rolle des Performativen

5.4.1. Gemeinschaftskult und Charisma

Der Jüngerbund um Jesus gewinnt als ein Idealmodell sozialer Vergemeinschaftung freilich auch in den zeitgenössischen soziologischen Debatten an Bedeutung. Einer der folgenreichsten frühen Versuche der deutschen Soziologie, vor dem Hintergrund der Modernisierung gesellschaftliche Kohäsions- und Organisationsformen zu verstehen, war allerdings die zuerst 1887 und dann in einer zweiten Auflage 1912 von Ferdinand Tönnies unternommene Unterscheidung von ›Gemeinschaft‹ und ›Gesellschaft‹. Insbesondere in den zwanziger Jahren des 20. Jahrhunderts wurde sein Buch *Gemeinschaft und Gesellschaft* in weiten Kreisen populär, und der Begriff der ›Gemeinschaft‹ erlangte den Status eines Schlagwortes, das, so der Zeitzeuge Herman Schmalenbach, »herhalten muß, allen möglichen Süchten der Zeit eine Benennung ihrer Ideale zu geben.«[448] Selbst ein Erbe der Romantik, entwickelt Tönnies sein vor allem am bäuerlichen Zusammenhang der Großfamilie orientiertes organisches Gemeinschaftsmodell antipodisch gegen die rationale und vertraglich verfaßte moderne Gesellschaft. Nicht zuletzt seine deutliche Parteinahme für die traditionale und oft auf physischer Verwandtschaft und lokaler Nachbarschaft beruhende ›Gemeinschaft‹ wurde von liberaler Seite, angefangen mit Helmuth Plessner und Thomas Mann[449], als regressives Ausweichen vor der Realität der modernen, rationalisierten Gesellschaft kritisiert. Es sei dahingestellt, ob die Gemeinschaftssoziologie Tönnies' wirklich als alleiniger Stichwortgeber gelten kann für den nach 1918 vehement einsetzenden Gemeinschaftskult und einer damit verbundenen Zerstörung der ›offenen‹ Gesellschaft. Mit Blick auf die nach dem Krieg zunehmende Faszination des Männerbundes als antirepublikanisches Sozialmodell ist vielmehr zu fragen, ob es sich bei dem Gemeinschaftskult wirklich immer um die Beschwörung uralter, traditionaler sozialer Formen im Sinne Tönnies' handelt. Verbergen sich hinter der populären Kategorie der Gemeinschaft nicht vielmehr auch »Neuerfindungen«[450], die auf die traumatischen Erfahrungen des Krieges und die Bedingungen der Modernisierung zurückzuführen sind?[451] Wie kann die Kategorie des Männerbundes bzw.

des Bundes überhaupt im Verhältnis zu ›Gemeinschaft‹ und ›Gesellschaft‹ verortet werden?

Die soziologischen Versuche Max Webers, die er zwischen 1911 und 1920 in mehreren Fassungen in seiner Herrschaftssoziologie, der soziologischen Kategorienlehre sowie in seiner Religionssystematik unternommen hat, können an dieser Stelle weiterhelfen. Das vor allem darum, weil Weber in seinem handlungstheoretischen Ansatz zugleich die Antinomie von traditional-patriarchaler Gemeinschaft und rational-bürokratischer Gesellschaft durch die Einführung eines dritten Idealtypus sozialer Herrschaft aufsprengte. Sein Modell der ›charismatischen Herrschaft‹ war sowohl eine Antwort auf die Repräsentationskrise[452] der wilhelminischen Gesellschaft als auch ein Instrument, soziale Organisationsformen im Jenseits der bürgerlich-rationalisierten Welt zu bestimmen.[453] Nicht zuletzt durch diese beiden Qualitäten, Ausdruck einer gesellschaftlichen Krise des Kaiserreichs und gleichwohl im Jenseits bürgerlich-rationalisierter Formen angesiedelt zu sein, nähert sich das Modell des ›charismatischen Verbandes‹ phänomenologisch dem Männerbundmodell Blühers an. Beiden soziologischen Konstruktionen kommt für die erste Hälfte des 20. Jahrhunderts zudem eine große analytische und oft genug antizipatorische Potenz zu. Reflektieren sie doch, freilich mit völlig unterschiedlicher Zielrichtung, affektuelle Formen (sub-)kultureller und außeralltäglicher Bundesschließung, Vergemeinschaftung und performativer Praxis. Gleichwohl zielte Hans Blüher – im Gegensatz zu Max Weber, doch völlig im Einklang mit Heinrich Schurtz – mit seiner Lehre vom ›Männerbund‹ auf eine allgemeine Staats- und Kulturtheorie. Bereits in seiner frühen Geschichte der Wandervogelbewegung ist es jedoch vor allem das heroische, von einem ›Führer‹ getragene Modell der ›charismatischen Herrschaft‹ und des ›charismatischen Verbandes‹, dessen libidinöse Substruktionen Blüher als erster erforscht hat. Die Ähnlichkeiten beider Konzepte stechen sofort ins Auge. Wie beim Männerbund oszilliert der gesellschaftliche Ort von Charisma zwischen Peripherie und Zentrum, Revolution und Kult. Weber verwendet den Charismabegriff daher auch zweifach: zuerst in seiner Herrschaftssoziologie und dann in seiner Religionstheorie.[454]

Als Begründung eines eigenen Herrschaftstypus soll, so Weber, »Charisma als eine als außeralltäglich [...] geltende Qualität einer Persönlichkeit heißen, um derentwillen sie als mit übernatürlichen Kräften begabt oder als gottgesandt [...] und deshalb als ›Führer‹ gewertet wird.«[455] Allen voran wählt Weber an dieser exponierten Stelle seiner Theorie die radikalen Königskritiker Israels, die Propheten, als Paradigma charismatischer Persönlichkeiten. Der spezifische Herrschaftsverband, der aus persönlicher Hingabe und Gefolgschaft diesen »›größten‹ Helden«[456] gegenüber entspringt, wird von Weber als »emotionale Vergemeinschaftung«[457] charakterisiert. Dieser auf gemeinsamen ›affektuellen‹ Erlebnissen beruhende Verband steht nicht allein in schroffem Gegensatz zur traditionalen Ordnung des patriarchal oder patrimonial Überkommenen, sondern oft genug auch in radikalem Zwiespalt zur bürokratisch-sachlichen Ausrichtung legaler Herrschaft. Überhaupt lokalisiert Weber die charismatischen Verbände eher an der Peripherie der Gesellschaft als in ihrem Zentrum. Mit allen Alltagsformen von Herrschaft stehen sie ebenso in Konflikt, wie sie sich fernhalten von jedem ökonomischen Interesse und systematischem Wirtschaften überhaupt. Wie Blüher für seinen ›obersten Männerbund‹ greift Weber für den Idealtypus von charismatischer Herrschaft auf die Jüngerschaft um Jesus und deren pneumatischen »Liebes- und Kameradschaftskommunismus«[458] zurück, um die radikale spirituelle Reinheit von Charisma zu demonstrieren. Neben der mitreißenden Rolle des Religionsstifters steht im charismatischen Verband freilich der Egalitäts- und Kameradschaftsaspekt. Dabei nähert sich die charismatische Vergemeinschaftungsform dem performativen *communitas*-Ideal von Victor Turner an. »Communitas« nannte der Ethnologe zuallererst die auf Kameradschaft und Gleichheit basierende Gemeinschaft der Initianden im rituellen Prozeß der Initiation. Communitas entwickelt sich dann später im Turnerschen Werk zu einem performativen Ideal von Sozialität, das der Autor in dem Satz Martin Bubers: »Gemeinschaft ist, wo Gemeinschaft geschieht«[459], am besten beschrieben fand. An vielen Stellen seines Werkes hat sich allerdings auch Turner ausdrücklich vom Christentum[460] und dem Modell der Jüngergruppe um Jesus inspirieren lassen. Die Jünger Jesu haben ihre Familien verlassen und ihre Arbeit aufgegeben, um freiwillig in eine neue Gemeinschaft einzutreten. Die Bedeutungsunterschiede innerhalb der Gruppe sind weder vom gesellschaftlichen Status noch von Tradition und Reichtum bestimmt, sondern durch den Anteil am Charisma, den der einzelne hat. Hier, in dem Neuen Bund um Jesus, in dem es noch keinerlei festes Reglement und keine Bürokratie gibt, läßt Weber sein Modell von charismatischer Herrschaft in dem Satz Jesu kulminieren: »Es steht geschrieben, – ich aber sage euch.«[461] Jesu ›gesprochenes‹ Wort und sein ›Geist‹ sprengen, darin liegt ihre charismatische Macht, die überlieferten Formen der Schrift und des Gesetzes.

Weber vollzieht somit eine dreifache religionsgeschichtliche Anbindung seines ersten Charismamodells: zuerst an das Prophetentum Israels, dann an das pneumatische Element des Urchristentums und zuletzt an die Figur des Religionsstifters Mohammad und die kriegerische Frühform des Islam[462]. Dabei besitzt der Idealtypus charismatischer Herrschaft, wie ihn Weber als dritten Weg zwischen den Antinomien von Traditionalismus und kapitalistischer Rationalität entwirft, zugleich gegenwartsanalytische Potenz und hat darüber hinaus Anteil an den aktuellen Suchbewegungen seiner Zeit. Neben Propheten und Religionsstiftern werden als Beispiele charismatischer Persönlichkeiten ausdrücklich »Kriegshelden«, »Schamanen« und altgermanische »Berserker« genannt, deren »manische Wutanfälle«[463] neben der Jenseitsreise des Schamanen auf den ekstatischen Charakter dieses Herrschaftstypus verweisen. Dazu kommt ein ironischer Seitenhieb auf den elitärsten charismatischen Verband seiner Zeit, den George-Kreis.[464] Insgesamt verbleibt Webers Charismatheorie nicht ohne kritische Referenz zur Repräsentationskrise des wilhelminischen Kaiserreiches – einer Krise, die für Weber insbesondere mit einer vollständigen, jede individuelle Freiheit auslöschenden Bürokratisierung verbunden war. Dagegen und gegen die moderne Rationalisierung der Lebenswelt überhaupt verkörpert die charismatische Persönlichkeit eine Art ›innere‹ Revolution. Denn wird der charismatische Verband erst einmal in dynamische Bewegung gesetzt, dann stellt er für den Soziologen nichts weniger als »die große revolutionäre Macht in traditional gebundenen Epochen«[465] dar. Es handele sich dabei um eine Macht der Umformung von ›innen‹, welche allerdings in Konkurrenz zur »ebenfalls revolutionierenden Macht der ›ratio‹, die [...] von außen her wirkt«[466], stehe. Die Macht des Charisma drücke sich in einer Art modernen Heroenglaubens[467] aus. Der charismatische Führer und die durch Glaube, Enthusiasmus und Treue auf ihn eingeschworene Gefolgschaft sind nach Weber in der Lage, eine radikale Umwertung der Werte hervorzubringen.[468]

5.4.2. Vorstaatlicher Kriegerverband und die Rolle des Kultes

In seinen Ausführungen verzichtet Weber auf eine explizite Betonung der Tatsache, daß er bei allen von ihm gewählten Beispielen charismatischer Herrschaft, dem Stand damaliger Forschung entsprechend, reine Männergesellschaften im Auge hat. Die Parallelen und Bezüge zu Blühers Theorie des Männerbundes sind gleichwohl bereits in dieser kurzen Darstellung der Weberschen Gedanken deutlich. An einer von den Männerbundtheoretikern bisher übersehenen Stelle seiner Theorie zu den ›Politischen Gemeinschaften‹ freilich, nämlich dort, wo es ihm um die kulturgeschichtliche Herausbildung des Staates als autonomes Gebilde politischer Gewalt geht, kommt der Soziologe nochmals auf sein Modell charismatischer Vergemeinschaftung zurück. Dieses erläutert er nun am Beispiel des Schurtzschen Männerbundes. Der Soziologe geht davon aus, daß sich eine staatsähnliche Organisation als legitimes Dauergebilde politischer Gewalt erst allmählich aus dem komplexen Stammesgefüge heraus entwickelt habe, und zwar aus einem Netzwerk von frei gebildeten Männergruppen, die sich im Kriegsfall spontan die Gewalt aneignen. Bei diesen vorübergehenden »politischen Verbänden« tritt, so argumentiert Weber, »ursprünglich (eine) geringe Bedeutung der Legitimität« ihres »gewaltsamen Handelns« im Sinne von »Normgemäßheit«[469] auf. Denn »die Auslese der Waffenlustigsten vergesellschaftet sich auf eigene Faust zu einem Beutezug durch persönliche Verbrüderung. Der frei erkorene Führer ist dann legitimiert normalerweise durch persönliche Qualitäten (Charisma)«[470]. Bei der Frage nun, wie sich diese spontanen Bildungen politisch-kriegerischer Verbände zu Dauergebilden vergesellschaften und wie die Kriegsführer ihr kriegerisches Charisma aufrechterhalten und weitergeben, greift Weber auf die Schurtzschen Konstruktionen zurück. Um nämlich auch in Friedenszeiten nicht zurückzufallen in die Alltäglichkeit des Familienlebens, sprich, um kein soziales ›Weib‹ zu werden – und alle »Nichtwaffentüchtigen gelten als Weiber und werden in der Sprache primitiver Völker auch ausdrücklich als solche bezeichnet«[471] – bedarf es zweierlei: der Rituale der Initiation und der Institution des Männerhauses bzw. des Männerbundes. Weber würdigt den Volkskundler direkt, wenn er ausführt: »Das von Schurtz so liebevoll studierte, in den verschiedensten Formen über die ganze Welt verbreitete Männerhaus ist eines derjenigen Gebilde, zu denen eine solche Vergesellschaftung der Krieger, in der Schurtzschen Terminologie: ein Männerbund, führen könnte.«[472] Interessant ist darüber hinaus der Vergleich, den Weber im Verlauf seiner Ausführungen zum Männerbund zieht: »Das [...] Männerhaus [...] entspricht«, so Weber, »auf dem Gebiet politischen Handelns bei starker Entwicklung des Kriegerberufs fast vollkommen der Mönchsvergesellschaftung des Klosters auf religiösem Gebiet.«[473] Hatte der Soziologe bereits in seiner Herrschaftssoziologie den charismatischen Verband auch als »Gemeinde«[474] und »emotionale Vergemeinschaftung«[475] bezeichnet, so gründet auch im tribalen Zusammenhang die genuin charismatische Herrschaft auf »höchst persönlichen Erlebnissen von himmlischer Gnade und göttergleicher Heldenkraft und [damit auf] der Ablehnung der Bindung an alle äußere Ordnung.«[476] Charisma bewährt sich in den kriegerischen Aktionen durch heldenhafte Taten des Führers, Mut, Todesbereitschaft und Tötungsgewalt. Als emotionale Macht schweißt Charisma auch hier den Verband zusammen, es ist »revolutionär alles umwertend und souverän brechend«[477].

Die Frage nun, worauf die Macht des Charismas beruht, beantwortet Weber ausdrücklich nicht durch Rückgriff auf die außeralltägliche Macht des mannmännlichen Eros. Dabei hat sich Weber bei der Definition seines drittes Idealtypus von Herrschaft sehr weit in Richtung Männerbund bewegt. »Alles«, so Sombart, »was er über charismatische Herrschaft sagt – über ihren nicht-rationalen, nicht-traditionalen, ›außeralltäglichen‹ Charakter, gestiftet durch eine außergewöhnliche Führerpersönlichkeit, in ihrer Dauer von deren Einfluß und Erfolg abhängig – trifft [...] auf den Männerbund zu und entspricht den Analysen Blühers.«[478] Weber hat sich allerdings sehr wohl Gedanken darüber gemacht, auf welcher Kraft das Charisma beruht. In einem dritten Ansatz seiner Charismatheorie greift der Soziologe erneut auf tribale Magie- und Kultformen zurück. Charisma wird von ihm in seiner Religionstheorie mit *mana* gleichgesetzt, welches ein indigenes Konzept ist und soviel bedeutet wie ›sakrale übermenschliche Macht‹, ›Energie‹. Die ambivalente Erfahrung dieser Macht, verstanden als Verkörperung der, so Martin Riesebrodt, »existentiellen Dimension des Außeralltäglichen«[479], stand für den Ethnologen und Religionstheoretiker Robert R. Marett am Anfang der Religionsgeschichte; aus ihr seien die frühesten rituellen Konstruktionen von ›Religion‹ und ›Magie‹ hervorgegangen.

Hatte Weber den alleinigen Bezug auf prophetische oder christliche Religion bereits in seiner Herrschaftssoziologie dadurch aufgegeben, daß er auch Kriegshelden, Berserker und Schamanen als charismabegabt bezeichnete, so verschiebt sich im Rahmen seiner Religionstheorie das Konzept nun auch auf ›außeralltägliche‹ Dinge und Situationen. Er benennt jetzt sogar Charisma repräsentierende und vermittelnde Zustände, allen voran die »rituelle Ekstase«. Auch der Laie, nicht allein der Priester, kann an diesen außeralltäglichen Zuständen teilnehmen, denn »die soziale Form, in der dies geschieht, die Orgie«, ist für Weber zugleich »die urwüchsige Form religiöser Vergemeinschaftung«[480]. Die Rede von rituellen Situationen, die für eine Gemeinschaft Charisma herzustellen vermögen, ist zunächst verwirrend. Auf den ersten Blick scheint dieses Charismamodell zudem nichts mit dem bekannteren Modell aus der Herrschaftssoziologie gemeinsam zu haben – zeichnete sich doch die charismatische Herrschaft dort vor allem durch ihre personengebundenen prophetischen, ja revolutionären Potentiale aus. Von einer heroischen Führerpersönlichkeit ausgehend, wirkte Charisma auf eine kleine Gefolgschaft. Als genuin außeralltägliche Kraft nahm der charismatische Verband von der Peripherie aus Einfluß auf das Zentrum der Gesellschaft. Im zweiten Charismamodell Webers haben wir es jedoch mit rituell herstellbaren oder von Zauberern und Priestern im kultischen Zentrum eines Stammes manipulierten unpersönlichen Mächten zu tun. Um diese theoretische Kluft in den Konzepten des Soziologen zu überbrücken, hat Martin Riesebrodt mit Recht auf die damals unter europäischen Religionsforschern vorherrschende »Anschauung von einer Dominanz des ›Affektuellen‹ in ›primitiven‹ Gesellschaften«[481] hingewiesen. Auch im zweiten Charismamodell verbirgt sich damit eine normzerbrechende, transgressive Qualität. Sie liegt in Webers Deutung der rituellen Ekstase verborgen. Charisma als kollektive Erlebnismöglichkeit einer *face-to-face* Gesellschaft im Kult schafft zwar keinen revolutionären Wandel. Hier geschieht keine Umwälzung aller normativen Verhältnisse im Sinne prophetischer Kritik. Die rituelle Produktion von Charisma ist jedoch identisch mit einer kollektiven Transgression im kultischen Zentrum der Gesellschaft. Trotz grundlegender Unterschiede im religionssoziologischen Ansatz sind an dieser Stelle die Parallelen zu Emile Durkheims Konzept der gesellschaftsbildenden rituellen ›Kollektivbegeisterung‹[482] nicht übersehbar. Immer da, wo in den soziologischen und religionswissenschaftlichen Theorien der frühen Moderne eine archaisierende Erklärung gewählt wird, geht es, das hat Hans Kippenberg[483] herausgearbeitet, um brisante, das heißt ›neue‹ moderne Wahrnehmungen und Erfahrungen. An dieser Stelle seiner Religionssystematik entwickelt Weber nun im Medium der Konstruktion frühreligiöser Gemeinschaftskulte zugleich eine moderne Massenpsychologie *en miniature*. Es geht um affektuelle Vergemeinschaftung. Dabei ist freilich, das gilt für Weber ebenso wie für Durkheim, eines sicher: der die Massen bindende Affekt ist keinesfalls homoerotisch grundiert.

Mit der Ambivalenz seines Charismamodells hat Weber seismographisch sowohl die große Rolle moderner Sektenreligiosität mit ihren ›methodistischen Ekstasen‹ wie die auf ›entzaubertem Charisma‹ beruhenden Tendenzen der modernen Demokratisierung erkannt. Er hat allerdings ebenso auf eine zunehmende Relevanz außeralltäglicher Formen von voluntaristischen Gemeinschaften, Geheimgesellschaften und Bünden reagiert, wie sie sich bereits im Zweiten Deutschen Kaiserreich andeuteten und in der Weimarer Republik zu einer, nun militarisierten, halböffentlichen Gegengesellschaft avancierten. So hat Weber selbst besonders nach 1918 »die Rolle des Charisma im politischen System aufgewertet«[484]. Er bekundete damit nicht zuletzt seine »Erkenntnis, daß die Moderne nicht nur im Zeichen der Bürokratisierung, sondern auch in demjenigen der Demokratisierung steht«[485], und daß dabei populistische und personalplebiszitäre Tendenzen eine zunehmende Rolle spielen.

In der neuesten sozialhistorischen Untersuchung zu den nach 1918 immer bedeutsamer werdenden Freikorps und den faschistischen Kampfbünden erfährt der Webersche Begriff des Charismas, ebenso jedoch der Blühersche Begriff des Männerbundes, eine weitere politische Konkretisierung. Dabei kommt den auf reichem Quellenmaterial beruhenden Untersuchungen von Sven Reichardt eine Methode zugute, die mit einem von den Handlungen ausgehenden praxologischen Ansatz das Augenmerk nicht so sehr auf Texte und Programme legt, sondern auf »politischen Stil und politische Aktionen« ebenso wie auf die »Organisationspraxis«[486] der Bünde. Insbesondere die frühe SA, so der Autor, die das Jugendpathos von der Jugendbewegung übernahm und deren Durchschnittsalter bei etwa 23 Jahren[487] lag, pflegte ein emotionalisiertes Politikverständnis, das die »bündische Gemeinschaft aus Abenteurern, den Appell an einen disziplinierten Heroismus und die Hinwendung zu Gewalt und Straßenaktionen«[488] mit einem ästhetisierenden Jugendkult verband. Im Zentrum dieses Kultes einer vaterlosen Generation von Kriegskindern stand der vitale Held als ›Führer‹. Die frühen Gruppierungen der SA gehörten meist der Generation der um 1900/1907 Geborenen an, die am Ende des Krieges in ihrer reiferen Kindheit standen.[489] Obwohl sie also nicht zur Generation des vielbeschworenen Fronterlebnisses zählten, war die krisenhafte Erfahrung des Krieges für sie prägend gewesen. Sie hatten durch Entbehrungen und Verluste gezeichnete Kinderjahre an der ›Heimatfront‹ erlebt. Dabei wurde in einer quasi ›familienlosen‹ Kindheit der »›Gruppengeist der Straße‹ und die Sozialisation in Gleichaltrigengruppen«[490] bestimmend. Hinzu kam, daß auch für die Kriegskinder die Niederlage nach dem Krieg schwer zu verarbeiten war. Das galt selbstverständlich ebenfalls für die Jugendlichen, die sich nach 1918 im Rahmen der bürgerlichen Wandervogel-Jugend organisierten. Auch hier wurde man nach dem Krieg ›militärischer‹ und ›bündischer‹ und beschwor den ›Frontsozialismus‹, der die »klassenlose Volksgemeinschaft«[491] der Zukunft vorweggenommen habe. Ein späterer Wortführer dieser Wandervogel-Generation und Gründer

der ›männerbündischen‹ *Deutschen Jungenschaft*[492], Eberhard Koebel, auch *tusk* genannt, publizierte »1925 – als 17jähriger – eine Klage derer, die ›zu spät‹ gekommen seien: ›Könnt Ihr Euch noch entsinnen, Kameraden, an die Zeiten, da Deutschland groß und mächtig war. Wie ein Traum aus früher Jugend sahen wir im Geist noch die schwarz-weiß-rote Fahne siegreich und groß [...]. Die Alten können uns noch vom großen Reich erzählen [...], sie können uns noch berichten vom mächtigen Kaiserreich und vom heiligen Krieg, von 1914 und von den Siegen [...]. Und wir? Wir Jungen, wir Neuen? Wir, die wir damals Kinder waren? Wir sind dazu verdammt, zu spät gekommen zu sein, wir durften nicht mehr fürs Vaterland kämpfen [...].‹«[493] Dort, wo die Jugendbewegung ihre Enttäuschung über die Weimarer Republik und ihre Sehnsucht nach einem ›Jungenreich‹ in abenteuerlichen Fahrten, Heldenverehrung, einsamen Lagerfeuern und bündischen Phantasien, Symbolen und Kulten ausdrückte, da wollten die jungen Männer, die sich der SA anschlossen, den Krieg auf ihre Weise zu Ende kämpfen. Die Beteiligung am ›Nachkriegs-Krieg‹ beispielsweise auf den Straßen Berlins wurde aber auch als Flucht vor den Depressionen der Arbeitslosigkeit[494] »wie ein Initiationsritus herbeigesehnt«[495]. Dabei boten die frühen Gruppierungen der SA, so Sven Reichardt, einen außeralltäglich agierenden Familien- und Arbeitsersatz. Sie organisierten sich zunächst meist spontan und freiwillig. Oft waren sie aus Freundschaftsbünden gebildet und in halblegal arbeitenden Netzwerken organisiert. Vor allem spielten jedoch die kollektiv durchgeführten Gewaltakte für die Gruppe eine kohäsionsstiftende Rolle. Reichardt interpretiert nun diese ›Bünde‹ als charismatische Verbände, in denen der Führer »eben nicht allein durch repressive Autorität und Despotie herrschte, sondern der beständigen populistischen Akklamationen von unten bedurfte. Das unterschied die *Faschistischen Kampfbünde* von traditionellen rechten Verbänden und Organisationen. Der emotionale Zusammenhalt trat an die Stelle der durch Strafgewalt erzielten Kohäsion. Charisma meinte ein Prinzip kameradschaftlicher Hierarchie, in der sich die Führer gegenüber ihren Untergebenen bewähren mußten.«[496] In Reichardts detailgenauen und weitgehend auf neuem Quellenmaterial beruhenden Studien zu Praxis, Stil und Innenleben der SA-Bünde kristallisiert sich zudem eine im außeralltäglichen Verband ›alltägliche‹ homoerotische Tendenz als Bindemittel der Männerverbände heraus.[497]

5.4.3. Der Männerbund als performative Kult-Gemeinschaft

Für Hans Blüher, dem es nicht um Massenpsychologie oder eine Theorie plebiszitärdemokratischer Herrschaft, sondern um Männerbundpsychologie und elitäre Staatslehre geht, handelt es sich bei der unbewußt wirksamen emotionalen Macht im Männerbund eindeutig um den mann-männlichen Eros. Aus ganz anderen Gründen jedoch als bei den genannten Soziologen ist es Blüher auch um Religion und das Heilige zu tun. Denn die mann-männliche »Erotik verbindet sich stets mit einem Überschwang des Menschlichen. [...] Sie ist niemals an begreifbaren Nützlichkeiten orientiert, sondern immer bleibt ein rauschhaftes oder weihevolles Ereignis ihr Wesentliches. [...] Es staut sich in Männergesellschaften etwas, was sonst nirgends vorkommt: in den Stunden der höchsten Ladung entsteht der *Bund*, der zwecklos ist und zugleich von tiefstem menschlichem Belang.«[498] Das Antlitz des ›Heiligen‹ nimmt allerdings schärfere Züge an, verfolgt man den theoretischen Weg vom Männerbund zum Staat. Eine männerbündisch fundierte Staatstheorie ist nach Blüher bestrebt, »den Staat so hoch wie möglich zu stellen, in ihn das ganze Menschentum zu gießen und den Einzelnen einfach vor ihm verschwinden zu lassen; diese Auffassung heißt *sakral* [...].«[499] Das Sakrale hat für Blüher dabei durchaus viel mit dem Kultischen, besonders mit dem Opfer zu tun, denn »daß der Mensch den Staat zuweilen heilig nimmt und sich für ihn opfern kann, das ist das Entscheidende.« Dieses »Entscheidende« jedoch hat einen unbewußten, affektiven Kern, das ist »der Wille zur Hingabe an eine übergeordnete Gemeinschaft.«[500] Um den Urgrund der menschlichen, besser der männlichen Staatenbildung zu erforschen, so betont Blüher kritisch gegen Heinrich Schurtz, muß man die Soziologie mit der Psychologie verbinden. Denn dort, wo der Soziologe »Bewußtseinsinhalte mit anderen Bewußtseinsinhalten [...] deutet, [...] bleiben ihm die Wurzeln der soziologischen Formgebung verborgen«; er benötige vielmehr die Sicht auf die »sexulogische Ebene« und »die Technik der analytischen Psychologie, die sich gerade auf die unklaren und verwirrten Bewußtseinsinhalte wirft.«[501] Wie in der Weberschen Konstruktion von charismatischer Herrschaft sind es nicht die durch Blutsverwandtschaft und uralte Traditionen vorhandenen Bindungen, auf denen die Männerbünde beruhen, sondern es ist der freie, intentionale Impuls der einzelnen, der sie in Gruppen zusammenführt. Im Gegensatz zu den bürgerlichen Vereinen, Parteien oder Aktiengesellschaften bildet den Kern dieser Verbände jedoch auch nicht ein zweckrationales Interesse oder eine vertragliche Übereinkunft, sondern »ein irrationales Element«, das zugleich ein »schwerwiegendes Schicksal«[502] ist. Im Männerbund, so Blüher, werden nicht »Einzelwesen, bei der jedes einzelne bleibt«, was es vorher war, sozialisiert wie in der »Herde«[503] – dies ist sein pejorativer Begriff für die liberale demokratische Gesellschaft. Ganz im Gegenteil, wie in der natürlichen *Gemeinschaft* wird im Männerbund der »*Wesenskern des Einzelnen [...] mit dem Wesenskern der Gattung*«[504] verbunden. Das geschieht freilich nicht durch bewußtloses, ja fast naturhaftes Verbundensein über uralte Traditionen und Gewohnheiten, sondern durch etwas *Neues* und gegenwärtig Erfahrenes. Dabei handelt es sich vor allem um die erotische Attraktion des *Führers* und die gemeinsamen emotionalen Erlebnisse von Freundschaft und Kameradschaft, die den Männerbund fundieren. »Es ist *ein* großer Eros«, nämlich der mann-männliche, welcher somit für Blüher auch »im tiefsten Untergrunde des menschlichen Staatstumes rauscht.«[505] Wie dem Führer völlige Hingabe und Gefolgschaft gebührt, so gehört zum kommenden neuen »Staate die mögliche Belanglosigkeit des Einzelwesens, der Dienst am Ganzen, und das Opfer.«[506] Im Gegensatz zu Heinrich Schurtz, in dessen Utopie einer liminalen *communitas* die Figur des charismatischen Führers erst bei der Verwandlung der Initiandengruppe in eine Kriegergruppe auftritt, ist die Führergestalt für Blüher zentral. Die Rituale und Zeremonien freilich, durch die ein normaler Junge zu einem Mitglied des Männerbundes wird, beschreibt Blüher ausführlich am Beispiel der Initiation in den Freimaurerorden und andeutungsweise in seiner Schilderung des frühen *Wandervogel.* Immer stehen die Homoerotik und die charismatische Attraktion des ›Führers‹ im Zentrum des Prozesses. In seiner Autobiographie notiert Blüher: »Die Existenz der Männer-Jugendbünde – sofern sie nicht bloße Zweckverbände sind und den Namen Bund nicht verdienen – ist verursacht durch die Männerhelden und ihre Varianten. Nimmt man diese heraus, so bricht alles zusammen.«[507] Mit Figuren wie Jesus und Zarathustra im Hintergrund geht Blüher in seiner Schrift *Führer und Volk in der Jugendbewegung* von 1924 so weit, alle Aktivität der Vergemeinschaftung vom Führer aus zu denken. Das geschieht in direkter Umkehrung demokratischer Wahlmodi: »Eine politische Gesinnung«, so spielt Blüher auf seine liberalen Gegner an, »welche meint, ein Führer würde dadurch Führer, daß das Volk ihn dazu bestimmt, kehrt das Wahlverhältnis um, und meint mit Führer Interessenvertreter und mit Volk Menge. Das Gegenteil ist der Fall: Das Volk wird dadurch Volk, daß ein Führer es erwählt.«[508]

Bereits in den sich spontan um einen charismatischen Führer, den ›Männerhelden‹ sammelnden Wandergruppen waren Momente der Außeralltäglichkeit, des Gefühlsüberschwangs und nicht zuletzt der kultischen Dramatisierung von Gemeinschaft bestimmend. Bei der theoretischen Konstruktion des Männerbundmodells durch Heinrich Schurtz und Hans Blüher wurde zudem an indigene Initiationsrituale und ihre kultische Inszenierung von ›Liminalität‹ angeknüpft. Die Jungen- und Männerbünde waren Schwellenphänomene, sie standen praktisch und theoretisch außerhalb der bestehenden gesellschaftlichen Institutionen. Zuerst zelebrierte man die Sonderstellung der Männerbünde im Hinauswandern in die ›freie‹ Natur, dann nahm der Krieg, besonders das gemeinsame Erlebnis des Krieges, diesen liminalen, nun mehr und mehr sakralisierten Raum ein. Nach 1918 war es dann das »innere Erlebnis« (Jünger) einer ideellen Frontgemeinschaft, welches nun aus dem liminalen Raum auftauchte und zur bindenden Grundlage eines antirepublikanischen, im Kern performativen Gemeinschaftsmodells beschworen wurde. So wollte nicht allein Ernst Jünger in den Gräben des Ersten Weltkriegs den »Geist der männlichen Gemeinschaft« erlebt haben, eine »große, gemeinsame Kampffront, deren Form auch die Form des neuen Staates werden soll.«[509] Jünger spricht zugleich für Tausende von Freikorpssoldaten, die die Niederlage Deutschlands genauso wenig akzeptierten wie die Weimarer Republik und die in der Halblegalität gewalttätiger Männerbünde ›ihren Krieg‹ an der ›inneren‹ Front und im Osten fortsetzten. Überraschenderweise wird nun allerdings von konservativ-republikanischer Seite versucht, die Erfahrung der mann-männlichen Frontgemeinschaft als ein politisches Modell für die Republik zu retten. So versucht kein geringerer als Thomas Mann in seiner bereits andernorts erwähnten Rede mit dem Titel *Von deutscher Republik*, den republikanischen Staat von Weimar als das eigentliche Geschöpf der Augustbegeisterung von 1914 zu beschwören. Sie, die Republik, so Mann, sei Produkt »der Stunde begeistert todbereiten Aufbruchs – damals stellte sie in eurer Brust sich her, [...] in Euch entstand er [der neue Staat], in eurer flammenden Gemeinschaft beruhte sein Leben, ihr wart die Republik [...].«[510] Und es ist für Thomas Mann auch die Zone des mann-männlichen Eros, »in der das allgültig geglaubte Gesetz der Geschlechterpolarität sich als ausgeschaltet, als hinfällig erweist«[511], es ist dieser Eros, auf dem die Republik wie auf der »Liebe von Kameraden«[512] basieren sollte. Gleichgültig, welche ideologische Konkretion das Männerbundmodell nach 1918 erhalten hatte – es etablierten sich bündische Formationen und Kampfbünde parteiübergreifend –, immer bildete das *Performative*, also der oft rituell-kultische Vollzug von Handlungen, ebenso wie die Dramatisierung von Körperlichkeit und die Wahrnehmung rauschhafter und verwandelnder Emotionalität ein zentrales Moment ihrer Konstitution.[513] Noch ganz vom Zauber des Eros gefangen, trifft Blüher in *Die Rolle der Erotik in der männlichen Gesellschaft* gleichwohl das Neue dieses sozialen Modells homosozialer Inszenierungen, wenn er das »Erlebnis« betont: »Die männliche Gesellschaft ist ein Erlebnis, und in ihm ist das Gefühl der *Willenssteigerung* enthalten. Die Männer und Jünglinge, die in einer männlichen Gesellschaft stehen, haben das tiefe Bewußtsein, daß die Kraft, die aus ihnen durch das Leben in der Gemeinschaft entsteht, *stärker* ist als die zusammengezählten Kräfte der Einzelnen«, und er fährt fort: »Dies ist ja eben die eigentliche und zauberhafte Rolle des Eros, daß er die Berechnungen überflügelt und mit einem Schlage aus einer Mehrzahl einzelner Menschen einen *lebendigen Organismus* [Hervorhebung U. B.] schafft, der sein eigenes Leben hat.«[514]

Es war allerdings erst der Soziologe Herman Schmalenbach, selbst dem George-Kreis nahestehend, der das Männerbundmodell als dritte Variante der Vergemeinschaftung auch im Rahmen der Soziologie etablierte. Dabei strich er kurzerhand die Geschlechterzuschreibung. Auf diese Weise stand nun als dritter Begriff neben den von Ferdinand Tönnies in die Debatte geworfenen ›Gesellschaft‹ und ›Gemeinschaft‹ eine ursprünglich theologisch bedeutsame Kategorie: der Bund. Wie Blüher wollte auch Schmalenbach die Autonomie des Bundesmodells hervorheben. Für ihn ist der radikalste Gegensatz des Bundes zur Gemeinschaft darin zu finden, »daß Gemeinschaft jenseits des bewußten Fühlens da ist; wenn es zu Gefühlen kommt, sind sie niemals primär fundierend, sondern immer sekundär und abgeleitet.«[515] Das psychische Sein und die ›naturhaft‹ anmutende Realität der

Gemeinschaft liege im »Unbewußten«[516] und Selbstverständlichen. Für den Bund hingegen, der nicht vom traditionell oder von den Vätern Überkommenen lebt, sind im Gegenteil »aktuelle Gefühlserlebnisse konstitutiv«[517]. So »lodern die Jünglinge, die gemeinsam ein hohes Ideal umschwärmen, in einem ›Bunde‹«[518]. Bedingt durch die bedeutende Rolle von intensiven Gefühlserlebnissen, weist der Bund nach Schmalenbach, der an dieser Stelle deutlich einer phänomenologischen Religionstheorie folgt, eine große Nähe zum Religiösen auf, denn auch Religion basiere auf fundamentalen »Gefühlserlebnissen« und sei ursprünglich »ekstatisch-orgiastisch«[519]. Die Form von Religion freilich, die den Bund erschafft, sei nicht allein privat und Sache des Einzelnen, sondern basiere auf der Ergriffenheit eines Kollektivs. Diese ursprüngliche Ergriffenheit sei es, die im Bund die »Individuen zusammenschweißt«[520]. Im Gegensatz zur modernen Gesellschaft, die die wesentliche Separiertheit der Individuen voraussetzt, sind es im Bund »emotionale Gefühlswogen, oft rauschhaft aus dem ›Herzen‹ oder der ›Seele‹ quellende Ströme des Liebens (oder des Hassens) und gemeinsamer Begeisterungen, die den ›Bund‹ tragen.«[521] Ist für Schmalenbach im Grunde jede Religion am Anfang ein charismatischer Bund gewesen, so erhalten auch die neuen Freundschafts- oder Männerbünde seiner Zeit im Gegenzug ein sakrales Gepräge. Die den Bund begründenden Gefühle können nämlich, so Schmalenbach, zentral »auf einen Gott, einen Heros, einen Meister, ein hohes Ideal gerichtet sein, wenn sie nur dann oder daneben auch Genossen umfangen.«[522] Das *tertium comparationis* der soziologischen Konzepte von Max Weber und Herman Schmalenbach mit den Ausführungen Hans Blühers liegt demnach in der Betonung des ›Ergriffenseins eines Kollektivs‹, sei es durch einen charismatischen Führer, sei es im kultischen Geschehen. Immer jedoch handelte es sich um einen ekstatischen Erlebnisgehalt im Prozeß der Vergemeinschaftung.

Im Gegensatz zu den soziologischen Untersuchungen von Tönnies und Weber eröffnet sich allerdings in Blühers Männerbundtheorie ebenso wie in Schmalenbachs Bundestheorie eine deutlich ›ursprungsmythische‹[523] Dimension. So macht, wie Klaus von See betont, eine Sakralisierungstendenz in Blühers Werk den »Männerbund zur Keimzelle einer neuen Religion, eines neuen Reiches oder gar einer neuen Menschheit«.[524] Sowohl die Tendenz zur Sakralisierung des Männerbundes und seines homoerotischen Eros als auch seine christologische Lesart sind im Werk Blühers wirksam. Deutlich wird das am Ende seines Hauptwerks, wenn er den »obersten Männerbund« in Analogie zum Neuen Bund Christi und dem Urchristentum als eine »Ecclesia invisibilis der Wohlgeratenen und Treugebliebenen«[525] charakterisiert, den »*neuen Bund*«[526] als ein »Sakrament«[527] bezeichnet und an anderer Stelle gar von »Männerbundmysterien« und »heiliger Päderastie«[528] spricht. In der Blüherschen Inszenierung der »Bachanten unter der Führung Karl Fischers«[529] wird zudem die ethnologische Linie der stammesgesellschaftlichen Männerbünde mit den dionysischen[530] und dorischen Linien europäischen ›Heidentums‹ zusammengeführt. Obwohl Blüher im Männerbund ein elitäres, letztlich aristokratisches Modell von Vergemeinschaftung entwickelt, erhebt er dennoch den Anspruch, eine allgemeine Kultur- und Staatstheorie zu entwerfen. Nicht mehr die christliche Nächstenliebe und die jüdisch-christliche Moral sollen die Basis des neuen Staates bilden, sondern einzig die »Liebe zum Helden«[531]. Wie Nietzsche mit seinem Übermenschen, versucht auch Blüher unter Rückgriff auf die griechische Antike eine Wiedereinsetzung der Heroen. Die Faszination ihrer Souveränität und die ihrer Taten geht jedoch auch bei Blüher – darin nähert er sich seinem Zeitgenossen Carl Schmitt – nicht vom ›Guten‹, sondern von der Faszination des Verbrechens aus. Auf die Frage, von welcher Qualität die Taten der Helden sein werden, heißt es: »Es sind nicht jene Handlungen, die schon immer als gute formuliert sind (die zehn Gebote)«, sondern »jene, die aus dem Dunkeln kommen, die *schöpferischen* Handlungen«. Und es sind »diese großen, entscheidenden, *verbrecherischen* Handlungen«, die »durch das Bild des Helden«[532] zustandekommen. Blüher wollte eine allgemeine Kultur- und Staatstheorie entwerfen. Entwickelt hat er allerdings das Strukturmodell einer performativen, zugleich außeralltäglichen wie gegenparlamentarischen Form von charismatischem Männerbund. Besonders nach 1918 sollte sich ein großer Teil der Freikorpssoldaten und der männlichen Jugend in Deutschland unter unterschiedlichen Leitbildern und Ideologien in Bünden organisieren. Manche dieser Bünde, das hat Klaus Theweleit in Bezug auf die paramilitärischen Freikorps und zuletzt Sven Reichardt am Beispiel der frühen SA demonstriert, hielten sich selbst für eine (Gegen-)Gesellschaft in der und zur Weimarer Republik. Für sie spielte die kollektive Transgression, das heißt das gemeinsam verübte Verbrechen oder der Mord am politischen Gegner, eine zentrale Rolle nicht allein der Bewährung, sondern auch der Gemeinschaftsbildung.

Max Weber hatte in seinen Modellen charismatischer Herrschaft aus nüchterner Distanz zugleich die Krisenlage der Gesellschaft beschrieben, aus der heraus die charismatischen Verbände ihre ›revolutionäre‹ Kraft gewinnen. Gleichzeitig hatte er allerdings auf ihre ›Labilität‹, Vergänglichkeit und auf die Versachlichung des Charismas in der Demokratie verwiesen. Hans Blüher und Herman Schmalenbach dagegen versehen den (Männer-)Bund mit ursprungsmythischem Glanz, das heißt, die eigentlich modernen Organisationen werden als uralt und sakral kostümiert. Wie Heinrich Schurtz projiziert Blüher den Männerbund an den Beginn der Gattungsgeschichte und erklärt ihn darüber hinaus zur Keimzelle des neuen Staates. So abstrus diese Theorien uns heute erscheinen mögen, schweben sie nicht im politisch fernen Raum, sondern bekommen vor dem Hintergrund der Legitimationskrise der Weimarer Republik eine immense Brisanz. Gerade die Männerverbände, die sich nach 1918 in den paramilitärischen Freikorps und in der SA bündisch oder bandenähnlich organisieren, sind Ausdruck dieser Krise. In ihrer Selbststilisierung freilich wählen sie den Blüherschen Weg und bevorzugen neben der militärischen eine archaisierende Kostümierung.[533] Dabei gewinnt ihr außeralltägliches Handlungmodell, in dem transgressive Gewaltakte eine nicht unbedeutende Rolle spielen, seine spezifische Konnotierung durch den Zusammenhang mit dem Phantasma homogener Männlichkeit. Die misogyne Gefühlslage, besonders wenn sie zusammen mit der narzißtischen Fiktion homosozialer Reinheit auftritt und politisiert wird, macht nämlich immun gegen die familial organisierte Zivilgesellschaft. »Damit erhält diese Homosexualität«, so kommentiert Theweleit Blühers Ausführungen, »einen ganz besonderen Aspekt: sie bietet einen Zugang zur *Macht* –, der soldatisch-homosexuelle Kadett erhebt sich mächtig über das herrschende sexuelle Spießertum der öffentlichen Erziehung, der Familie, der Kirche.«[534] Diese ins Liminale zielende »Macht« wirkte als Attraktion zugleich in den männlichen Gesellschaften paramilitärischer Bünde und in diversen Geheimbünden und Subkulturen. War es doch vor allem die Sphäre der Überschreitung bürgerlicher Normen, die damals Inversion, Kameradschaftskult und antiparlamentarische Politik eng verknüpfte. Mit homosexueller Liebe hat das wenig zu tun, mit einer Krise hegemonialer Männlichkeit hingegen viel. So ist es nicht verwunderlich, wenn Thomas Mann in seiner bereits zitierten Rede diesen Zusammenhang eigens betont: »Heißt es nicht«, so fragt er seine jungen Zuhörer, »daß der Krieg mit seinen Erlebnissen von Bluts- und Todeskameradschaft, der harten und ausschließlichen Männlichkeit seiner Lebensform und Atmosphäre das Reich dieses [des mann-männlichen] Eros mächtig verstärkt hat«[535]. In der Fortsetzung seiner Argumentation hebt Mann als Antwort die Beziehung zwischen den rechtsradikalen Fememorden und den Freundschaftsbünden hervor: »Die politische Einstellung seiner Gläubigen pflegt nationalistisch und kriegerisch zu sein und man sagt, daß Beziehungen solcher Art den geheimen Kitt monarchistischer Bünde bilden, ja, daß ein erotisch-politisches Pathos nach dem Muster gewisser antiker Freund-Liebschaften einzelnen terroristischen Akten dieser Tage zu Grunde gelegen habe.«[536] Was Mann in der Folge vor allem unter Bezugnahme auf Hans Blüher in Frage stellt, ist die von Blüher als schicksalhaft entwickelte Verbindung von homoerotischem Männerbund und antidemokratischem Bewußtsein, denn der »Eros als Staatsmann«, so Mann, sei zwar eine seit der Antike vertraute Vorstellung, »aber zu seiner Sache und Parteiangelegenheit durchaus die monarchische Restauration machen zu wollen, ist im Grunde Unfug.«[537] Bei den erwähnten Morden allerdings spielt Mann »auf zwei konkrete Fälle an, die sich 1921 und 1922 ereignet hatten: auf die Morde an Matthias Erzberger und Walter Rathenau. Erzberger wurde am 26. August 1921 von zwei jungen Leuten auf einem Spaziergang in seinem Ferienort im Schwarzwald erschossen.«[538] Als Mörder wurden junge Männer ermittelt, die als Prototypen des ›soldatischen Mannes‹ gelten könnten: »Offizier im Ersten Weltkrieg, dann im Stab der Marinebrigade Ehrhardt.«[539] Das gleiche gilt für die Mörder des Außenministers Walter Rathenau. Auch hier waren alle Beteiligten nach dem Krieg Mitglieder der berühmt-berüchtigten Freikorps-Brigarde Ehrhardt und hatten zudem am Kapp-Putsch mitgewirkt.[540] Woher war Thomas Mann aber der homoerotische Grundzug dieser Bünde bekannt geworden? Hans Wisskirchen verweist auf die links-liberale Presse, denn dort »fanden sich zu Beginn der zwanziger Jahre immer wieder Berichte über homosexuelle Ausschreitungen von Hitler-Anhängern und anderen völkisch-monarchistischen Kreisen.«[541] Nun verfolgte die linke Presse in der Zeit von 1919–1933 eine regelrechte Kampagne mit dem Ziel, in der Öffentlichkeit das Schreckensbild des homosexuellen und potentiell gewalttätigen Nazi zu installieren. Und tatsächlich bewegten sich die männerbündischen rechten Organisationen eher in einem Zwischenreich antibürgerlicher Verherrlichung des Männerbundes und der frauenausschließenden Homosozialität.

In gewisser Weise nimmt Thomas Mann an der Stelle seiner Rede, wo es ihm um die national-völkischen Bünde geht, die Analyse Klaus Theweleits vorweg, der die gesellschaftliche Konstruktion des kriminellen ›Homosexuellen‹ als mögliches *Symbol* und Medium gewalttätiger Transgression deutete. »Eben dadurch aber«, fügt Theweleit völlig zu Recht einschränkend hinzu, »kommt die ›Homosexualität‹ dieser Art nicht dazu, eine Sexualität«[542] und eine Liebe zu werden. Sie ist vielmehr ein Bereich, in dem man anderen sein unbürgerliches Wesen beweisen kann. Diese politische Art der Männerbünde braucht daher eines vor allen anderen Dingen: Objekte des Hasses und Figuren des ›Weiblichen‹ als ihre Opfer. Einzig in diesem symbolisch-politischen Sinn gehören »Totalität und Homosexualität zusammen«, so Theodor W. Adorno 1944: »Während das Subjekt zugrunde geht, negiert es alles, was nicht seiner eigenen Art ist. Die Gegensätze des starken Mannes und des folgsamen Jünglings verfließen in einer Ordnung, die das männliche Prinzip der Herrschaft rein durchsetzt.«[543]

5.5. Der Männerbund und seine Feinde

5.5.1. Weiblichkeitsphobie zwischen Geschlecht und Charakter

Kein Männlichkeitsmodell, besonders wenn es Teil eines politischen Machtdiskurses ist, kommt ohne die Konstruktion eines Gegenübers aus, wobei man im Fall des Männerbunddiskurses sicherlich von der Konstruktion eines Feindes reden muß. Der ›Feind‹ hat allerdings ein doppeltes und zuweilen sogar ein dreifaches Gesicht. In ihm vermischen sich Figuren imaginärer Weiblichkeit mit solchen der Masse und des Jüdischen. Die Leitqualität des ›Anderen‹, der als Behälter für alles Abgespaltene und Verdrängte dient, wird jedoch, das hat Klaus Theweleit bisher unübertroffen herausgearbeitet, vom Angstphantasma eines dämonisierten ›Weiblichen‹ bestimmt. Wie Karin Hausen[544] bereits Ende der siebziger Jahre hervorgehoben hat, wurden die noch heute nicht veralteten bipolaren Geschlechtscharaktere – der Mann, der hinaus muß ins feindliche Leben, derweil züchtig im Hause waltet die Hausfrau – im letzten Drittel des 18. Jahrhunderts entwickelt. Diese frühe bürgerlich patriarchale »Polarisierung der Geschlechtscharaktere« [545] diente zwar bereits damals der Herrschaftslegitimation, »war dabei [jedoch] nicht antagonistisch, sondern komplementär, also auf die Idee der *Ergänzung* hin angelegt.« [546] Auch zeitigte eine derart im Privaten festgehaltene und kontrollierte Hausfrau, außer vielleicht in den Erzählungen E.T.A. Hoffmanns, wenig dämonische Qualitäten. Das ändert sich mit Breitenwirkung um 1900. In dem Maße, wie in dieser Umbruchszeit alte und neue Männlichkeits- und Weiblichkeitsmodelle aufeinanderprallen und die neue, berufstätige Frau als politisches und sexuelles Subjekt im privaten und öffentlichen Raum ihre Rechte fordert, beginnen sich auch die Geschlechtergrenzen zu verwischen. Ein verschärfter antifeministischer Männlichkeitsdiskurs – Schurtz spricht vom »Kampf der Geschlechter«, Blüher, im Anschluß an Nietzsche, gar von ihrer »Todfeindschaft« [547] – ist die Folge.

Der von konservativen männlichen Autoren ausgetragene ›Kampf‹ versteht sich nicht einfach als Antwort auf die Frauenbewegung, sondern ist vielmehr gegen die mit der Modernisierung einhergehenden imaginierten Gefahren einer sexuellen und politischen ›Kastration‹ gerichtet. Es geht um nichts weniger als um den durch die neuen revolutionären Massenbewegungen vermeintlich drohenden Verlust der männlich-bürgerlichen Machtdominanz und den Verlust von Differenz in einer ›verweiblichten Massenkultur‹. Diese Angstvision umfaßte eine politische, ebenso freilich eine affektiv-unbewußte Dimension. Bereits Bachofen hatte mit der Beschwörung einer matriarchalen, dionysisch-permissiven Kulturvision als demokratischem Urbild im »Mutterrecht« [548] 1861 den Anstoß gegeben und gleichsam einen Dominoeffekt ausgelöst. Insbesondere 1918, nach dem Zusammenbruch der patriarchalen Kaiser- und Zarenherrschaft [549], war es vor allem die ›gefürchtete‹ Freisetzung der weiblichen Sexualität, die sich mit Dekadenz und Demokratie imaginär verknüpfte. In der Tat konnte die mögliche und von den Arbeitermassen geforderte ›Gleichheit‹ aller in letzter Konsequenz auch die Gleichheit und Befreiung der Geschlechter bedeuten. Um die Jahrhundertwende beginnt diese Sexualisierung der Politik, die zugleich mit einer neuen Politik der Geschlechter korrespondiert, eine »Vielzahl von Diskursen zu inspirieren, von der Medizin zur Malerei, von der Literatur zur Psychoanalyse.« [550] Wie die 1905 in Dresden uraufgeführte Oper *Salome* von Richard Strauß mit tödlicher Konsequenz zeigt, birgt das Faszinosum des aktiven weiblichen Begehrens nicht allein die Vorstellung möglicher sexueller Libertinage, sondern auch die Angst vor dem Verlust männlicher Integrität und Macht.

In keinem anderen Werk der Jahrhundertwende freilich sind alle Erkenntnisse, Ängste und Abwehrformen des vielstimmigen Geschlechterkampf-Diskurses zugleich so pathographisch und seismographisch versammelt wie in Otto Weiningers Bestseller *Geschlecht und Charakter* von 1903. Als Sexualphobiker fürchtet Weininger besonders die Auflösung alter keuscher Männlichkeitsbilder und fragt, woher die moderne »Forderung des Sich-Auslebens, der Kaffeehausbegriff des Dionysischen [...] woher diese ganze moderne Koitus-Kultur eigentlich stammt«, um gleich die Antwort zu geben: »Sie ist als Ganzes mehr Dirnen-Emanzipation als Frauen-Emanzipation, und sicherlich ihren wirklichen Resultaten nach vor allem: ein mutigeres Hervortreten des kokottenhaften Elements im Weibe. Was neu erscheint, das ist das Verhalten der Männer.«[551] Diese nämlich seien dabei, sich den weiblichen Wertungen der Sexualität zu fügen, Männlichkeit nur noch ›sexuell‹ zu verstehen und nicht mehr ›rein‹ und ethisch. Obwohl er die These von der Bisexualität aufnimmt, sind für Weininger die Pole des Geschlechterkampfes klar: »W ist nichts als Sexualität, M ist sexuell und noch etwas darüber.«[552] Als Verkörperung der Sünde bedroht die Frau jedoch die gesamte Kultur, denn sie ist »der Gegenpol der Gottheit, die andere Möglichkeit im Menschen.«[553] Selbst Walter Rathenau, Weimars erster Außenminister, macht sich 1918 ähnliche Gedanken über den radikalen Sittenverfall in der Weimarer Republik, wenn er beklagt, daß »die Frau zur Vergnügungssucht« verführe und den »haltlosen Mädchensinn«, der in jedem Weibe schlummere, zum »Dirnensinn« verkehre: »Er trägt die Schuld«, so seine Angstphantasie, »daß negerhafte Urgelüste, durch Jahrtausende gebändigt, im Frauenleben unserer Zeit emporgestiegen sind, deren Schande und Not die Enkel entsetzen wird.«[554] Für Weininger hingegen ist eines sicher: Erlösung und Rettung der höheren christlichen Kultur kann es in diesem vaterlosen ›Endkampf der Geschlechter‹ nur in der absoluten Askese des Mannes geben, denn »wenn der Mann vom Geschlechte sich erlöst, [...] so, nur so erlöst er die Frau«[555]. Selbst die Keuschheit ist Weininger aber nicht sicher genug, und mit Paulus verlangt er am Ende seines sechshundertseitigen Werkes die Abschaffung und Aufhebung der Geschlechter, denn »so lange werde der Tod währen, als die Weiber gebären, und nicht eher die Wahrheit geschaut werden, als bis aus zweien eins, aus Mann und Weib ein drittes Selbes, weder Mann noch Weib, werde geworden sein.«[556]

Selbstverständlich ist auch das Werk von Hans Blüher, der allerdings die Sexualphobie Otto Weiningers nicht teilt, sondern sich gerne zum (bisexuellen!) Casanova stilisiert, durchdrungen von Frauenhaß und Weiblichkeitsverachtung. Spannend bleibt gleichwohl die Art und Weise seines mit Hilfe des Männerbundes durchgeführten Abwehr- und Kontrollunternehmens. Just in dem Moment, wo die Mädchen dabei sind, sich im *Wandervogel* durchzusetzen, beginnt Blüher als bekennender ›Antifeminist‹ seinen öffentlichen und privaten Kampf gegen die Emanzipation der Frau. Zuerst versucht er, die alte bürgerliche Geschlechterpolarität, in der die Frau allein das Geschlecht, den Eros und die Familie repräsentiert und der Mann den Geist und die öffentlichen Angelegenheiten, neu zu begründen und biologisch zu fixieren.[557] Insbesondere in seiner Männerbundtheorie geht er einen ›modernen‹ Schritt weiter in der Depotenzierung der Frau und der Abwehr des Weiblichen. Modern ist dabei vor allem das Moment von Selbstreflexion. Schon für Weininger bezog sich der Schock der Feminisierung nicht allein auf die ›äußere‹ Kultur und das Verhältnis der Geschlechter, sondern auch auf das ›Innere‹ des Mannes selbst. Das Beängstigende bei der Entdeckung der biologischen und psychischen Bisexualität, also nicht allein der »geschlechtlichen Undifferenziertheit der ersten embryonalen Anlage des Menschen«[558], war vor allem die Entdekkung des Weiblichen im Manne: »Darum gilt mit Recht nichts für gleich verächtlich, als der Weib gewordene Mann«[559]. Das imaginäre Weibliche als Repräsentant des (eigenen) Unbewußten aber umfaßte alle verhaßten Sehnsüchte und Gelüste, solche nach Hingabe und Lust, nach Auflösung und Vermischung. Für Hans Blüher, der seinem idealen ›Männerhelden‹ nachstrebte, galt es daher mit aller Macht, die Reinheit des Männlichen zu wahren. Gelebte Zwischenstufen oder gar die Verwirrungen einer völligen Umkehrung der Geschlechtscharaktere waren für ihn ›entartet‹ und ›krank‹. Blüher war liberal, dort wo er sich für die ›Normalität‹ der Inversion einsetzte, er blieb unfrei und voller Abwehr, wo er wie Weininger gegen die Figur des effeminierten Homosexuellen kämpfte. Doch es sind die ›Unreinen‹ und ›Gemischten‹, die auf mehr als eine Weise das Ausgeschlossene verkörpern. Das gilt auch für das Verdrängte des aristokratischen Männerbundes. Bereits eine hellsichtige zeitgenössische Theoretikerin des *Wandervogels* wie Elisabeth Busse-Wilson hatte 1920 konstatiert, daß die Beschwörung von vermeintlicher Homoerotik vor allem ein »Fluchtversuch vor dem Eros, das Ausweichen«[560] vor der »gefürchteten Macht der Geschlechtlichkeit«[561] sei, und dem kameradschaftlichen »Reinheitsverlangen«[562] der Jugendlichen entsprach. Das ›Männerbündlertum‹ war also nur ein Kompromiß. Freilich einer mit Gefahren, denn »durch die unterschiedslose Verherrlichung der mann-männlichen Liebe wurde wiederum mancher veranlaßt, diese bequemere Lösung dem konfliktreichen Kampf um die Gemeinschaft mit der Frau vorzuziehen.«[563]

Steht am Ende von Weiningers Reinigungsprojekt die Auslöschung des Weiblichen als ›Erlösung‹, so antwortet Blüher auf die Erschütterung des bürgerlichen Patriarchats und die Liberalisierung der Sexualmoral mit einem perfekten Kontrollmodell: dem Männerbund. Indem er von der libidinösen Grundierung des Männerbundes und der internen *männlichen Gesellschaft* ausgeht, entwickelt er ein soziales mann-männliches Eros-Modell, das sich vor allem narzißtisch selbst genug ist. Die in der alten bürgerlichen Geschlechterpolarität den Eros zwar nicht als Sexualsubjekte agierenden, aber sozial repräsentierenden Frauen sind auf diese Weise vollends entmächtigt. Die weiblich konnotierte Erospotenz allerdings wird als schöpferisches Bindemittel vom Männerbund angeeignet. In letzter Konsequenz wären die Frauen aus dem Sozialmodell eines männerbündisch fundierten Staates völlig ausgeschlossen. So ist es bezeichnend, wenn Blüher gerade den ›Willen zur Reinheit‹ der Männerbünde als ›Antifeminismus‹ tituliert. Die »Ablehnung jeder Fraueninvasion in die Männerbünde, deren einer der Wandervogel war«, so schrieb er bereits 1916 in seiner Schrift *Der bürgerliche und der geistige Antifeminismus,* sei die »antifeministische Mindestforderung«[564]. Die Extremform der sozialen und affektiven Frauenauslöschung gilt jedoch nach Blüher nur für die vollinvertierten ›Männerhelden‹. Die Mehrzahl der Männer in den Männerbünden, und dazu zählt sich der Autor selbst, spalten das »Grob-Sinnliche«[565] vom Feingeistigen ab, gehen mit ihrem geschlechtlichen Begehren zur Frau und mit dem Seelischen zu Männern.[566] Denn: »Menschen mit einer stärkeren Inversionsneigung tragen alle ihre feineren Liebesäußerungen zum eigenen Geschlecht: infolgedessen können sie sie nicht beim Weibe anbringen, das sie begehren.«[567] Der ganzen Beschwörung von mann-männlichem Eros zum Trotz bleiben Blühers Darstellungen im Grunde unliberal und verkrampft. Immer wieder muß er betonen, daß der *Wandervogel* keine »Spuren von Lasterhaftigkeit« an sich habe und alle »sexuellen Reizpotenzen schöpferisch umgesetzt«[568] würden. Für die politische Wirksamkeit von verdrängter und latenter Homoerotik hingegen beweist der Autor immer wieder ein seismographisches Gespür. So ist er davon überzeugt, daß der von elitären Männerbünden geleitete Staat der Zukunft selbstverständlich nicht funktionieren kann, wenn da nicht selbst beim »Familienvater deutliche Spuren der Sehnsucht nach den Männerbünden«[569] wären. In Blühers nun wieder eher kleinbürgerlich konventionellem Konzept eines männerbündisch organisierten und geleiteten Staates werden die Frauen dann nochmals im Sinne des besseren Gebrauchs und der reibungsloseren Kontrolle durch die Männer gespalten: in eine die Familie repräsentierende und damit den Erhalt der Gattung dienende enterotisierte Mutter (Penelopetyp) und eine ebenso sexuell attraktive wie im Grunde verachtete Hure für das ›Grob-Sinnliche‹ (Kalypsotyp). Nach Blüher sollte der ›voll entwickelte Mann‹ zum Zwecke seiner Luststeigerung und der Vermehrung seiner Gene grundsätzlich mehrere Frauen, unbedingt jedoch zwei ›besitzen‹. Wie auch immer der männerbündisch kontrollierte Staat der Zukunft hier ausgemalt wird, eines ist sicher: Die Homosexualitätsdebatte war um 1900 das bedeutendste Medium, in dem der Schock des Einbruchs der Sexualität in das alte patriarchale Männlichkeitsmodell und die Krise einer Grenzauflösung zwischen den Geschlechtern ausgetragen wurde. Der Homosexualitätsdiskurs wird auf diese Weise nicht allein im *Wandervogel* zum ›Gespenst‹, das sich zum Bauchredner des Verdrängten wandelt.

5.5.2. Von der Kuppelei zum ›Koitus überhaupt‹ Antisemitische Phantasien über die Weiblichkeit des ›Jüdischen‹

Bereits in seiner frühen Erostheorie, die von einer Spaltung ins ›Grob-Sinnliche‹ (Heterosexualität, Frauen, Familie) und ›Geistig-Sublimierte‹ (Homoerotik, Männerbund, Kultur) lebt, verbinden sich bei Blüher Misogynie und Antisemitismus. In seinem Kampf für den homoerotisch konnotierten Männerbund der ›heroisch-germanischen Art‹ stilisiert Blüher die jüdischen Homosexuellen wie Magnus Hirschfeld und seinen Kreis des *Wissenschaftlich-humanitären Komitees* in abfälligem Ton als effeminierte Homosexuelle. Diese »deformierten Männer«[570] seien im Gegensatz zu den Wandervögeln »entartet«[571]. Ihre »Rasseentartung«[572] bestehe nun aber darin, daß sie »durch eine überstarke Begabung an weiblicher Substanz gekennzeichnet«[573] seien: »Erscheinen doch sehr häufig dort [im *Wissenschaftlichen-humanitären Komitee,* U. B.] Männer in Frauenkleidung«[574]. Neben dem Makel der überstarken Effeminierung bezieht sich die Abwehr Blühers auf die unversteckte Präsenz der Sexualität und des Begehrens in den Kreisen um Hirschfeld. Speziell gegen die, mit seinen Worten, »rein phallische Orientierung der Homosexualität«[575] in diesen »liberal-jüdischen«[576] Kreisen ist Blühers Abwehr gerichtet. In seiner Autobiographie wendet er sich mit Grauen und Ekel vom »Klub der Entarteten«, wo er gar einen »Unteroffizier« in »Frauenkleidung« antreffen mußte, ab.[577] Im Unterschied zu dieser Form der verweiblichten und zugleich offen sexuellen und ›lüsternen‹ Homosexualität sei der Männerbund des Wandervogels ›rein‹. Er bestehe aus einem »stark betonten germanischen Rassetyp« und sei durch seine »heroische Note« völlig frei »von Feminität und Weichlichkeit«[578]. In seinem Hauptwerk *Die Rolle der Erotik in der männlichen Gesellschaft* erweitert Blüher das Feindbild des vom Weiblichen beherrschten Judentums auch auf den internen Männerbunddiskurs. Dort heißt es in einer Anmerkung paradigmatisch: »Mit den Juden steht es so: sie leiden an einer *Männerbundschwäche* und zugleich an einer *Familienhypertrophie.* Sie sind überwuchert vom Familientum und von der Verwandtschaft, was aber die Männer untereinander angeht, so gilt der Satz: Judaeus Judaeo lupus. Gefolgschaft, Bünde und Banden sind keine jüdische Angelegenheit.«[579] Juden und Frauen sind für Blüher grundsätzlich nicht zum Staat befähigt. Sie repräsentieren hingegen vor allem zwei ›gemischte Gesellschaften‹: Zuerst die von der Verwandtschaft und der weiblich beherrschten Sexualität bestimmte Familie und dann die unverbindliche, rationale und dabei nach Blüher zugleich ›tierische‹ Gesellungsform der Herde[580]. »Herde« nennt der Monarchist Blüher auch die sozialistischen und demokratischen Modelle gesellschaftlicher Organisation.

Auf ganz ähnliche Weise wie Blüher wurde auch Weininger durch die mit der Bisexualitätsthese verbundene schockartig einsetzende Selbstreflexion getrieben. Diese schlug, wie bei Blüher, schließlich in Abwehr um. Für Weininger war bedrohlich sicher, »daß der Mann alles in sich hat. [...] Er kann zur höchsten Höhe hinaufgelangen und aufs tiefste entarten, er kann zum Tiere, zur Pflanze, er kann auch zum Weibe werde, und darum gibt es weibliche, weibische Männer.«[581] Die gleiche Möglichkeit der Anverwandlung sieht der Autor gegenüber dem Judentum. Das Judentum ist für ihn demnach weder eine ›Rasse‹ noch ein ›Volk‹, sondern eine seelische Möglichkeit für jeden Menschen: »Man darf das Judentum nur für eine Geistesrichtung, für eine psychische Konstitution halten, welche für alle Menschen eine Möglichkeit bildet, und im historischen Judentum bloß die grandioseste Verwirklichung gefunden hat.«[582] Wie der virile Mann dem Effeminierten gegenüber, so stehe auch der moderne arische Mann dem Juden gegenüber: als einer psychischen Möglichkeit seiner selbst. Schon das Christentum habe das Judentum gebraucht, um sich gegen dieses zu definieren.

Weininger, das gehört zum Verständnis seines Werkes unbedingt hinzu, war Antisemit und selbst Jude. Er nahm sich kurz nach dem Erscheinen seines Buches erst dreiundzwanzigjährig das Leben. Antisemitismus und Misogynie treten bei ihm untrennbar in der These von der Weiblichkeit der Juden zusammen. Einleitend zu dem Kapitel *Das Judentum* schreibt er: »Es bereitet jedem, der über beide, über das Weib und den Juden, nachgedacht hat, eine eigentümliche Überraschung, wenn er wahrnimmt, in welchem Maße gerade das Judentum durchtränkt scheint von jener Weiblichkeit, deren Wesen einstweilen nur im Gegensatz zu allem Männlichen [...] zu erforschen getrachtet wurde.«[583] Am Ende seines Werks sieht Weininger Weiblichkeit und Judentum, die beide ohne Geist[584] und ohne Ich und darum ohne »Eigenwert«[585] seien, in der säkular-liberalen Moderne sich zusammenfinden: »Jüdisch«, heißt es dort, »ist der Geist der Modernität«[586]. Worin aber dieses ›Jüdische‹ der Moderne vor allem besteht, um das zu bestimmen, beginnt Weininger mit der konservativen Litanei vom Kultur- und Sittenverfall, um schließlich wie folgt zu enden: »Unsere Zeit, die nicht nur die jüdischeste, sondern auch die weibischeste aller Zeiten ist [...], diese Zeit hat auch den Ruhm, die erste zu sein, welche den Koitus bejaht und angebetet hat.«[587] Was für Blüher der jüdische Homosexuelle, ist für Weininger der jüdische Mann überhaupt: eine paradoxe Figur. »Weibischer« und damit »sexuell weniger potent als der arische Mann«, aber auch »weibischer« und daher »stets lüsterner, geiler [...] als der arische Mann«[588]. Es ist allerdings nicht die Sexualität an sich, sondern der Trieb und Drang zum ›Koitus‹ und zur ›Kuppelei‹, der für Weininger das ambivalente ›Wesen‹ des Weibes mit dem ebenso fragwürdigen ›Wesen‹ des Juden zusammenführt. »Es ist kein anderes als das Phänomen der Kuppelei«, so der Autor, »welches den eigentlichen, den tiefsten Einblick in die Natur des Weibes gestattet.«[589] Die Frau strebe zwar mit allem danach, »selbst koitiert zu werden«, aber das sei »nur ein Spezialfall ihres tiefsten, ihres einzigen vitalen Interesses, das nach dem Koitus überhaupt geht; des Wunsches, daß möglichst viel, von wem auch immer, wo immer, wann immer, koitiert wird«[590]. »Kuppelei« sei nun aber auch »eine organische Veranlagung der Juden«[591]. Nicht zuletzt ihr Unverständnis für alle Askese lege das nahe. Wie die ›Weiber‹ sei der ›ich-lose‹ Jude nicht zu einem »vom anderen Menschen [...] durch die Grenzen des Einsamen geschiedenes Leben«[592] fähig, sondern als »Grenzverwischer«[593] und »geborener Kommunist«[594] zugleich Massenmensch und Meister der »Formlosigkeit«[595]. Vor allem sei er jedoch Kuppler, denn »Männer, die kuppeln, haben immer Judentum in sich; und damit ist der Punkt der stärksten Übereinstimmung zwischen Weiblichkeit und Judentum erreicht«[596]. Wie das vermeintlich überstarke sexuelle Begehren der Juden, so bleibt in der affektgeladenen Vorstellung Weiningers auch das übermächtige sexuelle Vereinigungsstreben der Frau nicht im privaten Bereich stehen, sondern treibt über sich selbst hinaus aufs Soziale. Vom eigenen Koitus ausgehend, welcher in der Kuppelei zum Betreiben des »Koitus überhaupt« werde, strebe das Weib nach Vereinigung: »Ob sie nun als Mutter nach dem Ehebett verlangt oder als Dirne das Bacchanal bevorzugt, ob sie zu zweien Familie begründen will oder nach den *Massenverschlingungen* des Venusberges hinstrebt, sie handelt stets nach der Idee der *Gemeinschaft*, jener Idee, welche die Grenzen der Individuen, durch *Vermischung*, am weitesten aufhebt.«[597] Die Vermischungsangst, die Weininger an dieser Stelle äußert, macht zwar Anleihen bei antisemitischen und misogynen Diskursen, sie verweist gleichwohl auf ein allgemeineres soziales Ferment. Hier wird als Angst- und Abwehrphantasie zugleich etwas Grundlegendes über den sozialen Eros gesagt, der als libidinöses Bindungsstreben über die direkte sexuelle Vereinigung hinaus bis hin zum größten sozialen Verband die Beziehungen der Menschen fundiert. Nicht zuletzt in dieser zwischen Lust und Angst schwankenden Vision einer Auflösung des einzelnen in der Masse offenbart sich der dritte, nun direkt in der Massenerfahrung der Moderne angesiedelte Gegenpol des aristokratisch-elitären Männerbundes. Ein Gegenpol, der freilich weit mehr ist als das ›massenhaft‹ Andere, dem man sich verachtend gegenüberstellt.

5.5.3. Sogkraft und Zucht der Masse

Nicht zuletzt in der Figur des Rauschgottes Dionysos treten Phantasmen der Masse und der lustvollen Selbstauflösung im 19. Jahrhundert zusammen. So erscheint dieser Gott bei Bachofen als ein Repräsentant der an den Ursprung der Gattungsgeschichte projizierten Vorstellung einer ›femininen Urdemokratie‹, die die politische wie die erotische Befreiung der Geschlechter umfaßt. Spätestens seit Nietzsches Erfindung des ›Dionysischen‹ verkörpert sich, trotz seines Beharrens auf dem Ästhetischen, im maskierten Weingott und in seinem *thiasos* die grenzauflösende Ekstaseerfahrung inmitten erregter und bisweilen auch revolutionärer Massen. Diese tanzwütigen, von Eros und Gewalt getriebenen mythischen Verbände geistern seitdem als faszinierendes Schreckbild durch die Kunst und Literatur des späten 19. Jahrhunderts. Immer verlockend und gerade den sich Sträubenden mitreißend, verkörpern sie stets die Sehnsucht nach und die Angst vor Überschreitung. Wie nahe sich dabei allerdings zuweilen die vermeintlichen, freilich bereits bei Nietzsche im idealen Kunstwerk verbundenen, Gegenpole vom Dionysischen und Apollinischen ebenso wie die von Masse und Männerbund kommen können, das hat 1912 Thomas Mann in seiner Novelle *Der Tod in Venedig* vorgeführt. Für Nicolaus Sombart ist die Interpretation eindeutig: Thomas Mann hat ihm zufolge mit seiner kunstvollen Inszenierung des homoerotischen Eros und des Jünglingskultes in der Erzählung der »kulturellen Essenz des Männerbundes ihren höchsten künstlerischen Ausdruck«[598] verliehen. Das ist sicherlich richtig. *Der Tod in Venedig* liefert jedoch auch eine radikale Kritik am klassizistisch-apollinischen Eros- und Zuchtmodell des Männerbundes. Damit drückt die Novelle nicht allein seine ›kulturelle Essenz‹, sondern auch seine zentrale Ambivalenz aus. Thomas Mann führt minutiös und bisweilen in drastischer Überzeichnung die Aporie und die Gefahren des platonischen *Symposion*-Modells eines rein geistigen Eros und einer von der Sinnlichkeit zur Idee aufsteigenden Sublimierung vor. Dabei spielt die Tatsache, daß der Schriftsteller und Historiker Gustav Aschenbach zugleich als künstlerischer Repräsentant einer in die Jahre gekommenen ›Klassizität‹ und des Zweiten Deutschen Kaiserreiches gezeichnet wird, eine nicht geringe Rolle. Der Autor stellt demnach einen Mann vor, der nicht nur von »Männern abstammt, die im Dienste des Königs, des Staates, ihr straffes, anständiges karges Leben geführt hatten«, sondern der selbst als berühmter Künstler »gelernt hatte, von seinem Schreibtische aus zu repräsentieren«[599] und der es nicht ablehnte, »als ein deutscher Fürst«[600] angesehen zu werden. Dieser ›öffentliche‹ Mann scheitert auf dramatische Weise an dem auch von Hans Blüher in seiner Erostheorie bevorzugten Erhebungsmodell.

Daß sich an dieser Stelle allerdings die hegemoniale und die homoerotisch konnotierte Wiederentdeckung des Körpers sehr nahe kommen, hat nicht zuletzt mit beider Ursprung in Winckelmanns Statuenkult zu tun. Nun ist es freilich nicht der erhabene *Laokoon*, dessen Selbstbeherrschung und ›große Seele‹ mitten im höchsten Leid dem Künstler zum Vorbild dient, sondern die »Sebastian-Gestalt«[601] – und damit ein anderer, homoerotisch konnotierter »Heldentyp, den der Schriftsteller bevorzugte«[602]. Diese Gestalt war für Aschenbach zugleich »die Konzeption einer intellektuellen und jünglingshaften Männlichkeit [...], die in stolzer Scham die Zähne aufeinanderbeißt und ruhig dasteht, während ihr Schwerter und Speere durch den Leib gehen.«[603] Auf diese Weise ausgestattet mit dem antiken Erbe und um regelrechte Nachahmung und Vergeistigung bestrebt, versucht Aschenbach anfänglich, sich durch die Tugenden der »Zucht, sein eingeborenes Erbteil von väterlicher Seite«[604], vor den Reizen des irdischen Amor zu schützen und mit aller Macht »in Tadzios Gegenwart zu arbeiten, beim Schreiben [gleichsam] den Wuchs des Knaben zum Muster zu nehmen, seinen Stil den Linien dieses Körpers folgen zu lassen, der ihm göttlich schien, und seine Schönheit ins Geistige zu tragen«.[605] Ja, es schien ihm sogar so, daß die »vollkommene Schönheit« des Knaben diesen in eine Statue verwandle und sein Körper nicht aus Fleisch und Blut, sondern aus einem »klareren Stoff«[606] gebildet sei. Nicht weiches, begehrliches und vergängliches Fleisch sah er vor sich, sondern die verkörperte Idee von Schönheit und Kunst. Denn »welch eine Zucht, welche Präzision des Gedankens war ausgedrückt in diesem gestreckten und jugendlich vollkommenen Leibe!«[607] Je mehr und je drängender sich jedoch die Konturen der apollinischen Form auflösen und die Bilder der Träume zur sinnlich-sexuellen Tat antreiben, desto mehr geschieht zweierlei: Das apollinisch-reine Traumbild des ›ewigen Jünglings‹ und der Rausch des Betrachters treten in Beziehung zur todbringenden Cholera. Diese unheimliche Krankheit, »erzeugt aus warmen Morästen des Ganges-Deltas«[608] und eingenistet in dem »fauligen Geruch der Lagune«[609], verbindet sich für Aschenbach mit seinem geheimen sinnlichen Wunsch zu einer unwiderstehlichen Sehnsucht nach Rausch, Entfesselung der Sinne und schließlich nach Auslöschung. Überwältigt wird allerdings zuerst nicht die gesamte Person Aschenbachs, sondern seine kriegerisch-züchtige Männlichkeit, die als kämpferisches Bollwerk mit der apollinischen Kunstauffassung verknüpft war. Auf dem Grund der auflösenden, formlosen Erkenntnis der Sinnlichkeit angekommen, folgt das Bekenntnis zur Weiblichkeit des Künstlers: »[…] ja, mögen wir auch Helden auf unsere Art und züchtige Kriegsleute sein, so sind wir wie Weiber, denn Leidenschaft ist unsere Erhebung, und unsere Sehnsucht muß Liebe bleiben, – das ist unsere Lust und unsere Schande.«[610] Die Freigabe des Begehrens allerdings und die Lust, sich den Gefühlen ganz und gar zu überlassen, gestaltet Thomas Mann nicht in der Vision einer einsamen homoerotischen Vereinigung. Er wählt vielmehr die mythische Traumszene einer dionysisch erregten Orgie. So weitet sich letztlich im *Tod in Venedig* die nicht zugelassene homoerotische Vereinigung zur Metapher für den Wunsch nach allgemeiner Transgression aus, die am Ende nicht allein den Tod Aschenbachs, sondern den Tod des bürgerlichen Individuums nach sich zieht. Wie sehr freilich eine andere Sehnsucht nach dem Hinübersinken und Sich-Überlassen, die vom dionysischen Eros gereinigt ist, gesellschaftlich wirksamen werden kann, das hat Thomas Mann 1930 in seiner Erzählung *Mario und der Zauberer* thematisiert.

Das orgiastische Geschehen, welches im *Tod in Venedig* beschworen wird, macht allerdings noch deutliche Anleihen bei den von Dionysos und seinem Gefolge überlieferten Ekstasekulten, wie sie durch Friedrich Nietzsches Schrift *Die Geburt der Tragödie* 1872 wiederentdeckt und an den Beginn von Theater und Kunst gesetzt wurden. Thomas Mann greift freilich an dieser Stelle der Novelle weder direkt auf die Antike noch auf Nietzsche zurück, sondern auf die von dem Religionswissenschaftler und Nietzschefreund Erwin Rohde in seinem Buch *Psyche*

1894 entworfene Rauschdarstellung. Aschenbachs Traum ist dennoch von ganz eigenem Kolorit:

> Und in zerrissenem Licht [...] wälzte es sich und stürzte wirbelnd herab: Menschen, Tiere, ein Schwarm, eine tobende Rotte – und überschwemmte die Halde mit Leibern, Flammen, Tumult und taumelndem Rundtanz. Weiber, strauchelnd über zu lange Fellgewänder [...], Männer, Hörner über den Stirnen. [...] Aber alles durchdrang und beherrschte der tiefe, lockende Flötenton. Lockte er nicht auch ihn, den widerstrebend Erlebenden, schamlos beharrlich zum Fest und Unmaß des äußersten Opfers? [...] Und sie waren er selbst, [...] als auf zerwühltem Moosgrund die grenzenlose Vermischung begann.[611]

Obwohl Thomas Mann die Beschreibung der Dionysosekstase Rohdes[612] von der Anlage her übernimmt, verwandelt er den dort von ›rasenden Weibern‹ beherrschten Rausch in eine Männer, Knaben und ›Weiber‹ einschließende Orgie. Die Sexualisierung der Massenerfahrung durch Mann steht allerdings auch in Widerspruch zur Konstruktion der dionysischen Verwandlungs-Ekstase bei Nietzsche. Dieser hatte unter Bezug auf die Konventionen der attischen Tragödie kurzerhand aus dem weiblichen Mänadenschwarm des älteren Kultes einen rein männlichen Satyrchor gemacht.

Und neuerlich eröffnet sich – nun inmitten der literarischen Darstellung dionysisch inspirierter Gemeinschaften – die eigentümliche Figur einer Rauschkonkurrenz. Wurde der junge Cornet in Rilkes Prosagedicht zuerst zum Mann in der Festkultur und der Umarmung einer gleichsam mit dionysischen Kräften ausgestatteten Gräfin, so zog er ihr im Fall des männlichen Kampfes den imaginären und dabei selbsterregten narzißtischen Rausch des Sterbens durch die feindlichen Säbel vor. Auch der Volkskundler Thomas Achelis hatte 1902 in seinen Ausführungen über die kulturelle Bedeutung der Ekstase mehr oder weniger zwischen den Zeilen von zwei qualitativ völlig unterschiedlichen Ekstaseformen gesprochen: Auf der einen Seite stand die einsame, zu Gott oder einem Höchsten führende Seelenerhebung. Diese ›geistige‹ Ekstase war bei Achelis männlich konnotiert. Auf der anderen Seite standen die ›hysterische‹ Tanzwut bzw. die dionysischen oder ›teuflischen‹ Erregungskulte, in denen Frauen die Hauptrolle spielen und die, so Achelis, zu gefährlichen Massenerscheinungen werden können. Der Kultur- und Religionswissenschaftler erwähnt an zentraler Stelle auch Rohdes *Psyche*. Für ihn verwandelt sich die gefährliche Ekstase der weiblich konnotierten Masse allerdings in dem Moment in eine staatlich zu fördernde ›Erregung‹, wenn sich das Geschlecht der Masse wandelt, die sexuellen Aspekte des Rausches ausgelöscht werden und die Masse einen Führer bekommt. Im Heer mit seinem General sind dann ›gelenkter‹ Gefühlsüberschwang und idealistische Hingabe für das Vaterland durchaus positive Qualitäten.

Die Geschlechterspannung spielt allerdings nicht erst im 19. Jahrhundert, sondern bereits beim antiken Rausch zu Ehren des Dionysos eine Rolle. Erwin Rohde kommt den Überlieferungen der antiken Schriftsteller, allen voran den Beschreibungen dionysischer Ekstase durch Euripides in den *Bakchen*, am nächsten, wenn er die ›rasenden Weiber‹ des Dionysos, die Mänaden oder Bakchen zu den bedeutendsten Akteurinnen des wilden Kultes macht: »Meist waren es Weiber, die bis zur Erschöpfung in diesen Wirbeltänzen sich umschwangen. [...] Dabei war äußerste Erregung der Zweck, den man erreichen wollte, um mit dem Stiergott selbst in Verbindung zu treten.«[613] Das sehnsüchtige Wort vom ›fremden Gott‹, das Thomas Mann seinen Aschenbach vor dem eigentlichen Traumbild beschwörend sprechen läßt, weist freilich auch auf Nietzsche. Wo Thomas Mann nun die entgrenzende Orgie und die allgemeine ›Vermischung‹ imaginiert, feiert Friedrich Nietzsche die mann-männliche Ekstase des Satyrchores. Hatte noch sein Baseler Kollege Bachofen unter dem Zeichen eines mit Aphrodite verbundenen Dionysos »das Gesetz der Demokratie, der ununterschiedenen Masse«[614] heraufziehen sehen, so ›reinigt‹ Nietzsche das Dionysische sowohl vom Politischen als auch vom Orientalisch-Weiblichen. Die »Bakchen« erscheinen bei ihm, sublimiert zum Muster ›edler Sittlichkeit‹, nur noch peripher. Gleichwohl ist auch bei Nietzsche ein zwischen Archaik und Moderne oszillierendes Modell von Kollektivität zentral: der tragische Chor. Ursprünglich war die Tragödie, so formuliert er gleich zu Beginn, »nur Chor und nichts als Chor«[615]. Obwohl Nietzsche den Chor an mehreren Stellen einfach als »dionysische Masse«[616] oder einfach als »Masse«[617] bezeichnet und in seiner Utopie eines ›ekstatischen‹ und ›verwandelnden‹ Theaters die Grenzen zwischen Spieler und Zuschauer auflöst, handelt es sich beim Satyrchor letztlich um ein elitäres und exklusives Gemeinschaftsmodell. Als kultische Erfahrung ist die dionysische Ekstase in der *Geburt der Tragödie* freilich zugleich ein performatives Modell männlicher Vergemeinschaftung. Ein Modell, das weniger die Vereinigungskräfte des Eros als die rauschhafte und dabei kathartische Zertrümmerung des einzelnen Individuums feiert. Und es ist diese frühe Stelle und diese reduzierte Rezeption der *Tragödienschrift*, an der der Männerbunddiskurs auf Nietzsche trifft und mit seiner Betonung des Körpers, der Affekte und des *Performativen* die Grenzen des apollinisch-klassizistischen Männlichkeitsideals zugleich durchbricht und neu formuliert. Das zentrale Ereignis einer Zertrümmerung der leidvollen Individuation mitsamt ihrer Rationalität im dionysischen Kollektivrausch wurde schon früh von Hans Blüher als Ritual für den Männerbund entdeckt. Bereits in seiner aggressiven Schmähschrift gegen den Nietzsche-Kritiker Ulrich von Wilamowitz-Moellendorf bezeichnete er den »Wandervogel als rauschhafte Entladung jugendlichen Lebens« und war sich sicher: »hier [herrschte] Dionysos«[618]. Es handelte sich jedoch vor allem um das irrationale Moment des gemeinsamen Gefühlserlebnisses, das Blühers Männerbund mit Nietzsches Satyrchor verband. Darüber hinaus wurden die frühen Wandervögel ›Bachanten‹ genannt. Wenn auch Karl Fischer sehr viel Wert darauf legte, daß dabei nicht etwa an die »rasenden Weiber« der Griechen, sondern die fahrenden Scholaren des Mittelalters gedacht wurde, so hatte Blüher es immer gewußt: »sie kamen eben doch irgendwie von Dionysos her«[619]. Die um den Weingott rauschhaft zusammengeschlossene Kollektivität diente in allen genannten Fällen zugleich als Reflexionsmedium moderner Erfahrungen. Zugleich erfand man in den mythisch-rituellen Gemeinschaften nicht allein Traditionen, sondern neue Modelle sozialer Kohäsion und Organisation. Wie beim indigenen Männerbund, den der Volkskundler Heinrich Schurtz 1902 ›entdeckte‹, spielte auch dort das rituelle Geschehen und die Verwandlungsekstase eine wichtige Rolle. Gleichzeitig ist mit der zum Teil extrem widersprüchlichen Konstruktion der Ekstase ein Paradox verbunden: sie spielt eine ebenso große Rolle in den Diskursen um die Masse wie in denen um den elitären Männerbund.[620] Dies allerdings nur solange, wie die Figur des Führers und der Zucht nebensächlich und die der kollektiven Erregung der Menge zentral ist. Das ist schon bei Blüher mit seiner Zentrierung auf das Opfer des Individuums im Bund und den Männerhelden nicht mehr der Fall. In den völkischen Diskursen um ›Führer‹, Gefolgschaft und Masse wird sich die zentrale Rolle des Führers noch weiter zuspitzen, parallel dazu verliert sich das offen erotische Moment völlig. Spätestens dann entwickelt sich der Männerbund eindeutig als formierte, exklusive und elitäre Gemeinschaft zum Gegenpol der ›freien‹ Masse – sei sie nun bloß ungeformt und gemischt oder plebejisch und revolutionär. Mitsamt seinen rituellen Methoden der Formierung des einzelnen wird der Männerbund samt Führer allerdings in der Folge auch als Modell für die Zurichtung des ›Volkes‹ insgesamt dienen. Was elitär begann und Anleihen bei den Ekstasekulten und Ritualen machte, entpuppt sich nun als Experiment und Modell fürs Allgemeine. So entdeckte beispielweise Ernst Krieck, seit 1933 Ordinarius für Pädagogik an der Universität Frankfurt am Main, der zu einem der bedeutendsten Pädagogen des Nationalsozialismus wurde, bereits 1922 den tribalen Männerbund und die Rituale der Initiation als eine Institution, die die »Zucht« zur Gemeinschaft vorbildlich über »spontane, triebmäßige Kräfte der Gemeinschaftsbildung wie Tanzwut und epidemische Ekstasen«[621] leiste. Diese rauschhaften Ausbrüche des Kollektivs müßten nur durch »einen überlegenen ›Führerwillen‹«[622] gelenkt werden. Nun geht es vor allem um das, was Thomas Mann in *Mario und der Zauberer* anhand der hypnotisierenden Attraktion des Cipolla vorführte, nämlich um die Verwandlung der heterogenen Masse in eine widerstandslose Gefolgschaft. In diesem dichotomischen Denkzusammenhang trägt freilich die nicht geformte Masse, also die amorphe, führerlose oder gar revolutionäre Masse konsequenter Weise weibliche Züge. So hatte die Französische Revolution die Marianne als Freiheitssymbol populär gemacht und trotz männlicher Rivalen konnte sie sich 1830 auf Eugène Delacroix' Gemälde *Die Freiheit führt das Volk auf die Barrikaden*[623] noch einmal durchsetzen.

Gleichwohl spielen bereits im frühen Diskurs zu Masse und Vermassung, wie er aus theoretischer Ebene folgenreich in Frankreich von Le Bon im Verlauf des 19. Jahrhunderts angestoßen wird, Sexualisierungen anderer Art eine wichtige Rolle. Wie Klaus Theweleit zum Gegenüber von Männerbund und Masse gezeigt hat, vermischen sich in den wohl lockenden aber dennoch bedrohlichen Sexualbildern der Massen, die wie ›Wilde agieren‹, alle ›Dämme brechen‹ und leidenschaftlich ›Wünsche nach besserem Leben‹ durchsetzten wollen, Regressionswünsche, Sexual- und Kastrationsängste. Dabei ließen sich die Imaginationen von den vermeintlich weiblichen Massen oder von »der Machtübernahme der Frauen – daran hat schon Silvia Bovenschen 1979 erinnert – von der faktischen Ohnmacht der Frauen nicht irritieren«[624]. So ist es bereits in den massenpsychologischen Schriften des 19. Jahrhunderts sicher, daß Frauen eine herausragende Rolle in allen modernen Massenaktionen, angefangen von der französischen Revolution bis zur Pariser Commune, gespielt haben.[625] Auch nach 1918 traten in den völkischen Darstellungen von protestierenden Arbeitermassen und den sie führenden Kommunisten immer wieder Frauen an zentraler Stelle auf. »Die ›Megäre‹ oder die ›Hydra‹ waren wichtige Sinnbilder für den Kommunismus: weiblich, böse und gefährlich, aber keineswegs asexuell.«[626] Überhaupt ging es in diesen Imaginationen nicht so sehr um die reale Macht der Frauen und der Massen, sondern um Vorstellungen des Überwältigtwerdens oder des Hinabtauchens in den ›Bauch der Massen‹. Dieses Hinabtauchen wurde indes zugleich zu einem Rückfall in ein vorzivilisiertes Stadium des Lebens archaisiert. Immer spielten dabei äußere, soziale und innere unbewußte Transgressionsphantasien ineinander. Bereits Gustave Le Bon hatte in seiner *Psychologie der Masse* 1895 »die zunehmende Vermassung der modernen Gesellschaft als Verweiblichung der Lebenswelt«[627] gedeutet. Nach Le Bon löst sich das rationale Mitglied der Hochkultur – sprich das bürgerliche Individuum – im Inneren der ›gestaltlosen‹ Masse auf: »Ein einzelner, der zu lange Zeit im Schoße einer wirkenden Masse eingebettet war«, der befindet sich alsbald »in einem Zustand der Verzauberung« und wird letztlich Sklave seiner »unbewußten Kräfte«. Er bewegt sich zugleich »mehrere Stufen von der Leiter der Kultur hinab. Als einzelner war er vielleicht ein gebildetes Individuum, in der Masse ist er ein Triebwesen, also ein Barbar.«[628] Gerade diese Eigenschaft aber, dem Unbewußten und allen Gefühlen ausgeliefert zu sein, qualifiziert die Masse für Le Bon als weiblich, denn: »Überall sind die Massen weibisch«[629] und »den Frauen gleich gehen sie sofort bis zum Äußersten«[630]. Die moderne amorphe Masse besaß also eine magische Macht. Sie konnte den ›Bürger‹ in einen ›Wilden‹ verwandeln, indem sie seine unterdrückten Leidenschaften erweckte. Diese geheimnisvolle, sowohl verlockende als auch abschreckende Macht war weiblich. Es galt nun für konservative Denker, diese Macht zu brechen oder sie in geformte und erwünschte Kanäle zu lenken. Der Mann als Repräsentant einer ›höheren‹ bürgerlichen Kultur und Wissenschaft steht angesichts der Massen, so das vielsagende

Bild Le Bons, wie Ödipus vor einem tödlichen Rätsel, denn »die Massen sind so etwas wie die Sphinx der antiken Sage: man muß die Fragen, die ihre Psychologie uns stellt, lösen oder darauf gefaßt sein, von ihnen verschlungen zu werden.«[631] Der Massendiskurs des späten 19. und frühen 20. Jahrhunderts kann also zu Recht als eine entscheidende Weiche verstanden werden, die den Diskurs um das ›Wesen‹ der Frau in direkte Verbindung mit explizit gesellschaftlichen und politischen Debatten brachte. Bis hin zu monströsen Remythisierungen wurden besonders um 1900 und in der Weimarer Republik die Gefahren beschworen, vom verschlingenden Weiblichen angezogen, verseucht und letztlich vernichtet zu werden. Der nämliche Komplex von sexualisierten Angstvisionen wurde freilich auf die Homosexuellen und vor allem auf die Juden projiziert. Für Otto Weininger bedeutet »die ›Furcht vor dem Weibe‹« denn auch nichts anderes als »die Furcht vor der Sinnlosigkeit: das ist die Furcht vor dem lockenden Abgrund des Nichts«[632]. Auch Hans Blüher beschwört den Untergang des Mannes, ja der ganzen Kultur durch die ›Emanzipation‹ der Frauen: »Wehe dem Mann, der einer Frau verfiel! Wehe der Kultur, die sich den Frauen auslieferte! Der Mann, der sich hingibt, ist verloren.«[633] Einige Zeilen weiter wird das vernichtende Schreckensbild ›Frau‹ metonymisch-sexistisch zugespitzt, denn jede Frau ist und hat eine »Falltür ins Nichts, [die] nach einem Opfer verlangt«[634]. Gegen dieses vermeintliche Opfer, das von der Frau und einer ihr verfallenen demokratischen Massenkultur verlangt werde, steht in einer grandiosen literarischen Inszenierung, die das Gesamtwerk Blühers umfaßt, die ›fanatische‹ Hingabe an den charismatischen Führer. Freilich ist die Hingabe an den Männerhelden auch ein Opfer, aber ein heiliges, weil selbstgewähltes und erlösendes. Zieht die weibliche Masse und die Lust, ein Teil von ihr zu sein, letztlich hinab in Sinnlichkeit und Vermischung, so erhebt der rauschhafte Untergang des einzelnen Mannes im Männerbund diesen zugleich zu ewiger Form und reinem Geist, denn, so die folgenreiche Essenz Blüherschen Denkens: »Wer im Bunde ist, kann nicht sinken.«[635]

6. Langemarck oder ›Die ewige Jugend des Todes‹

6.1. Heldisches Sterben, Sinn und Gemeinschaft

Zu einem Gegenmodell zur modernen Tausch- und Vertragsgesellschaft sollte sich der von leidenschaftlicher Hingabe an den Führer gekennzeichnete Männerbund erst während des ›Großen Krieges‹ entwickeln. 1914 schien für breite Teile der wilhelminischen Gesellschaft die Ausnahmerealität des Krieges eine neue, konfliktlose Ordnung von klassenloser Gemeinschaft und nationaler Eintracht herzustellen. Die politischen Ereignisse vom Spätsommer 1914 versetzten, so das zentrale Narrativ des ›Augusterlebnisses‹, die gesamte Nation in einen Rausch. Der Krieg wurde nicht nur als politisch notwendig, sondern als mythischer, alle bestehenden Verhältnisse umwälzender Augenblick begrüßt. In ihm sollte endlich gegen die bereits vorher kulturkritisch verteufelten Formen der modernen rationalen Gesellschaft ein neuer Zusammenhang entstehen: die Volksgemeinschaft. Wilhelm II. gab dem allgemeinen Gefühl Ausdruck, als er am 4. August 1914 in seiner Thronrede die Worte wiederholte, die er zuvor vor der jubelnden Volksmenge vom Balkon des Stadtschlosses aus gesprochen hatte: »Ich kenne keine Parteien mehr, ich kenne nur Deutsche.«[636] Dabei wurden für die quasi-religiöse Begeisterung von 1914 vor allem zwei Diskurse bedeutsam: die Rede vom Helden und die von seinem Opfer. Suchte die Jugendbewegung sich mit ihrem revolutionären Willen zum Unbedingten zunächst in den Sphären des Unpolitischen einzurichten, bot der Krieg die Gelegenheit, mit dem Anliegen einer ästhetischen Lebensreform auch in das Feld des Politischen einzudringen. So erscheint für viele erst in der idealistischen Opferordnung der Helden ein abenteuerliches und gesteigertes Leben möglich. In diesem Sinne, um ein Diktum von George Mosse aufzunehmen, war der Krieg eine Jugendbewegung[637]. Er war ein begeisterter Aufbruch, der die Erinnerungen an 1813/15 wachhielt, frei nach der Devise von Theodor Körner: »Nur in dem Opfertod reift uns das Glück«[638]. Zugleich spielte sich im »Großen Krieg« – und diese Vorstellung gilt nicht allein für die Anhänger der ›Konservativen Revolution‹ – der welthistorische Kampf zwischen »Händlern und Helden«[639] ab. Diesen Kampf ficht, so die Analyse von Werner Sombart, die heldische deutsche gegen die händlerische englische Gesinnung aus. Der deutsche Geist, so Sombart, werde in den Tugenden von »Opfermut, Treue, Arglosigkeit, Ehrfurcht, Tapferkeit, Frömmigkeit, Gehorsam und Güte« repräsentiert; wer diese Ideale in sich habe, der sei ein veritabler »Held«, denn »*deutsch sein heißt ein Held sein*«[640]. Die Inszenierungen dieses von Wagners Siegfried inspirierten Heldentums verbinden sich 1914 auf signifikant nationale Weise mit dem Gedanken des Sterbens. Dabei war es vor allem die christologisch tradierte Opferfigur, die, in neuheidnisch-mythischer Verschiebung und von den institutionellen Fesseln der Kirche befreit, auf den Krieg bezogen wurde. In dieser Weise verglich beispielsweise Walter Flex »den Krieg mit dem letzten Abendmahl«.[641] Christus offenbare sich im Krieg, und deshalb »ist der Krieg selbst eine Strategie, durch die Christus die Welt erleuchtet«[642]. Für Flex ist der Opfertod der Besten nur eine Wiederholung des Leidens Christi, und das Leiden führt zur Auferstehung, denn »in der Christnacht ist es den Toten vergönnt, mit Menschenstimme zu reden.«[643] In seiner legendären Novelle *Der Wanderer zwischen beiden Welten* von 1917 hatte der Autor einen geradezu kindlichen Kampfes-Idealismus wahren können, indem er den Horror der Westfront ausblendete und die Erzählung auf das Geschehen an der Ostfront im Frühjahr 1915 konzentrierte. »Der begeistert in den Krieg ziehende Jüngling, der, Goethes Gedichte, Nietzsches Zarathustra und das Neue Testament im Ranzen tragend, freudig bereit war, sich für das Vaterland«[644] hinzugeben, folgte dabei allerdings noch dem von 1813/1815 überkommenen bildungsbürgerlichen Narrativ vom patriotischen ›Opfertod‹ des einzelnen. Der jugendbewegte Flex schuf nun Übergänge. So führte er die patriotische Bewegungsform des Wanderns[645] in die nationale des Marschierens über. Er war es auch, der mit seinem literarischen Mythos vom Weiterleben des edlen Toten, Klage und Trauer in Freude und Verheißung umwandelte. Von der Trostlosigkeit bei der Todesmeldung – »Sinnlos, sinnlos war das alles [...]«[646] – verläuft die Linie der Erzählung, wie sie Bernd Hüppauf nachzeichnet, über einige Stufen des Zweifelns steil nach oben bis zur Verklärung des toten Freundes als »Held und Retter der Nation«[647]. Zuerst wird der »sonnenfrohe Jüngling«[648] nach romantischer Manier in einem Grab ganz voll von »Sommerblumen«[649] begraben. Darin ›schläft‹ er wie Kaiser Barbarossa mit seinem Schwert an der Seite. So wie ihm der »Tod das größte Erleben«[650] war, so ist ihm nun »der Wald wie ein Sterbedom«[651]. Sein Grab jedoch birgt eine Verheißung. Schon bald wandelt sich der Tote nämlich für den Freund in einen Feuer- und »Sonnenjüngling«[652], dessen »Jugend« geheiligt als »Opferflamme im Heldenhaine«[653] glüht, um beim Weltgericht als »leuchtender Leib«[654] aus der »Toten Chor«[655] hervorzubrechen und erneut für Deutschland zu kämpfen. Alle hier für die Konstruktion des Heldenkultes verwandten Mittel, von der Christologie über das pagane ›Stirb und Werde‹ bis zum germanischem Feuerkult und letztlich den eschatologischen Verkündigungen, zählen zum traditionellen bildungsbürgerlichen Vorstellungsreservoir des 19. Jahrhunderts. Ebenso gehören die Bilder vom Tod des einzelnen »nicht als dem Ende, sondern der höchsten Erfüllung des Lebens zu den fundamentalen Elementen des bürgerlichen Individualismus« – eines romantischen Individualismus freilich –, »der mit seinen eigenen aufklärerisch-revolutionären Ursprüngen gebrochen hat.«[656] Allerdings ist der Tod an einer Stelle der Novelle auf eine Weise in den Jugendkult verschlungen, die auf eine neue Form von Totenkult vorausweist. In einem inneren Zwiegespräch mit dem toten Wandervogelführer versucht dieser, dem trauernden Freund den ›Sinn‹ des Todes auf folgende Weise zu erklären: »Ihr glaubt zu altern und werdet reif. Eure Taten und eure Toten machen euch reif und halten euch jung. Das Leben ist alt und gierig geworden, der Tod bleibt sich immerdar gleich. Weißt du nichts von der ewigen Jugend des Todes? Das alternde Leben soll sich nach Gottes Willen an der ewigen Jugend des Todes verjüngen. Das ist der Sinn und das Rätsel des Todes.«[657] Bleibt hier zwar das Leben, das sich zu verjüngen trachtet, noch der Bezugspunkt des Denkens, so beginnt sich das Verhältnis von Leben und Tod in der Rede von der »ewigen Jugend des Todes« langsam zu verkehren. Eines ist sicher: Trauer und Klage um die gefallene Jugend sind dann nicht mehr zu führen, wenn sie als tote Jugend an der »ewigen Jugend des Todes« teilhat.

Angesichts der insgesamt 2 Millionen Toten des Ersten Weltkriegs, die in Materialschlachten von bis dahin ungeahnten Ausmaßen einen elenden ›Massentod‹ starben, sank das Interesse am Mythos vom individuellen ›Heldentod‹ kurz nach 1918[658] vorübergehend ab. Die idealistische Gestalt des juvenilen Kämpfers, der sich mit Begeisterung für sein Vaterland in den Kampf stürzt, um den Opfertod zu sterben, bestimmte allerdings in den zwanziger Jahren erneut den bildungsbürgerlichen Diskurs um Sinn und Sinnlosigkeit des Krieges. Nun freilich trat neben das einzelne Individuum ein jugendlicher Männerbund: die Jugend von Langemarck. Der Mythos und der ihn tragende und einübende Kult, der um diese ›Jugend‹ von 1914 bis 1945 kreiste, wirft ein helles Licht auf die Mentalitätsgeschichte weiter Teile der deutschen Gesellschaft. Für Bernd Hüppauf »finden sich auf den verschlungenen Pfaden des Diskurses ›Langemarck‹ sogar einige Antworten auf die immer noch beunruhigende Frage, wie es der so offensichtlich primitiven und brutalen Ideologie des Nationalsozialismus gelingen konnte, die politische Unterstützung und eine zeitlang gar die Herzen großer Teile der gebildeten Bevölkerung und der Jugendbewegung zu gewinnen.«[659] Langemarck, das war von Anfang an nicht der kleine Ort in Belgien, wo im Winter 1914 bei einem schlecht geplanten Angriff auch einige Reserveregimenter fielen, sondern das war ein zentraler Ort in der kollektiven Phantasie vieler Deutscher. Langemarck war gleichsam das Symbol für einen Bedeutungsüberschuß, der sich spontan in verschiedenen bürgerlichen Milieus bildete. In dieser kollektiven Phantasiebildung, die das Geschehen um Langemarck immer mehr ausmalte, wurden die Ereignisse in mythische Gesichte verwandelt. Was sich jedoch vor allem abspielte, war Sinnproduktion. Alles begann mit der ebenso knappen wie vielzitierten Meldung der Obersten Heeresleitung vom 11. November 1914: »Westlich von Langemarck brachen junge Regimenter unter dem Gesange ›Deutschland, Deutschland über alles‹ gegen die erste Linie der feindlichen Stellungen vor und nahmen sie.«[660] Wo im deutschen Heeresbericht ausschließlich von begeistertem Sturm und Sieg gehandelt wird, erzählen die englischen und belgischen Heeresberichte auch von dem Entsetzlichen dieser Schlacht. In einer belgischen Meldung heißt es über die deutschen Regimenter: »Es waren meist junge Leute, fast Kinder. Später in den Schützengräben werfen sie sich, wenn unsere Füsiliere über sie kommen, auf die Knie, ringen die Hände und bitten um Gnade. Aber in der Trunkenheit des Handgemenges, Seite an Seite in Sechzehn-Reihen-Tiefe, haben sie nur eine gemeinsame große, wilde Seele. Sie gehen im Tempo vor, kaum schwankend, wenn das Maschinengewehr sie faßt.«[661] Es interessiert an dieser Stelle nicht, ob mit dem deutschen Heeresbericht die ungeheuren Verluste, die es bei Ypern zu verschmerzen gab, »rührselig-patriotisch übertüncht, die mangelhafte Aufklärung des Geländes durch die Heeresleitung verbrämt oder die kriegspsychologischen Folgen der Ausdünnung des Westheeres zugunsten der Truppen im Osten kriegspropagandistisch gemildert werden sollten«[662]. Was hier nachgezeichnet werden soll, ist vielmehr die sukzessive Konstruktion des ›Mythos von Langemarck‹. Das beginnt schon mit der medialen Verbreitung der obigen Heeresmeldung: Sie füllte sofort, das heißt am 11. oder doch spätestens am 12. November, die Titelblätter der meisten deutschen Tageszeitungen.[663] Freilich enthielt bereits die Heeresmeldung selbst fast alle Versatzstücke, die den späteren Mythos auszeichneten: die Jugend der deutschen Angreifer, ihr Enthusiasmus während des ›Sturms‹ und nicht zuletzt das Deutschlandlied, das sie dabei sangen. Ebenso wichtig für die Entstehung des Mythos war freilich auch das, was die Heeresmeldung nicht enthielt, was man aber gleichwohl wußte: das militärische Fiasko der gesamten Offensive. Rund zwanzigtausend Soldaten ließen im Schlamm der gefluteten flandrischen Ebene ihr Leben. Das elende Massensterben im Maschinengewehrfeuer wurde ebensowenig erwähnt wie die schlechte Ausbildung der Reserveregimenter und ihre unzureichende Bewaffnung. Gerade diese Verleugnungen aber schienen den Raum bereitzustellen, in dem die Verwandlung eines im Grunde »unbedeutenden militärischen Ereignisses in einen nationalen Mythos mit der Macht, Massen zu mobilisieren, ungehindert ablaufen konnte.«[664] Die Leerstelle im Heeresbericht, den die Generäle durch die Suggestion eines Sieges auszufüllen versuchten, schloß sich spätestens zum ersten Jahrestag der Schlacht.[665] Unisono wurde nun in der Presse vom Tod der jungen Regimenter gesprochen. Dieser verwandelte sich in den Medien allerdings in einen Triumph: »Der Tag von Langemarck wird in allen Zeiten ein Ehrentag der deutschen Jugend bleiben«, prophezeit die *Deutsche Tageszeitung* und fährt pathetisch fort: »Wohl fielen an ihm ganze Garben von der Blüte unserer Jugend, aber den Schmerz um die tapferen Toten überstrahlt doch der Stolz darauf, wie sie zu kämpfen und zu sterben verstanden.«[666] In dem Moment, in dem die Tatsache ihres massenweisen Sterbens ins Bewußtsein zu rücken möglich wurde – besonders nach der Niederlage von 1918 –, begann sich der Tod der Jugend von Langemarck in einen ›inneren‹ Sieg zu verwandeln. Deutschland hatte äußerlich den Krieg verloren. In dem »beispiellosen Opfergang«[667] der »deutschen akademischen Jugend«[668], die ihr »blühendes Leben«[669] im »begeisterten Stürmen«[670] hingab, hatte jedoch ein neues, kommendes Deutschland gesiegt.

Dieses verkörperte sich auch in der seit 1920 massenhaft poetisch dargestellten *Magie des Liedes.* So endet eine zeitgenössische, eher volkstümliche Darstellung des Kriegsgeschehens von 1917 mit folgendem Satz: »Die Vaterlandslieder, mit denen die Freiwilligenregimenter gegen die feuerspeienden Bastionen von Langemarck, Bixschote und Dixmuiden marschiert waren, verhallten als Geistergesang Jung-Deutschlands über den toten Gewässern der flandrischen Ebene.«[671] In vielen poetischen Beschreibungen der Schlacht entwickelt das Lied gleichsam magische Kräfte und läßt die Kanonen, die in einem Text auch »Todesbrüller«[672] genannt werden, kurze Zeit schweigen. Wie konkret andere junge Kriegsfreiwillige das Singen des Deutschlandliedes mit dem Opfertod assoziierten, davon gibt ein Brief aus dem Feld Auskunft: »Wir sangen diese Lieder, die wir vorher kaum einmal gesungen, ja, [...] sangen sie, weil uns jetzt jedes einzelne Wort von ihnen zum Erlebnis geworden war. Jetzt lebten wir die Lieder so wie jene Kriegsfreiwilligen von Ypern sie lebten, denen Wort und Rhythmus des ›Deutschland, Deutschland über alles‹ [...] in ihren brausenden Blutesstrom sprang, als sie singend zum Angriff stürmten, zum Angriff, der ihnen Tod war.«[673] Eine mahnende Stimme zum Thema Langemarck-Gesang und -Sterben erhob allein Thomas Mann. Am Ende seines Romans *Der Zauberberg* (1924) versetzt er den jungen Hans Castorp aus der reinen Luft des Kurortes Davos in den Schlamm der flandrischen Ebene. Mann läßt seinen ›Freiwilligen‹ allerdings nicht die *Wacht am Rhein* oder das *Deutschlandlied* singen[674]. Hans Castorp stimmt vielmehr das Lied *Der Lindenbaum* aus der *Winterreise* von Franz Schubert an, das freilich auch in der Silcherschen Umwandlung in einen Satz für vierstimmigen Männerchor als das volkstümlich vereinfachte Lied *Am Brunnen vor dem Tore* bekannt war. Auf diese Weise zieht der Autor eine mentalitätsgeschichtliche Linie, die den signifikanten Veränderungen des Liedes in der deutschen Geschichte folgen. Es beginnt beim einsamen romantischen Wanderer Schuberts, der ›als ein Fremder auszog‹, popularisiert sich in den Liedertafeln der Männerchöre und endet im ›singenden‹ Tod der Jugend bei Langemarck. Das Singen des einzelnen geschieht allerdings im *Zauberberg* nicht begeistert-patriotisch, sondern angesichts des Grauens, welches den jungen Mann umgibt, wie »bewußtlos« und wohl eher in »gedankenloser Erregung«[675]. Wie kein anderer hatte Thomas Mann erkannt, daß es bereits in der heimwehkranken Wandererweise eine deutliche »Sympathie mit dem Tode«[676] war, die diesem ›Lied‹, wurde es erst einmal in ein ›Volkslied‹ umgewandelt und verbunden mit nationalem *élan,* »Riesenmaße geben konnte, um die Welt damit zu unterwerfen«[677]. So hat er seinen Helden Hans Castorp schon vorher, beim Hören der Musik im Sanatorium phantasieren lassen, »daß es wert war, dafür zu sterben, das Zauberlied«[678].

Manns tiefgreifende kulturgeschichtliche Analyse *en miniature* findet allerdings inmitten der Flut zeitgenössischer Langemarck-Hymnen keine Nachfolge. Denn

Langemarck war längst ein »Gegenwort«[679] geworden. In seiner sakralen Sphäre verblaßte die Realität des modernen Maschinenkrieges. Den wenigen Kritikern des vergeblichen und letztlich sinnlosen Sterbens der Jugendlichen wurde immer wieder die mythische Rede vom heroischen Opfertod entgegengehalten. Nicht mehr, wie es sonst geschah, ein politisches Ziel gab dem Sterben im Krieg einen Sinn, sondern umgekehrt, das heroische Sterben der Jugend mußte dem (verlorenen) Krieg einen Sinn geben. Um diesen ›Sinn‹ auch psychische und soziale Wirklichkeit werden zu lassen, wurde nach 1918 vor allem von Studentenverbänden und Veteranenorganisationen das Gedenken an Langemarck alljährlich an vielen Orten der Republik rituell zelebriert. Es entwickelte sich dabei eine regelrechte Langemarck-Feier-Liturgie, in der Aufmärsche, Reden und vor allem Wechselgesänge eine zentrale Rolle spielten. Das setzte sich im Nationalsozialismus unter der Regie der Hitlerjugend fort. In einem der vielen Sprechchöre, in denen das vermeintliche Geschehen vom 10. November 1914 vergegenwärtigt werden sollte, fragt der Chor paradigmatisch:

> Langemarck!
> Was fragen wir nach Sinn und Sieg?
> Über allen Siegen glänzt dieser verlorene!

Und die Einzelstimme antwortet:

> Jungen wie ihr, gläubig und todbereit,
> Kämpften singend,
> Starben singend,
> Leuchtenden Opfertod für uns.[680]

Im Begriffsbild des Opfers trafen sich viele unterschiedliche modernekritische Diskurse der wilhelminischen Gesellschaft und später der antirepublikanischen Opposition. Die Opferordnung freilich, die man auf diese Weise wachzuhalten bestrebt war, sollte in der völkischen Vorstellung auch das zivile Leben bestimmen. So konnte Baldur von Schirach 1938 problemlos diese Deutungstradition aufgreifen und sie zum Anspruch für die neue ›Jugend‹ umwenden:

> Ein ewiger Bestandteil des Geschwätzes der Besserwisser ist die Legende von der Sinnlosigkeit des Opfers von Langemarck. Der Sinn jener sakralen Handlung, die das Sterben der Blüte der Jugend im Sturm auf die Langemarckhöhen bedeutet, ist nicht dem faßbar, der mit dem Rechenstift den Wert einer militärischen Operation nach Erfolg und Einsatz verbucht und darauf dem Feldherrn, nach Art des Schulmeisters, Zensuren ausstellt. Schaut auf die Millionen der Jugend: Dies ist die Sinngebung von Langemarck! Daß wir uns selbst vergessen, daß wir uns opfern, daß wir treu sind, das ist die Botschaft der Gefallenen an die Lebenden, das ist der Ruf des Jenseits an die Zeit.[681]

Der Mythos und der sich schnell daran anschließende Gedenk-Kult um die Jugend von Langemarck konservierte auf diese Weise im Jugendkult das Gemeinschaftsversprechen und die nationale Begeisterung von 1914. Gleichwohl hänge bereits, so Siegfried Wegeleben 1921 in einem Buch über das ›Felderlebnis‹, »die innere Möglichkeit der Kameradschaft eng zusammen mit der Wiederbelebung des Opfergedankens.«[682] War es in der bildungsbürgerlichen Rezeption vor allem die studentische, oft burschenschaftlich organisierte Jugend, die man in Langemarck sterben sah[683], so betonte die nationalistische Deutung dagegen den klassenübergreifenden ›völkischen‹[684] Aspekt. Nun war es die gesamte Jugend, die in ihrem Kampfes-Bund den »Sozialismus der Front geboren«[685] hatte. Dieser sollte zugleich ein Vorbild für eine Volksgemeinschaft sein, die kein Standes- oder »Generationenproblem mehr kennt«[686]. Als Erbe von Langemarck wollte man keine einsamen, traurigen Gedanken, sondern ein frohes kollektives *Erlebnis* – das »Erlebnis der großen deutschen Kameradschaft«[687].

Kameradschaft, wie sie an der Front eingeübt werde, sei aber, so führt der nationalsozialistische ›Germanist‹ Günther Lutz 1936 weniger analytisch als affirmativ aus, nichts anderes als die »Sinnerfüllung der Opfergemeinschaft«[688]. Basierte die Gemeinschaft der Frontsoldaten auf dem möglichen physischen Opfer des einzelnen, so hing im zivilen Leben der Bestand des Ganzen von der absoluten Hingabe des Individuums ab. Im Grunde verbirgt sich dabei freilich, so Stefan Breuer, hinter dem Gemeinschaftsbegriff, wie er die gesamte nationalsozialistische Soziologie bestimmte, das Modell des charismatischen (Männer-)Bundes. Denn bei der Herstellung der »Erlebnisgemeinschaft« der Krieger ging es immer um einen »quasi pfingstliche[n] Vorgang, der mit der Wirkung des Charisma vergleichbar ist, und in diesem Sinne war sie [die Gemeinschaft] tatsächlich […] ›Bund‹«[689]. Das, was den Front-Männerbund in der nationalsozialistischen Ideologie im Innersten zusammenhalte, sei neben der Hingabe an den Führer, so nochmals Günther Lutz, »das Erlebnis der Opfergemeinschaft«; sie und nichts anderes sei »das Erlebnis der Kameradschaft«, denn nur »so wird Kameradschaft zum Sinn und letzten Inhalt der Gemeinschaft der Front, zum Gewinn des Kriegserlebnisses überhaupt.«[690] Diesem Geist »heldischer Gesinnung, Opfermut und Siegeswille«[691] sollte die gegenwärtige Jugend, so das Anliegen vieler bündischer und völkisch Gesonnener, schon vor 1933 nachstreben.

6.2. Totenkult

Bereits in den frühen Langemarck-Feiern, die sich in den zwanziger Jahren in Kreisen der Jugendbewegung und der Studentenschaft bildeten, ging es weniger um Klage und Trauer um die sinnlos Gestorbenen, sondern um Freude, Stolz und

Nachfolge. Von Anfang an erinnerte man sich an das Ereignis von Langemarck nicht wie an etwas Vergangenes, vielmehr wurde die ›heroische Tat der Jugend‹ in einer Flut von Gedichten, Sprechchören, Gesängen und Rezitationen immer wieder von Neuem beschworen.[692] Dabei kam der performativen – also direkt im Handeln bedeutungsschaffenden und -verwandelnden – Dimension des poetischen und rituellen Geschehens eine besondere Rolle zu. Die Toten sollten nicht als Schatten oder Erinnerungszeichen, sondern als auferstandene Kämpfer präsent sein. Das vollzog sich freilich auf unterschiedliche Weise. Für die bündische Jugend entwickelte sich »Langemarck«, so die Formulierung von Rudolf G. Binding, schnell zum »Sinn- und Urbild jugendlicher Erhebung«[693]. In diesem Sinne hielt der konservativ-bündische Autor 1924 bei der Enthüllung des Ehrendenkmals für die Gefallenen von Langemarck auf dem Heidelstein in der Rhön eine ungewöhnliche Rede. Nach einigen einleitenden Worten ruft Binding zuerst die Ereignisse von Langemarck wieder in Erinnerung, um das historisch Gewesene danach auch theoretisch in eine ›ideale‹ Sphäre und in den Rang eines Mythos zu heben. Viele in diesem Krieg seien gefallen, an die man sich erinnern werde. »Jenes Geschehen aber«, so Binding, »gehört schon nicht mehr der Geschichte an, wo es einst dennoch erstarren und begraben sein würde, sondern der unaufhörlich zeugenden, unaufhörlich verjüngenden, unaufhörlich lebendigen Gewalt des Mythos.«[694] Wie um ein Beispiel von dieser mythischen Präsenz zu geben, inszeniert er im darauffolgenden Teil seiner Rede poetisch das, was während des Festaktes geschieht. Der Kern der Dramatisierung liegt darin, daß die Feier der lebenden bündischen Jugend zu Ehren der toten (bündischen) Jugend im Grunde wie eine große gemeinsame Fahrt, wie ein gemeinsames Singen beim nächtlichen Lagerfeuer und schließlich – nach der eigentlichen Enthüllung des Ehrenmahls – wie ein gemeinsames Kampfspiel geschildert wird. Obwohl Binding die Rede von der veritablen ›Auferstehung der Toten‹ von sich weisen würde, suggeriert er nicht allein die Präsenz des Geistes der toten Jugend und das Ergriffensein der lebendigen, sondern die Möglichkeit ihrer körperlichen Realpräsenz, wenn er formuliert: »Dies aber würden die Toten, auferstanden aus ihren Gräbern und sich mischend dem jungen Leben, das sich hier enthüllte, gesehen haben.«[695] Die poetisch gehaltene Ansprache beschwört somit nicht ohne elitären Unterton[696] in einem Zuge den Gemeinschaftsgeist der Jugend von Langemarck und den der bündischen Jugend, die zur Feier im Wald versammelt ist. Binding bewerkstelligt das, indem er sprechend die Feier nochmals darstellt, an der er selbst als Redner teilhat. In der sprachlichen Inszenierung allerdings hebt der Autor das gesamte Geschehen in eine transzendente, Tod und gesteigertes Leben verschmelzende Sphäre. Dort sind die singende tote und die zu ihrer Feier singende lebende Jugend im Geiste und im Ritual des Kampfspiels eins.

Mündet Bindings Beschwörung von Gemeinschaft noch in Vitalismus, so geht der nationalistisch gesonnene Hans Schwarz offen politisch mit diesen bündischkonservativen Vorgaben um. In einer Langemarck-Rede mit dem programmatischen Titel *Die Wiedergeburt des heroischen Menschen*[697], die er am 11. November 1928 an der Universität Greifswald[698] hielt, nimmt er die Konstruktion von Langemarck als einem geschichtsentrückten, mythischen Geschehen auf, wendet sie jedoch ins Politische und Kultische. Gegen die Weimarer Feier der Republik am 9. November setzt Schwarz den »Totenkult«[699] der Jugend von Langemarck, »denn«, so seine Beschwörungsformel, »die Toten sind wirklicher als die Lebenden«[700]. Im Gegensatz zu der Feier des Gründungstages der Republik, bei der »die Toten draußen im Vorhof stehen«, feiern »wir«, so die Anrede an die in großer Zahl der NSDAP nahestehende Studentenschaft, »einen anderen Tag, an dem wir noch mit unseren Toten versammelt sind«[701]. Das Hauptproblem der Weimarer Republik und der westlichen Zivilisation überhaupt sei die Unfähigkeit, den Toten im Kult einen Platz in der Gesellschaft zu geben. Aber »wo die Toten kein Recht mehr haben, verlieren es auch die Lebenden, und ihre beste Gegenwart sinkt zuletzt zu den Fischen hinab. Wo aber die Toten mitten unter uns vom Leben umfangen werden, da beginnt jene Glut zu glauben, die Mythen schafft!«[702] Da die ›verjüngende Kraft des Mythos‹, der die ›Katastrophen der Geschichte‹ vergessen mache, aus dem begeisterten Selbstopfer der Jugend von Langemarck entstanden sei, so müsse die Gesellschaft nun diesen heroischen Toten einen politischen Kult schaffen, denn »die Zeit ist heroisch geworden.«[703] In ständiger Gegenüberstellung zum Gedenken der westlichen Alliierten in Form der Ehrenmäler des ›Unbekannten Soldaten‹ zeichnet Schwarz Grundzüge eines vor griechisch-antiken und christlichen Hintergründen neu zu entwickelnden Toten- und Heroenkultes. Wo Schwarz im genuin demokratischen und internationalen Gedenken an alle Gefallenen des Krieges nur »die magische Kälte einer Begrifflichkeit«[704] und den leeren, gleichmacherischen »namenlosen Menschen«[705] erkennen kann, da sucht er im Kult von Langemarck die sinnliche Verkörperung: »Der Unbekannte Soldat gleicht homerischen Schatten, die Blut aus dem Opfer der Toten trinken [...]. Die Toten von Langemarck aber sind wie ein neuer Adel, der uns wieder verheißen ist! Ihre Züge lassen sich meißeln.«[706] Das eigentliche Ziel dieses Gedenkens ist jedoch die Wiedergeburt und die Anregung zur Nachfolge, denn: »Auch Jugend hat ihre Reife, und wenn sie vor ihrer Erfüllung sterben muß, so bleibt ihr nur die Wiedergeburt im Geiste der Kommenden!«[707] In dem Moment, so beschwört Schwarz, wo die Ideen von 1789 verblassen, beginnt Deutschland von Langemarck aus wieder »mythisch«, ja »apokalyptisch« zu werden.[708] Vor dem geschichtsmächtigen Volks-Kult, der von 1914 ausgehe, verblassen freilich auch die revolutionären Massenerhebungen von 1919:

> So war es denn geschehen, die beim Ausbruch des Krieges noch als Massen auf die Straßen gelaufen waren, um gegen das Unrecht zu protestieren. Da war es denn über sie mit dem Heiligen Geist gekommen. Sie riefen den König und

fanden ihre innere Form, sangen die Nacht hindurch die alten Choräle und kehrten am Morgen als Volk ihrer Träume heim. [...] und es herrschte mehr Revolution in dieser Besessenheit als der härteste 9. November es jemals vermöchte: denn ein erregtes Volk verändert das Leben tiefer als eine gärende Masse sich wünschen kann.[709]

Am Ende verkehrt sich der vom Autor beschworene Totenkult, der als sinnlich erlebbares ›Zeichen von Langemarck‹ begann, in eine aggressive, dynamische Macht. Diese gleichsam eschatologische Macht, die sich von der Verehrung der Toten nährt, werde, so Schwarz, nun mit offen feindlichem Blick auf die Weimarer Republik »unser Leben in einer Wandlung zum Angriff, zu einer Bedrohung!«[710] machen.

Der Erinnerungs-Kult um Langemarck wurde endgültig politisiert, als man kurz vor dem Ende der Weimarer Republik den Soldatenfriedhof in Flandern auf Anregung der deutschen Studentenschaft in eine veritable Totenburg umgestaltete. Eine Totengedenkstätte, »deren trutziger und düsterer Charakter den Schein einer ›noch stehenden Front‹ erwecken sollte. Im Ehrenhof des Friedhofs liest man noch heute das Zitat Heinrich Lerschs: ›Deutschland muß leben, und wenn wir sterben müssen.‹«[711] Ganz ähnlich wie Hans Schwarz, wenn auch ohne die aggressive Volte am Ende, suchte auch der nationalsozialistisch gesinnte Autor Josef Magnus Wehner in seiner 1932 bei der Einweihung des Friedhofs gehaltenen Langemarck-Rede eine veritable Wiedergeburt der toten Studenten in den Lebenden zu beschwören. Bei der feierlichen Übergabe des Schlüssels an die Studentenschaft zeichnete Wehner folgendes Bild: »Euer Leben wallt opfernd zu den Toten hinab, und das verwandelte Leben der schönen Helden quillt leuchtend herauf und vermählt sich mit dem euren, Gestalt um Gestalt und Hand in Hand und Glaube um Glaube und Ehre um Ehre und Treue um Treue bis in den Tod.«[712] Der Gedanke, daß nichts lebendiger sei als diese Toten und daß ihre ›Taten‹ mit der allzeit zum Kampf bereiten neuen Jugend fortgesetzt werden müßten, dieser Gedanke war spätestens im Nationalsozialismus allgemein geworden. Ab 1933 versuchte man mit großer erzieherischer Anstrengung und aufwendig gestalteten Langemarck-Feiern, in der flandrischen Gedenkstätte ebenso wie in Berlin, aber auch in Schulen, Universitäten, bei der Hitlerjugend und im Jungvolk, den Opfergeist und den neuentdeckten Kampf- und Täter-Geist von Langemarck nationalsozialistisch zu fokussieren. Nicht allein im berühmten *Horst-Wessel-Lied* marschieren bekanntlich die toten Kameraden mit. Überall wollte man in Kult, Monument und Rede den ›Geist der Front‹ und die ›Totenheere‹ lebendig erhalten.[713] Auf diese Weise wurde versucht, in flächen deckendem Kultgeschehen den Gegensatz von Leben und Tod überhaupt aufzulösen und die sakrale Sondersphäre eines liminalen Bereichs zwischen Leben und Tod auf Dauer präsent zu halten.[714] So sollte letztlich im rituellen Militarismus die Unsterblichkeit und die »ewige Jugend des

Todes« (Flex) zur ewigen Jugend des ›Reiches‹ werden. In diesem Sinne konnte Baldur von Schirach 1938 schreiben: »Die deutschen Toten sind auferstanden. Mit ihnen gemeinsam marschieren wir unter flatternden Fahnen in die Ewigkeit.«[715]

Ob die hier geschilderte Aneignung des genuin bildungsbürgerlich-jugendbewegten Mythos von Langemarck durch den Nationalsozialismus wirklich gelang oder ob die »Bindung des Motivs an ein klassenspezifisches Kulturmuster [...] es verhinderte, daß es den Nationalsozialisten [...] gelang, ›Langemarck‹ zu einem ihrer Symbole zu machen und als Synonym für den Marsch zur Feldherrnhalle zu benutzen«[716], darüber treten die Forschermeinungen auseinander. Wo für Uwe Ketelsen feststeht, daß die bildungsbürgerliche Bindung von Langemarck zu stabil war für eine nationalsozialistische Übernahme, sieht Bernd Hüppauf in dem Mythos von Langemarck, in dem (ältere) kollektive Träume und Haltungen konzentriert waren, gerade »eine treibende Kraft bei der Verführung einer zivilisierten Bevölkerung«[717]. Schon lange vor 1933 sei Langemarck zum Synonym für das Programm einer »Verjüngung der deutschen Nation geworden [...]. Der Nationalsozialismus hatte daher keine Schwierigkeiten und fand es vorteilhaft, diesen Mythos auszubeuten und selbst an seiner Weiterentwicklung mitzuwirken.«[718] Gleichwohl erkennt auch Hüppauf den Anachronismus des Mythos von Langemarck. So stellt er neben den romantischen Mythos vom begeisterten Selbstopfer der Jugend eine andere im Nationalsozialismus bedeutsam werdende Figur: den aggressiven »Verdun-Mythos vom emotionslosen modernen Krieger, der wie eine Kampfmaschine funktioniert«[719]. Dieser trage auf ungleich realistischere Weise der Realität der Materialschlachten Rechnung, sei jedoch zugleich Ausdruck der »Faszination durch das Zeitalter der modernen Technologie«[720].

Es ist schließlich kein anderer als Ernst Jünger, der historisch treffsicher den bildungsbürgerlichen Mythos von Langemarck mit seiner Konstruktion des neuen ›Maschinen-Menschen‹ zusammenführt. Dabei greift er auf das Begriffsbild der Initiation zurück, wie es im jugendbewegten Gedankengut und in der Genealogie des Männerbundes schon vor dem Krieg virulent war. In seiner ritualistischen Lesart des Krieges verbindet sich darüber hinaus mit herakleischem Pathos die in der politischen Romantik von Historie und Ökonomie losgelöste Sphäre des Kultes wieder mit der Arbeit. Damit vereinigen sich die seit dem romantischen Protest getrennten Bereiche von Kult und Initiation erneut mit der technischen Rationalität des Kapitalismus. Im Zentrum der Jüngerschen Umdeutung des Krieges zu einem initiatorischen Erlebnis steht jedoch nicht der Protest, sondern die Auslöschung des bürgerlichen Individuums als eines sensiblen Affekt- und Reflexionswesens. Bei der dadurch bewirkten historischen Wende schicke sich, so Jünger, ein neues Urbild – die Gestalt des Arbeiters – an, die Welt zu beherrschen. Aus der Asche der Freiwilligen-Regimenter von 1914, der letzten Inkarnation des Bürgertums, erhebe sich eine neue ›Rasse‹, die es gelernt habe, sich dem metallischen Tod ähnlich zu machen. Auf diese Weise sei sie, die neue »Rasse«, nicht länger Opfer, sondern habe es vollbracht, die »Todeszone zu beherrschen«[721]. Um seiner initiatorischen Interpretation der tödlichen Kriegserfahrung die zusätzliche Bedeutung einer Zeitenwende zu verleihen, greift Jünger 1932 in seiner Schrift *Der Arbeiter* auf das geistesgeschichtlich bedeutsame Ereignis bei Langemarck zurück:

> Wir sehen hier einen klassischen Angriff zusammenbrechen, ungeachtet der Stärke des Willens zur Macht, der die Individuen beseelt, und der moralischen und geistigen Werte, durch die sie ausgezeichnet sind. Freier Wille, Bildung, Begeisterung und der Rausch der Todesverachtung reichen nicht zu, die Schwerkraft der wenigen hundert Meter zu überwinden, auf denen der Zauber des mechanischen Todes regiert. [...] Hier kündete sich das Aussterben eines besonderen Menschenschlages im Angriff auf seine vorgeschobenen Posten an. Die Empfindungen des Herzens und die Systeme des Geistes sind widerlegbar, während ein Gegenstand unwiderlegbar ist – und ein solcher Gegenstand ist das Maschinengewehr.[722]

Wo unzählige Sänger des Mythos der jugendlichen Kämpfer an dem klassischen Initiationsmodell festhalten und davon erzählen, wie Langemarck »unserer ganzen Zeit als Feuerprobe gegeben ist, um uns alle zu Männern reifen zu lassen«[723], durchbricht Jünger das rituelle Schema. In seiner Deutung des Kriegserlebnisses wird das Initiationsmodell in der Weise umfunktioniert, daß aus dem ›Stahlbad‹ und der ›Feuertaufe‹ nicht ein Individuum als reifer Mann ersteht, sondern eine gleichsam aus Organischem und Anorganischem zusammengesetzte posthumane Gestalt, ein Revenant und Doppelgänger des neuen Todes. Im Typus des Arbeiters, werden nach Helmut Lethen die »Verhaltenslehren der Kälte« endgültig eingeübt, hier realisiert sich »der Traum von der Synchronisation des Organismus mit der Gerätewelt.«[724] Von nun an, so prophezeit Jünger der Nachkriegsgesellschaft, werde der Arbeitscharakter des gesellschaftlichen Lebens ebenso total werden, wie der des Kampfes. Wie in der antiken Gestalt des Herakles vorgeformt, sei für den neuen ›gestählten‹ Menschen Arbeit immer Kampf und Kampf immer Arbeit. Der initiatorische Prozeß, während dem der einzelne der Übermacht der Waffentechnik ›begegnet‹, entpuppt sich so als Auslöschungsprozeß: »Was stirbt, was abfällt, ist das Individuum als der Vertreter geschwächter und zum Untergang bestimmter Ordnungen. Durch diesen Tod muß der Einzelne hindurch, gleichviel, ob seine dem Auge sichtbare Laufbahn durch ihn beendet wird oder nicht, und es ist ein guter Anblick, wenn er ihm nicht auszuweichen, sondern ihn im Angriff aufzusuchen strebt.«[725] Der Rückgriff auf Initiationspatterns und -mythen vollzieht sich hier wie ein Reflex auf Schock und Trauma. Hier wird demnach auch auf dem Gebiet der Literatur die patriotisch tradierte Opferdialektik als anachronistisch gekennzeichnet und in die kriegshistorisch realistischere Gestalt einer Mimesis an den mechanisierten Tod überführt.

6.3. Die Konstruktion des germanischen Männerbundes

6.3.1. Geisterheere

Wo im nationalsozialistischen Totenkult die lebenden, zukünftigen Krieger mit den auferstandenen, toten Kriegern verschmelzen und darin zugleich die ›kameradschaftliche Volksgemeinschaft‹ als ganze nach dem Modell des sakralen Totenheeres modelliert ist, da wird die Dialektik des Opfers verlassen. Im religiösen Opferkult gab es immer die Differenz zwischen Geopfertem und Opferer. Ein Teil stirbt, damit die Mehrheit lebe. Nun verkehrt sich in den modernen Totengedenkkulten des Nationalsozialismus diese Struktur, und »das Leben wird unter die Herrschaft des Todes gestellt. Eine wahrhafte Existenz führe allein, wer jederzeit bereit ist, das Leben zu opfern um des Todes willen; denn allein der gewaltsame kriegerische Tod schafft den Übergang zum mythischen Kollektiv der ewigen Kämpfer.«[726] An die Stelle des *pars pro toto*, also des Stellvertreterprinzips des Opfers, treten nun die lebenden Krieger und die nach dem Muster der ›Frontgemeinschaft‹ geformte Gesellschaft insgesamt in die ›heilige‹ Sphäre des Todes ein. Die Präsenz des Todes und der Toten muß jedoch nicht im anachronistischen Kostüm der Gespenster- und Geisterbeschwörung vollzogen werden, wie es oft genug das Totengedenken bereits in der Weimarer Republik beeinflußte[727]. Sie kann sich auch, das hat Ernst Jünger weit in das zwanzigste Jahrhundert vorausweisend gezeigt, aktiv in Gestalt einer modernen Anverwandlung an Ding und Maschine ereignen.

Da wo Jünger auf die ›Verhaltenslehren der Kälte‹ setzt, knüpfen andere Theoretiker der Todesmimesis an die zum Rausch erhöhte ›Begeisterung‹ der Freiwilligen-Regimenter an. So läßt Heinrich Zerkaulen beispielsweise in seinem Theaterstück *Jugend von Langemarck* von 1933 die Studenten über die Qualität ihrer Begeisterung debattieren. Zuerst führen die jungen Protagonisten den ›Rausch‹ mit unbewußter Zielstrebigkeit auf das ›Rauschen‹ zurück, das den Wanderer in Wind, Vogelflug und Bächlein begleitet. Doch nun ist daraus ein metaphysisches, ja genealogisches Rauschen geworden: »Rausch, das kommt nämlich her von rauschen. Ja, Brüder – es rauscht in uns. Das Blut der Väter rauscht in uns von Jahrhunderten her. Alle, die sie ihr Leben ließen für die Heimaterde, die von Fehrbellin, die von Rossbach, von Leuthen, Jena, die von Sedan – bei uns sind sie – *in* uns! [...] Da müssen wir doch stürmen. [...] Schon damit es einst in denen wieder rauscht, die nach uns kommen. [...] Aus der Unendlichkeit rauschen *wir* in *ihrem* Blut.«[728] Zu einem ekstatischen Verwandlungserlebnis *par excellence* gestaltet allerdings erst der Schriftsteller Hermann Thimmermann 1933 in seinem gleichnamigen Roman den *Sturm auf Langemarck*[729]. Dabei spielt, »für den, der dabei war« das »heilige Lied«[730] die entscheidende mediale Rolle. Denn plötzlich, »um die Stunde des Frühnachmittags, da es bei den Stäben sicher war, daß der erste Schlachttag von

Langemarck verloren sei, [...] um diese Stunde ist es dann in einem Winkel dieser erbarmungslosen Sterbelandschaft, daß sich zuerst eine Stimme erhob. Und Stimme und Stimme findet sich ein. Und ein Gesang löst sich von der tödlich verfluchten Erde. Und nun steigt es auf, das Lied, das Lied, das Lied!!!«[731] Darauf, ganz der Bewegung des Liedes folgend, erheben sich auch die erschöpften Männer aus der Masse der Toten, bilden eine »todesentschlossene Stürmerreihe«[732] und stürzen vorwärts. Während des verzweifelt-enthusiastischen Angriffs aber findet ihre Verwandlung statt. Nicht erst im posthumen Mythos und Kult, so die Botschaft des Romans, sondern bereits im Vollzug ihres ›Vorlaufens in den Tod‹ ereignet sich der Übertritt in die Zone des Geisterreiches. »Denn schon hier«, so der Autor, »sind es keine Menschen mehr, keine Kinder, Jünglinge und Männer mehr, die da ankommen, mehr schwankend und fallend, als laufend, mit dem Sturmgesang auf den Lippen, Schritt um Schritt, unaufhaltsam, unhemmbar – auf diese gespenstische, teuflische, feuerspeiende Häuserwand zu – es sind unwirkliche Gestalten aus einer Sage, mit glühenden Gesichtern, mit brennenden Augen. [...] Und einen Augenblick scheint es, als ob Langemarck in eisigem Entsetzen den Atem anhalten würde vor diesem apokalyptischen Traum, der da angetaumelt kommt [...]. «[733]

6.3.2 Der Männerbund des Todes und der Germane als ›Ekstatiker‹

Diese vermeintliche Verwandlung der lebenden Krieger in ein wildes Gespenster- und Totenheer, die in Thimmermanns Roman *Der Sturm auf Langemarck* literarisch inszeniert wurde, hatte freilich eine Parallele in der Wissenschaft. Inmitten des kulturpolitischen Prozesses der Erfindung einer ebenso urzeitlichen wie kontinuierlichen germanischen Tradition[734] fand in Germanistik und Volkskunde um 1920 die ›Entdeckung‹ des germanischen Kriegerbundes statt. Es handelte sich dabei um einen ›geweihten‹ heroischen Männerbund, der sich von Zeit zu Zeit in ein rasendes Toten- und Geisterheer zu verwandeln verstand. Galten die Germanen seit der römischen Antike als unzivilisiert und barbarisch, so traten sie nun als Bund nobler Elitekrieger in die göttliche Sphäre von Odin und Wotan ein. Andererseits nahm man die Männerbundtheorie von Heinrich Schurtz wieder auf und schrieb den germanischen Männerbünden kultur- und staatenbildende Qualitäten zu. Diskutiert wurde in den genannten Wissenschaften freilich nicht allein die Frage, ob es bei den »Germanen geheime kultische Männerbünde gab, die ekstatische Riten pflegten und als eine Art Elitetruppe in magischer Verbindung mit dem dämonischen Geisterheer standen.«[735] Debattiert wurde auch darüber, ob eine Kontinuität dieser Tradition von der Antike bis zur Neuzeit in den Quellen und den Relikten der Bräuche zu bezeugen sei. Obwohl diese Debatte bis heute in der Altertumskunde nicht abgeschlossen ist[736], soll hier weniger die quellenhistorische Kontroverse, als vielmehr die Qualität der Beziehung des germanischen Kriegerbundes zum Toten- und Geisterheer interessieren. Welche Rolle spielt dabei in den wissenschaftlichen Diskursen die Ahnen-Ekstase? Wird sie als liminaler Aspekt von Initiationsritualen analysiert und damit entmystifiziert, oder dient die wissenschaftliche Beschwörung einer Verwandlung der Lebenden in die Toten und *vice versa* letztlich einem modernen Totenkult?

In gewisser Weise schließt sich an dieser Stelle der Ausführungen der Kreis, der 1902 mit den ethnologischen Studien von Heinrich Schurtz zu ›Altersklassen und Männerbünden‹ und der europaweiten wissenschaftlichen ›Entdeckung‹ des Rituals[737] seinen Anfang nahm. Das geschieht auf zweierlei Weise: Zunächst durch eine germanistische Männerbundtheorie, die von Kult und Ritual ausgeht. Die entscheidenden Forscher, Lily Weiser (später Weiser-Aall) ebenso wie Otto Höfler, stammen aus der Wiener Schule der ›Ritualisten‹, die um den Germanisten Rudolf Much gruppiert war.[738] Im weiteren gab dann Lily Weisers 1927 veröffentlichte Habilitationsschrift[739] mit dem Titel *Altgermanische Jünglingsweihen und Männerbünde*, ähnlich wie die Arbeit des Ethnologen Heinrich Schurtz, den Anstoß zu einer neuen Welle von Männerbundforschungen und Männerbundbildungen. Lily Weisers bis heute zu wenig beachtetes Buch zeichnet sich durch seine gründliche und für fächerübergreifende Forschungsansätze offene Qualität aus. Sie bezog in breiter vergleichender Perspektive stammesgesellschaftliche Initiationsformen und Geheimbünde in ihre Analyse ein. Obwohl Weisers Habilitation selbst von »völkischen und rassistischen Tendenzen frei war« ließ sich ihr »Bild von den ›Germanen‹ doch trefflich politisieren und ideologisieren«[740]. Weiser trat nämlich mit einem Germanenbild hervor, in dem die rituelle Ekstase, die sich während der Initiation des jungen Mannes in den Bund der Elitekrieger vollzog, im Zentrum des kultischen und kriegerischen Lebens der Geheimbünde stand. »Der Kern dieser Erlebnisses«, so die Autorin, »ist ekstatischer Art; ein Berührtwerden [...] von einer übermenschlichen Macht«[741]. Diese übermenschliche Macht verkörpere sich vor allem in den kriegerischen Ahnen, dem ›Totenheer‹, mit dem die neuen, noch lebenden Krieger während der Initiation in Tanz und Maskierung verschmelzen. Als ›Ritualistin‹, die von dem erlebnisorientierten Religionsbegriff Jacob Wilhelm Hauers[742] ausging, bildeten nach Weiser diese rituellen Verwandlungsekstasen die Realsubstanz für alle Mythen und Legenden vom ›Totenheer‹, der ›Wilden Jagd‹ und nicht zuletzt von den Berserkern als den ›Wilden Gesellen‹ im Bärenfell. Anders als die auf sie folgenden völkischen Deuter des germanischen Männerbundes, allen voran Otto Höfler, konzentrierte sich Weiser gleichwohl auf die Rolle des Initiationsrituals als Konfliktmedium. Unter Rückgriff auf die internationale Religionsethnologie ihrer Zeit, ebenso jedoch auf Theodor Reiks psychoanalytische Ritualdeutungen, sieht sie in dem grausamen Totentanz der Jungeninitiation auch »den Kampf zweier Generationen und den Kampf um die Herrschaft der Männer den Frauen gegenüber«[743]. Im Gegensatz zu Höfler, der alle Quellen, Mythen und Rituale ebenso eindimensional wie fasziniert von seiner Konstruktion eines rein männlichen, germanischen Totenkultes aufgehen läßt, erkennt Weiser in dem Material eine deutliche Spannung von Totenkult und »Fruchtbarkeitszauber«[744]. Außerdem entdeckt sie eine Beziehung zu dionysischen Ritualen und zu weiblichen Gottheiten, wie zum Beispiel Artemis[745]. Darüber hinaus ist bei Weiser die Rede von »ekstatisch erregten Frauen«[746] und »zügellose[n] Orgien«[747] sowie vom engen Zusammenhang zwischen Vegetations- und Totengeistern: »Besonders geeignet zu einem derartigen Analogiezauber«, so die Autorin am Ende ihrer Ausführungen, »sind die jungen eben erblühten Menschen, denen zugleich in diesen Riten die Weihe zur eigenen Fruchtbarkeit erteilt werden soll. Ebenso wichtig ist die Vorstellung, daß die Toten, gewöhnlich die Ahnen, die die Jungen darstellen, über das Wachsen der Pflanzen walten.«[748]

Die Forscherin untersucht in einer weit gespannten vergleichenden Perspektive auch asiatische schamanistische Ekstaseformen und nimmt damit eine allgemeinere »vorindogermanische Schicht«[749] der Ritenkomplexe an. Insbesondere in Weisers Hervorhebung des Generationen- und Geschlechterkonflikts bei der Deutung der Initiationsrituale will Carlo Ginzburg die wahrscheinlich außerwissenschaftliche Genese ihrer Arbeit entdeckt haben. Diese war für ihn zweifelsfrei »die Jugendbewegung, in der sich am Anfang des 20. Jahrhunderts in Deutschland der kulturelle Bruch zwischen Vätern und Söhnen aufgetan hat«[750]. War Weiser demnach in dieser Zeit ihres Lebens[751] eher ›bündisch‹ inspiriert, so tendierte Otto Höfler in seinem 1934 publizierten Buch *Kultische Geheimbünde der Germanen* deutlich in die völkische Richtung. Schon in der Einleitung seines Buches betont er, worum es ihm ausschließlich gehen wird: um den »heroisch-dämonischen Totenkult der germanischen Mannschaftsverbände« und seine Rolle bis in die Kultur seiner Zeit. Alle mit diesem Totenkult verbundenen Mythen vom »wütenden, wilden oder vom Totenheer« werden weder naturallegorisch noch poetisch sein, sondern »hier soll die heroisch-ekstatische, ethisch streng verpflichtende Verbundenheit der Lebenden mit ihren verehrten Toten als Grundpfeiler unserer volkhaften Kultur erwiesen werden.«[752] Immer wieder betont Höfler dabei den performativen, das heißt den wirklich verwandelnden Charakter der »Kriegerekstase«, denn »jenes Einswerden mit den Toten« wurde »nicht abstrakt ›gedacht‹, sondern war in der kultischen Feier konkreteste Wirklichkeit«[753]. Im gleichen Zug, indem sich Höfler von den vegetationsmagischen, den Totenkult mit sexuellen Orgien und »Heiliger Hochzeit« verknüpfenden Interpretationen abwendet, hebt er die »ausgesprochen terroristische« Qualität der »Ekstase, die Außenstehende in zitternde Schrecken versetzt«, und die »dämonische« Tötungswut der »geweihten Krieger« hervor.[754] Indem es sich schwarz anmalt und kleidet, nur zur Nacht angreift und Haare und Bart verwildern läßt, sei das »Wilde Heer« der verkörperte Tod. Es komme somit, führt Otto Höfler aus, dem Glauben vom »Geisterheer«, also dem Heer verstorbener Krieger, nahe. Denn wie das »Wilde Heer« der Elitekrieger als Heer toter Lebender erscheint, so trete das »Geisterheer« als »eine Schar lebendiger Toter«[755] auf. »Hier ›sind‹«, so resümiert er, »die Mitglieder des Bundes gleich Toten.«[756]

Otto Höfler will nicht weniger als diese sinnstiftende Sehnsucht nach der Gemeinschaft mit den edlen Verstorbenen im Inneren der germanischen und der deutschen Seele entdecken. In ihr, so seine Konstruktion, löst sich jedoch die Grenze zwischen Leben und Tod auf, und der Tod wird universell.[757] Bei seiner Anstrengung, den ›dämonischen‹ männlichen Totenkult und seine Ekstasen als ›Urerlebnis‹ und germanisches Erbe zu beschwören, gerät auch Höfler, wie schon viele Baumeister des Männerbundes, in den Konflikt einer Rauschkonkurrenz. So fühlt er sich im Verlauf seiner Argumentation immer wieder genötigt, die bindende, asketische Ekstase seiner Krieger von der auflösenden, ›heißen‹ Ekstase anderer Traditionen abzugrenzen. »Das Wort ›Ekstase‹ läßt den modernen Menschen«, so Höfler paradigmatisch bereits in der Einleitung, »vielleicht zunächst an ein rauschhaftes Hinsinken denken, an eine Lösung aller Bindungen und ein rasendes Aufgehen im Chaotischen. Es ist nun eine Tatsache von unabsehbarer Bedeutung, daß uns die germanische Überlieferung von der *Wilden Jagd* und vom *Wütenden Heer* und seinem Führer ein völlig anderes Wesen offenbaren: diese Art der kultischen Daseinssteigerung bedeutet nicht schweifenden Genuß, sondern – eine Verpflichtung an die Toten.«[758] Im nächsten Satz formuliert Höfler die explizite Absage an alle individualistischen Ekstasen, seien sie nun dionysisch oder schamanistisch. Er liefert allerdings die pädagogische Intention des von ihm konstruierten Initiationsrausches gleich mit, wenn er ausführt: »Auch hier werden zwar in der Ekstase die Schranken des Individuums durchbrochen, aber nicht um das Individuum von den Schranken und Ordnungen zu entbinden, sondern um es eingehen zu lassen in die überindividuelle Gemeinschaft des Bundes mit den Toten – mit ›seinen‹ Toten«[759]. An anderer Stelle wird die männliche Kriegerekstase als ›rein‹ charakterisiert, wenn Höfler sie schroff gegen die »zynische Schmutzigkeit« und »zügellose Ausschweifung der Hexenkulte«[760] abgrenzt. Nichts sei zu entdecken, so argumentiert er, »was die Berserkerwut mit südlichen Geschlechtsorgien vergleichen ließe.«[761] Denn nur »die Bindung (re-ligio!) an die fortlebenden Toten und ihren Führer ist heilige Verpflichtung.«[762]

Wenig mehr als das Charisma einer gleichsam entfesselten Wut und die Faszination der elitären, männlichen Toten- und Tötungsgemeinschaft ist als Bindemittel an die Stelle des von Hans Blüher beschworenen mann-männlichen Eros getreten. Erst in dieser von allen unreinen, aufrührerischen und triebhaften Konnotationen gereinigten Form eines zölibatären, schwarzen Ordens, der sich völlig dem Tod und dem Töten geweiht hat, war das Höflersche Germanenbild und sein Männerbundgedanke im Nationalsozialismus »voll verwertbar«[763]. Zudem stellte Höfler selbst »von den germanischen Göttern und Helden zu den politisch-militärischen Organisationen der Jetztzeit eine lange Kontinuität her«[764]. So, wie es für ihn sicher war, daß es hinter den Mythen von der ›Wilden Jagd‹ leibhaftige Jugendgruppen und initiatorische Männerbünde gegeben hat, die überzeugt davon waren, das Totenheer darzustellen, so »fand sich implizit in *Kultische Geheimbünde der Germanen* eine Annäherung zwischen Berserkern und SA. Die Berserker wurden über die SA gedeutet und umgekehrt.«[765]

Für Otto Höfler, der in den zwanziger Jahren der SA angehörte[766] und erst Ende 1937 in die NSDAP eintrat[767], erwuchs aus dieser männerbündischen Perspektive die Überzeugung, daß auch der neue Staat Deutschland nicht aus Familie oder Sippe erwachsen werde, sondern aus der Vereinigung wehrhafter Männer. Denn nur in den »Männerbünden [...] fand die eigenste Begabung der nordischen Rasse, die staatenbildende Kraft, [...] ihre Stätte.«[768] Diese Konstruktion einer germanischen Erbschaft der Gegenwart schwamm zwar in der allgemeinen Männerbundfaszination der Zeit mit. Sie kam gleichwohl nicht allein dem Selbstbild der SA und später der SS als (neu-)germanischen Bünden und Orden entgegen. Höfler selbst verschob sein Engagement während der NS-Zeit von der SA zur SS und arbeitete nicht nur als Professor für Volkskunde in München, sondern auch an der SS-Stiftung *Ahnenerbe* von Heinrich Himmler mit.[769] Seine Theorie vom noblen, ekstatischen und dabei asketischen Kriegerbund wurde als Forschungsbeitrag zwar international diskutiert[770] – Wissenschaftler wie Stig Wikander, George Dumézil und anfangs auch Karl Meuli nahmen seine Theorie positiv auf[771] –, sie unterstützte jedoch auch das »Selbstverständnis der Nationalsozialisten als einer emotional-ekstatischen Bewegung«[772]. Im Unterschied zu Lily Weiser hatte sich Höfler in den zwanziger Jahren offensichtlich »von dem Zweig der Jugendbewegung inspirieren lassen, der in den Nationalsozialismus mündet. Aber nachdem diese *bündische* Richtung die erste Phase der Nazi-Bewegung bestimmt hatte, wurde sie alsbald in den Hintergrund gedrängt.«[773] In der Kritik, die in der Folge an dem männerbündischen Germanenbild Höflers von nationalsozialistischer Seite aus geübt wurde, nehmen allerdings nicht allein die Spannungen zwischen SA und SS deutliche Konturen an. Auch Rivalitäten zwischen anderen konkurrierenden Mächten in der NS-Gesellschaft, besonders solche zwischen einigen Mitgliedern des kulturpolitischen ›Amtes Rosenberg‹ und der SS-Stiftung *Ahnenerbe* werden hier offensichtlich.[774] So gab es in dem von dem Volkskundler und Rassetheoretiker Hans F. K. Günther befürworteten bäuerlich-sippenorientierten Germanenbild keinen Platz für die entfesselte Raserei der Berserker. Darüber hinaus war man sich sicher, daß »der männerbündische Gedanke die vaterrechtliche Familie zersetze«[775]. In einer 1936 in der von Hans F. K. Günther herausgegebenen Monatszeitschrift *Rasse* veröffentlichten Rezension von Höflers Buch wurde daher sowohl die Existenz von kriegerischen, aber gleichwohl staatenbildenden Geheimbünden als auch deren ekstatische Wut angezweifelt, denn: »Bei den Germanen gibt es das von den Frauen abgesonderte Männerhaus nicht [...], vielmehr findet sich von ersten deutlich erkennbaren Anfängen an die Familie beieinander und das Familiengefühl sehr ausgeprägt.«[776] Selbst die kalte ›Ekstase‹ der geweihten Krieger, die Höfler zum ›Urerlebnis‹ der germanischen Religion aufzubauen trachtet, wird nun von dieser tugendhaften und dabei familienorientierten Reinheitsposition aus als ein Zuviel an ›Rausch‹ abgelehnt. Denn der »Germane als Bauer [...] und nüchterner Diesseitsmensch, der mit beiden Füßen auf der Erde steht, [sehnt, Zusatz U. B.] sich durchaus nicht von ihr fort in ein besseres Jenseits oder einen Zustand der Entrückung«[777]. Ganz im Gegenteil, so schließt die Rezension, sei das Germanenbild Höflers ein »artfremdes, von südlichem Geist getragenes Bild. [...] Weder waren die Germanen primitive Dämonenknechte noch rauschsüchtige Geheimbündler und Ekstatiker.«[778] Für Carlo Ginzburg ist der historische Hintergrund dieser im Grunde biederen Abrechung mit Höflers Germanenbild eindeutig zu bestimmen. Die Beschwörung des ekstatischen Männerbundes, so resümiert er, erinnerte diese nationalsozialistischen Kritiker »eben immer noch an die SA, die zwei Jahre zuvor das Opfer der bekannten blutigen Säuberung gewesen war.«[779] So traf am Ende selbst Höflers so ›reine‹ Konstruktion des Männerbundes ein homophober Affekt. Dieser erhielt freilich durch die Schriften Hans Blühers, die sowohl Ernst Röhm als auch Heinrich Himmler, Hans Bäumler, Alfred Rosenberg und – schenkt man Blühers Ausführungen Glauben[780] – selbst Adolf Hitler gut bekannt waren, eine provozierende theoretische Grundlage. Gesellschaftlich wirksam wurde die Homophobie allerdings nicht zuletzt aufgrund nicht abreißender Homosexualitätsverdächtigungen – zuerst durch die Weimarer Linke angezettelt, dann aber, wie eine Geheimrede zum Thema Homosexualität von Heinrich Himmler 1937 offenbart, auch im NS-Regime selbst. Die Homophobie verstärkte sich mit dem Skandal um Ernst Röhm und kulminierte in Röhms Ermordung. Damals war von einer Verschwörung die Rede, die Röhm mitsamt seines Männerbundes SA gegen Hitlers Staat geplant habe. Gleichzeitig offenbart sich jedoch an dieser brisanten Konfliktlage nochmals die ganze, hochpolitische Polysemie des Männerbunddiskurses. War doch der Männerbund »gleichzeitig Phänomen der Rückkehr zum Ursprung *und* der Dekadenz, Phänomen des religiösen Ordens *und* der Ekstase, der Homosexualität *und* der höchsten Zucht etc.«[781] Hatte Hans Blüher die mann-männliche erotische Bindung zum Movens des Männerbundes und des kommenden Staates erhoben, so postulierten wichtige ideologische Führer des Nationalsozialismus ihren Staat zwar ausdrücklich als einen »Männerstaat«[782] – die homoerotische Bindung jedoch wurde in deutlicher Umkehrung der Blüherschen These zum Kern seiner existentiellen Bedrohung erklärt und mußte ausgelöscht werden.

Literaturverzeichnis

Abel, Herbert: *Vom Raritätenkabinett zum Überseemuseum. Die Geschichte einer hanseatischen Sammlung aus Übersee anläßlich ihres 75jährigen Bestehens*, Bremen 1970.

Achelis, Thomas: *Die Ekstase in ihrer kulturellen Bedeutung*, Berlin 1902.

Adorno, Theodor W.: ›Zum Gedächtnis Eichendorffs‹, in: Ders.: *Noten zur Literatur I.* Frankfurt a.M. 1975, S. 105–145.

-: Ders.: ›Tough Baby‹, in: *Minima Moralia. Reflexionen aus dem beschädigten Leben* (1951). Frankfurt a.M. 1973, S. 51f.

Arendt, Hannah: *Vita activa oder Vom tätigen Leben.* München/Zürich 1967.

Bachofen, Johann Jacob: *Das Mutterrecht. Eine Untersuchung über die Gynaikokratie der alten Welt nach ihrer religiösen und rechtlichen Natur* (1861). Frankfurt a.M. 1975.

Bäumler, Alfred: *Männerbund und Wissenschaft.* Berlin 1934.

Begemann, Christian/Wellbery, David E. (Hg.): *Kunst – Zeugung – Geburt. Theorien und Metaphern ästhetischer Produktion in der Neuzeit.* Freiburg im Breisgau 2002.

Behrenbeck, Sabine: *Der Kult um die toten Helden. Nationalsozialistische Mythen, Riten und Symbole 1923 bis 1945.* Vierow bei Greifswald 1996.

Benjamin, Walter: ›Über das humanistische Gymnasium‹, in: Rolf Tiedemann/Hermann Schweppenhäuser (Hg.): *Gesammelte Schriften*, Bd. 4. Frankfurt a.M. 1977

Benn, Gottfried: ›Dorische Welt‹, in: Ders.: *Auswahl aus dem Werk*, hg. von Dieter Wellershoff. Darmstadt 1962, S. 177–198.

Berman, Russel A.: *The Rise of the Modern German Novel. Crisis and Charism.* Cambridge 1986.

Bernfeld, Siegfried: *Antiautoritäre Erziehung und Psychoanalyse*, 3 Bde. Frankfurt a.M./Wien/Berlin 1974.

Binding, Rudolf G.: ›Deutsche Jugend vor den Toten des Krieges‹. Rede gehalten bei der Enthüllung des Ehrendenkmals für die Gefallenen von Langemarck auf dem Heidelstein in der Rhön (1924), in: Adam Weyer (Hg.): *Reden an die deutsche Jugend im zwanzigsten Jahrhundert.* Wuppertal/Bremen 1966, S. 59–65.

Blüher Hans: *Wandervogel. Geschichte einer Jugendbewegung*, Bd. 1–2, (1912/1913). 5. Aufl., Frankfurt a.M. 1976.

-: Bd. 3: ›Die deutsche Wandervogelbewegung als erotisches Phänomen‹. Ein Beitrag zur Erkenntnis der sexuellen Inversion. 1. Aufl., m. e. Vorwort v. Dr. med. Magnus Hirschfeld, Berlin 1912.

-: Bd. 3: ›Die deutsche Wandervogelbewegung als erotisches Phänomen‹. 2. verbesserte Aufl., Berlin 1914.

-: *Die Rolle der Erotik in der männlichen Gesellschaft. Eine Theorie der menschlichen Staatenbildung nach Wesen und Wert.* Bd. I: ›Der Typus Inversus‹, Jena 1919; Bd. II: ›Familie und Männerbund‹. Jena 1921.

-: Brief an Ludwig Gurlitt vom 15. 2. 1912, Blüher-Nachlass in der Staatsbibliothek Preußischer Kulturbesitz in Berlin, Kasten X.

-: *Sappho über den Eros*, Manuskript 1912/13 im Blüher-Nachlass in der Staatsbibliothek Preußischer Kulturbesitz in Berlin, Kasten III.

-: ›Zwei psychosanitäre Forderungen‹, in: *Sexualprobleme*, 9. Jg., 1913, S. 527–536.

-: ›Die drei Grundformen der Homosexualität. Eine sexuologische Studie‹, in: *Jahrbuch für sexuelle Zwischenstufen mit besonderer Berücksichtigung der Homosexualität.* Leipzig 1913. Wiederabdruck in: *Jahrbuch für sexuelle Zwischenstufen, Auswahl aus den Jahrgängen 1899-1923*, Bd. 2. Frankfurt a.M. 1984, S. 27–104.

-: *Ulrich von Wilamowitz und der deutsche Geist 1871/1915.* Berlin 1916.

-: *Führer und Volk in der Jugendbewegung.* Jena 1924.

Blüher, Hans: *Der bürgerliche und der geistige Antifeminismus.* Berlin 1916.
-: *Familie und Männerbund.* Leipzig 1918.
-: *Deutsches Reich, Judentum und Sozialismus. Eine Rede an die Freideutsche Jugend,* (1919). 2. Aufl., Prien 1920.
-: *Die Wiedergeburt der platonischen Akademie.* Jena 1920.
-: *»Der Menschensohn«* (1920), Blüher-Nachlass in der Staatsbibliothek Preußischer Kulturbesitz in Berlin, Kasten IV.
-: *Werke und Tage. Geschichte eines Denkers.* 2. Aufl., München 1953.
-: *Secessio Judaica. Philosophische Grundlegung der historischen Situation des Judentums und der antisemitischen Bewegung.* Berlin 1922. 2. Aufl., Potsdam 1933.
-: *Die Rede des Aristophanes. Prolegomena zu einer Soziologie des Menschengeschlechts,* unautorisierte Veröffentlichung aus dem Nachlass, Hans Blüher Archiv (Hg.). Hamburg 1966.
-: *Die Aristie des Jesus von Nazareth.* Prien 1921.
-: *Charakter der Jugendbewegung.* Leipzig 1921.
-: *Die Erhebung Israels gegen die christlichen Güter.* Hamburg 1932.
-: *Das Judentum und die falsch gestellte Rassenfrage.* Basel 1932.
-: ›Über die Sublimierung der Sexualität‹, in: *Sexual-Probleme,* Nr. 10, 1914, S. 611–617.
-: *Studien zur Inversion und Perversion. Das uralte Phänomen der geschlechtlichen Inversion in natürlicher Sicht,* hg. von Hans Joachim Schoeps. Stuttgart 1965.
Zelvenkamp, Artur, d. i. Blüher, Hans: *Der Judas wider sich selbst. Aus den nachgelassenen Papieren des Artur Zelvenkamp,* Annemarie v. G. (Hg.). Berlin 1922.
Bockhorn, Olaf: ›Von Ritualen, Mythen und Lebenskreisen: Volkskunde im Umfeld der Universität Wien‹, in: Wolfgang, Jacobeit/Hannjost Lixfeld/Olaf Bockhorn (Hg.): *Völkische Wissenschaft. Gestalten und Tendenzen der deutschen und österreichischen Volkskunde in der ersten Hälfte des 20. Jahrhunderts.* Wien/Köln/Weimar 1994, S. 478–526.
Bogen, H.: Rezension, in: *Zeitschrift der deutschen Adelsgenossenschaft für die Aufgaben des christlichen Adels,* Nr. 19, 50. Jg., 7. Mai 1932, S. 262, Enthalten im Blüher-Nachlass in der Staatsbibliothek Preußischer Kulturbesitz in Berlin, Kasten III.
Bollnow, Otto Friedrich: *Rilke.* Stuttgart 1951.
Bovenschen, Silvia: *Imaginierte Weiblichkeit. Exemplarische Untersuchungen zu kulturgeschichtlichen und literarischen Präsentationsformen des Weiblichen.* Frankfurt a.M. 1980.
Brandenburg, Hans-Christian: ›Der junge Eberhard Koebel. Materialien zu Biographie eines bündischen Jugendführers‹, in: *Jahrbuch des Archivs der deutschen Jugendbewegung.* Burg Ludwigstein, 15, 1985, S. 325-352.
Braun, Christina von: ›Männliche Hysterie – Weibliche Askese. Zum Paradigmenwechsel der Geschlechterrollen‹, in: Dies.: *Die schamlose Schönheit des Vergangenen. Zum Verhältnis von Geschlecht und Geschichte.* Frankfurt a.M. 1989, S. 51–80.
-: ›Ist die Sexualwissenschaft eine »jüdische Wissenschaft«‹?, in: *Zeitschrift für Sexualforschung,* 14, 2001, S. 1–17.
Breuer, Hans: ›Das Teegespräch‹, in: *Der Wandervogel,* 6, 1911, S. 31-38; wiederabgedruckt in Hans Breuer: *Wirken und Wirkungen.* Archiv der deutschen Jugendbewegung Burg Ludwigstein. Witzenhausen 1977, S. 65–71.
Breuer, Stefan: ›Magisches und religiöses Charisma: Entwicklungsgeschichtliche Perspektiven‹, in: *Kölner Zeitschrift für Soziologie und Sozialpsychologie,* 41, 1989, S. 215–240.
-: *Bürokratie und Charisma. Zur politischen Soziologie Max Webers.* Darmstadt 1994.
-: *Anatomie der Konservativen Revolution.* Darmstadt 1995.
-: ›»Gemeinschaft« in der »deutschen Soziologie«‹, in: *Zeitschrift für Soziologie,* Jg. 31, Heft 5, Oktober 2002, S. 354-372.
Briskorn, Bettina von: *Zur Sammlungsgeschichte afrikanischer Ethnographica im Übersee-Museum Bremen 1841–1945.* Bremen 2000.
Brittnacher, Hans Richard: ›Von Kriegern und Duldern, Schindern und Mönchen. Bilder vom Mann bei Hanns Heinz Ewers und Ernst Jünger‹, in: *Zeitschrift für Germanistik,* ›Männerbilder und Männlichkeitskonstruktionen‹, Neue Folge XII, 2/2002, S. 308-323.
Bruce, Iris: ›Of devils and demons and absent talmudists: Franz Kafka's struggle with philosophi-

cal antisemitism in Hans Blüher's »Secessio Judaica«‹, in: Alain Goldschläger/Clive Thomson (Hg.): *Le Discours scientifique comme porteur de préjugés?* The University of Western Ontario, 1998, S. 181–200.

Brunotte, Ulrike: ›Das Innere als Exil und Abgrund. Bilder zur Geschichte der Abgeschiedenheit‹, in: *DAIDALOS. Architektur Kunst Kultur,* Heft 36 ›Innenwelten‹. Gütersloh/Berlin 1990, S. 62–71.

-: ›Ein absichtsvoll falsches Volkslied. Konstruktion und Kritik der Idylle in Heinrich Heines Heimkehr III‹, in: *Heine-Jahrbuch 92,* 31. Jg., Hamburg 1992, S. 57–78.

-: ›Herakles, das Chaos und die Arbeit‹, in: *Kursbuch 108/Juni 1992, Heroisierungen.* Berlin 1992, S. 135- 150.

-: *Hinab in den Maelstrom. Das Mysterium der Katastrophe im Werk Edgar Allan Poes.* Stuttgart 1993.

-: ›Ritual und Erlebnis. Theorien der Initiation und ihre Aktualität in der Moderne‹, in: *Zeitschrift für Religions- und Geistesgeschichte,* 52. Jg., Heft4, 2000, S. 249-367.

-: *Puritanismus und Pioniergeist. Die Faszination der Wildnis im frühen Neu-England.* Berlin/New York 2000.

Bruns, Claudia: ›(Homo-)Sexualität als virile Sozialität. Sexualwissenschaftliche, antifeministische und antisemitische Strategien hegemonialer Männlichkeit im Diskurs der Maskulinisten 1880–1920‹, in: Ulf, Heidel / Stefan, Micheler / Elisabeth, Tuider (Hg.): *Jenseits der Geschlechtergrenzen. Sexualitäten, Identitäten und Körper in Perspektiven von Queer Studies.* Hamburg 2001, S. 87–108.

-: Subjekt, Gemeinschaft, Männerbund. Hans Blühers Wandervogelmonographien im Wilhelminischen Kaiserreich‹, in: Gabriele, Boukrif / Claudia, Bruns / Kirsten, Heinsohn et al.: *Geschlechtergeschichte des Politischen. Entwürfe von Geschlecht und Gemeinschaft im 19. und 20. Jahrhundert.* Münster 2002, S. 107–140.

Bublitz, Hannelore: *Das Geschlecht der Moderne. Genealogie und Archäologie der Geschlechterdifferenz.* Frankfurt a.M./New York 1998.

Buch, Rüdiger vom/Hofmeister, Björn (Hg.): *Deutsche Geschichte in Quellen und Darstellung,* Bd 8: ›Kaiserreich und Erster Weltkrieg 1871–1918‹. Stuttgart 2000.

Bumke, Oswald: *Langemarck. Drei Ansprachen (Universitätsreden).* München 1929.

Busse-Wilson, Elisabeth: ›Die Frau und die Jugendbewegung. Ein Beitrag zur weiblichen Charakterologie und zur Kritik des Antifeminismus‹. Hamburg, 1920. Im Auszug das Kapitel: ›Liebe und Kameradschaft‹, in: Werner Kindt (Hg.): *Grundschriften der deutschen Jugendbewegung.* Köln 1963, S. 327-334.

Calogeras, Roy C.: *Die Krupp-Dynastie und die Wurzeln des deutschen Nationalcharakters. Eine psychoanalytische Kulturstudie.* München 1989.

Claudius, Hermann: *Gesammelte Werke in 2 Bänden.* Hamburg 1957.

Connell, Robert W.: *Der gemachte Mann. Konstruktion und Krise der Männlichkeiten.* Opladen 1999.

Dithmar, Reinhard (Hg.): *Der Langemarck-Mythos in Dichtung und Unterricht.* Berlin 1992.

Drabsch, Gerhard: *Langemarck Gedächtnis. Chöre des jungen Deutschland. Eine Sammlung von Sprechchören für Fest und Feier.* Potsdam 1929.

Dreyße, Wilhelm: *Langemarck 1914. Der heldische Opfergang der deutschen Jugend.* Minden 1934.

Ducks, Thomas: *Heinrich Schurtz (1863–1903) und die deutsche Völkerkunde.* Universität Freiburg i. Br., Dissertation 1996.

Das XX Jahrhundert. Ein Jahrhundert der Kunst in Deutschland. Kunst, Kultur, Politik und Gesellschaft in Deutschland, hg. von Andrea, Bärenreuther und Peter-Klaus Schuster. Köln 2000.

Durkheim, Emile: *Die elementaren Formen des religiösen Lebens,* (franz. 1912). Frankfurt a.M. 1981.

Eichendorff, Joseph von: *Werke in einem Band.* Berlin/Weimar 1980.

Eisenmeyer, Jutta: ›Wir dürfen die Buben nicht in Versuchung führen. Zur weiblichen Geschlechtsmoral in der deutschen Jugendbewegung‹, in: Gerhard Ille/Günther Köhler (Hg.): *Der Wandervogel. Es begann in Steglitz.* Berlin 1987, S. 287–295.

Ekstein, Modris: *Tanz über den Gräbern. Die Geburt der Moderne und der Erste Weltkrieg.* Hamburg 1990.

Erdheim, Mario: ›Zur Entritualisierung der Adoleszenz bei beschleunigtem Kulturwandel‹, in: Gunther Klosinski (Hg.): *Pubertätsriten. Äquivalente und Defizite in unserer Gesellschaft.* Bern/ Stuttgart/Toronto 1991, S. 79–88.

Enzensberger, Hans Magnus: *Aussichten auf den Bürgerkrieg.* Frankfurt a.M. 1996.

Flex, Walter: *Der Wanderer zwischen beiden Welten* (1917). Kiel 1998.

-: *Gesammelte Werke in zwei Bänden,* hg. v. Konrad Flex. München 1925, erweiterte Ausgabe 1936.

-: *Vom großen Abendmahl: Verse und Gedanken aus dem Feld.* München o. J.

Foucault, Michel: *Überwachen und Strafen.* Frankfurt a.M. 1976.

-: *Sexualität und Wahrheit,* Bd. 1: ›Der Wille zum Wissen‹. Frankfurt a.M. 1977.

Fout, John C.: ›Sexual Politics in Wilhelmine Germany: The Male Gender Crisis, Moral Purity, and Homophobia‹, in: *Journal of History of Sexuality,* vol. 2, number 3, January 1992, S. 388–421.

Frecot, Janos: *Fidus 1868–1948 – Zur ästhetischen Praxis bürgerlicher Fluchtbewegungen.* München 1972.

Frevert, Ute: ›Geschlechter-Identitäten im deutschen Bürgertum des 19. Jahrhunderts‹, in: Aleida Assmann (Hg.): *Identitäten.* (Erinnerung, Geschichte, Identität, 3). Frankfurt a.M. 1998, S. 181–216.

-: *Die kasernierte Nation. Militärdienst und Zivilgesellschaft in Deutschland.* München 2000.

Friedländer, Saul: *Kitsch und Tod. Der Widerschein des Nazismus.* München/Wien 1984.

Gajek, Esther: ›Germanenkunde und Nationalsozialismus. Zur Verflechtung von Wissenschaft und Politik am Beispiel Otto Höflers‹, in: Richard Faber (Hg.): *Politische Religion – religiöse Politik.* Würzburg 1997, S. 173–204.

Geuter, Ulfried: *Homosexualität in der deutschen Jugendbewegung. Jungenfreundschaft und Sexualität im Diskurs von Jugendbewegung, Psychoanalyse und Jugendpsychologie am Beginn des 20. Jahrhunderts.* Frankfurt a.M. 1994.

Ginzburg, Carlo: ›Germanische Mythologie und Nazismus. Über ein altes Buch von George Dumézil‹, in: *Tumult. Schriften zur Verkehrswissenschaft.* Wien 1993, S. 70–94.

Götz, Robert: *Aus grauer Städte Mauern,* Liederbuch. Plauen 1924

-: *Wir Traben in die Weite,* Liederbuch. Plauen 1926.

Haberle, Erwin J.: ›Justitias zweischneidiges Schwert – Magnus Hirschfeld als Gutachter in der Eulenburg-Affäre‹, in: Klaus M. Beier (Hg.): *Sexualität zwischen Medizin und Recht.* Stuttgart/ Jena 1991, S. 5–20.

Häfele, Josef/Stammel, Hans: *Thomas Mann: Der Tod in Venedig. Grundlagen und Gedanken zum Verständnis.* Frankfurt a.M. 1992.

Hamburger, Käthe: ›Die phänomenologische Struktur der Dichtung Rilkes‹, in: Dies. (Hg.): *Rilke in neuer Sicht.* Stuttgart/Berlin/Köln/Mainz 1971, S. 83–158.

Harden, Maximilian: *Prozesse, Köpfe.* II. Teil. Berlin 1913, 18. Aufl., Berlin 1923.

Hauer, Wilhelm: *Die Religionen. Ihr Werden, ihr Sinn, ihre Wahrheit,* Bd. 1. Stuttgart 1923 (ein zweiter Band wurde nicht publiziert).

Hausen, Karin: ›Die Polarisierung der ‚Geschlechtercharaktere' – Eine Spiegelung der Dissoziation von Erwerbs- und Familienleben‹, in: Heide Rosenbaum (Hg.): *Seminar: Familie und Gesellschaftsstruktur. Materialien zu den sozioökonomischen Bedingungen von Familienformen.* Frankfurt a.M. 1978, S. 161–191.

Hegel, G.W.F.: *Werke in zwanzig Bänden,* Bd. 3: ›Phänomenologie des Geistes‹. Frankfurt a.M. 1970.

Heinrich, Klaus: *Floß der Medusa. Drei Studien zur Faszinationsgeschichte.* Frankfurt a.M. 1995.

-: *Herakles. Zur Figur und zum Problem des Heros: antike und moderne Formen seiner Interpretation und Instrumentalisierung,* unveröffentlichte Vorlesungsmitschrift; FU-Berlin, WS 1975/76.

-: *Konstruktionen der Subjektlosigkeit I und II,* unveröffentlichte Vorlesungsmitschriften, FU- Berlin, SS 1986, WS 1987/88.

-: *Zum Verhältnis von transzendentalem und ästhetischem Subjekt (IX). Probleme des Kunst- und Naturbegriffs im 19. und 20. Jahrhundert (Piranesi),* unveröffentlichte Vorlesungsmitschrift FU-Berlin, WS 1978/79.

Heinrich, Klaus: *Vom Stimmungskult des frühen 19. Jahrhunderts zur Kultstimmung des NS*, unveröffentlichte Vorlesungsmitschrift FU-Berlin, SS 1979.
Heiseler, Klaus: *Der Männerbund als Erziehungsinstrument nationalsozialistischer Pädagogik*, Dissertationsschriftenstelle der Pädagogischen Hochschule Ludwigsburg. Flensburg 1994.
Hentschel, Willibald: *Varuna. Eine Welt- und Geschichtsbetrachtung vom Standpunkt des Ariers*. Leipzig 1901.
-: *Mittgart. Ein Weg zur Erneuerung der germanischen Rasse*. 5. Aufl., Leipzig. 1916 (1. Aufl. 1914).
Hergemöller, Bernd-Ulrich: ›Hans Blühers Männerwelten. Fragmente, Widersprüche, Perspektiven‹, in: *Invertito, Jahrbuch für die Geschichte der Homosexualitäten*, 2. Jg., 2000, ›Homosexualitäten in der Weimarer Republik 1919–1933‹, S. 58–84.
Himmler, Heinrich: Rede vor den SS-Gruppenführern am 18. 2. 1937, in: Bradley F. Smith/Agnes F. Peterson (Hg.): *Heinrich Himmler, Geheimreden 1933 bis 1945 und andere Ansprachen*. Frankfurt a.M./Berlin/Wien 1974, S. 93–104.
Hobsbawn, Eric: *The Invention of Tradition*. Cambridge 1983.
Höfler, Otto: *Kultische Geheimbünde der Germanen*, Bd. 1. Frankfurt a.M. 1934.
Hohendahl, Uwe: *Die Krise der Männlichkeit im späten 18. Jahrhundert. Eine Problemskizze*, in: *Zeitschrift für Germanistik*, Neue Folge XII, 2/2002, Männerbilder und Männlichkeitskonstruktionen, S. 263–275.
Huntington, Samuel P.: *Kampf der Kulturen. Die Neugestaltung der Weltpolitik im 21. Jahrhundert*. München 1998.
Hüppauf, Bernd: ›»Der Tod ist verschlungen in den Sieg«. Todesbilder aus dem Ersten Weltkrieg und der Nachkriegszeit‹, in: Ders. (Hg.): *Ansichten vom Krieg. Vergleichende Studien zum Ersten Weltkrieg in Literatur und Gesellschaft*. Königstein/Ts. 1984, S. 55–91.
-: ›Schlachtenmythen und die Konstruktion des »Neuen Menschen«‹, in: Gerhard Hirschfeld und Gerd Krumeich in Verbindung mit Irina Renz (Hg.): *Keiner fühlt sich hier mehr als Mensch ... Erlebnis und Wirkung des Ersten Weltkriegs*. Essen 1993, S. 43–84.
Husserl, Edmund: *Die Idee der Phänomenologie*, Fünf Vorlesungen, hg. von Paul Janssen, 2. Vorlesung. Hamburg 1986.

Ille, Gerhard/Köhler, Günther (Hg.): *Der Wandervogel. Es begann in Steglitz*. Berlin 1987.

Jäger, Gustav: *Die Entdeckung der Seele*. 2. Aufl. enthaltend A) Gesammelte ältere Aufsätze. B) Neuere Beweise und Aufschlüsse. Leipzig 1880.
Jansen, Walther: *Langemarck. Ein Soldaten-Sprechchor*. Berlin 1933.
Joas, Hans: ›Die Klassiker der Soziologie und der Erste Weltkrieg‹, in: Hans Joas/Helmut Steiner (Hg.): *Machtpolitischer Realismus und pazifistische Utopie*. Frankfurt a.M. 1989, S. 179–210.
Juergensmeyer, Mark: *Terror in the Mind of God. The Global Rise of Religious Violence*. Berkeley/Los Angeles/London 2000.
Jungblut, Peter: *Famose Kerle. Eulenburg. Eine wilhelminische Affäre*. Hamburg 2003.
Jünger, Ernst: *Feuer und Blut. Ein kleiner Ausschnitt aus der großen Schlacht*. Berlin 1929.
-: *Der Arbeiter. Herrschaft und Gestalt* (1932). Hamburg 1982.
-: ›Der Kampf als inneres Erlebnis‹, In: Ders.: *Werke*, Bd. 5 ›Essays Betrachtungen zur Zeit‹. Stuttgart 1980, S. 11–108.

Kafka, Franz: *Tagebücher*. Kritische Ausgabe, hg. von Hans-Gerd Koch, Michael Müller und Malcolm Pasley. Frankfurt a.M. 1989, S. 923f. (Eintrag vom 16. Juni 1922); Postkarte an Max Brod, Planá, 26. Juni 1922; Postkarte an Robert Klopstock, Planá, 30. Juni 1922; Brief an Max Brod, Planá, 30. Juli 1922.
Kakar, Sudhir: *Die Gewalt der Frommen. Zur Psychologie religiöser und ethnischer Konflikte*. München 1997.
Kaldor, Mary: *Neue und alte Kriege. Organisierte Gewalt im Zeitalter der Globalisierung*. Frankfurt a.M. 2000.
Kamphausen, Georg: ›Charisma und Heroismus. Die Generation von 1890 und der Begriff des Politischen‹, in: Winfried Gebhardt/Arnold Zingerle/Michael N. Ebertz (Hg.): *Charisma. Theorie Religion Politik*. Berlin/New York 1993, S. 221–246.

Kappelhoff, Hermann: *Die Agonie des Soldaten und die ›Geburt der Nation‹. Einige Überlegungen zur rituellen Funktion US-amerikanischer Kriegsfilme.* Vortrag gehalten im Rahmen der FU-Ringvorlesung: *Transfigurationen. Ästhetische Strategien der Verklärung des Körpers,* 26. 6. 2003.

Kaufmann, Günther (Hg.): *Langemarck. Das Opfer der Jugend an allen Fronten.* Stuttgart 1938.

Keilson-Lauritz, Marita: *Die Geschichte der eigenen Geschichte. Literatur und Literaturkritik in den Anfängen der Schwulenbewegung.* Berlin 1977.

Ketelsen, Uwe-K.: ›»Die Jugend von Langemarck«. Ein poetisch-politisches Motiv der Zwischenkriegszeit‹, in: Thomas Koebner/Rolf-Peter Janz/Frank Trommler: *›Mit uns zieht die neue Zeit‹. Der Mythos Jugend.* Frankfurt a.M. 1985, S. 68–96.

Key, Ellen: *Das Jahrhundert des Kindes.* Berlin 1902.

Kimmich, Dorothee: ›Herakles. Heldenposen und Narrenpossen. Stationen eines Männermythos?‹, in: Walter Erhart/Britta Herrmann (Hg.): *Wann ist der Mann ein Mann? Zur Geschichte der Männlichkeit.* Stuttgart/Weimar 1997, S. 173–191.

Kippenberg, Hans G.: *Die Entdeckung der Religionsgeschichte. Religionswissenschaft und Moderne.* München 1997.

Klinger, Cornelia: *Flucht – Trost – Revolte. Die Moderne und ihre ästhetischen Gegenwelten.* Wien 1995.

Koebner, Thomas/Janz, Rolf-Peter/Trommler, Frank: *›Mit uns zieht die neue Zeit‹. Der Mythos Jugend.* Frankfurt a.M. 1985.

Köhler, Günther: ›Steglitz zur Jahrhundertwende. Preußens größtes Dorf, ein zentraler Ort des Bildungsbürgertums‹, in: Gerhard Ille/Günther Köhler (Hg.): *Der Wandervogel. Es begann in Steglitz.* Berlin 1987. S. 9–29.

-: ›Der Steglitzer Wandervogel 1896–1914‹, in: Gerhard Ille/Günther Köhler (Hg.): ebd., S. 54–85.

-: ›Die Anfänge des Mädchenwandervogels in Steglitz-Lichterfelde‹, in: Gerhard Ille/Günther Köhler (Hg.): ebd., S. 266–277.

Kohl, Karl-Heinz: *Abwehr und Verlangen. Zur Geschichte der Ethnologie.* Frankfurt a.M./New York 1987.

König, Helmut: *Zivilisation und Leidenschaften. Die Masse im bürgerlichen Zeitalter.* Hamburg 1992.

König, René: *Soziologie in Deutschland.* München/Wien 1987.

Körner, Theodor: ›Bundeslied vor der Schlacht‹, 12. Mai 1813, in: *Theodor Körners sämtliche Werke.* Leipzig um 1880.

Koschorke, Albrecht: ›Die Männer und die Moderne‹, in: Wolfgang Asholt/Walter Fähnders (Hg.): *Der Blick vom Wolkenkratzer. Avantgarde – Avantgardekritik – Avantgardeforschung.* Amsterdam/Atlanta 2000, S. 141–162.

Kramer, Fritz: *Verkehrte Welten. Zur imaginären Ethnographie des 19. Jahrhunderts.* Frankfurt a.M. 1977.

Kriek, Ernst: *Philosophie der Erziehung.* Jena 1922.

Laslett, Peter: ›Age at Menarche in Europe since the Eighteenth Century‹, in: *Journal of Interdisciplinary History,* 1971, 2, S. 221–236.

Le Bon, Gustav: *Psychologie der Massen* (1895). Stuttgart 1982.

Le Rider, Jacques: *Das Ende der Illusion. Die Wiener Moderne und die Krise der Identität.* Wien 1990.

Leonhardt, Rudolf Walter: *Lieder aus dem Krieg.* München 1979.

Lethen, Helmut: *Verhaltenslehren der Kälte. Lebensversuche zwischen den Kriegen.* Frankfurt a.M. 1994.

Lévi-Strauss, Claude: *Das Ende des Totemismus* (1962). Frankfurt a.M. 1968.

Lochner, Louis (Hg.): *Goebbels' Tagebücher.* Zürich 1948.

Loraux, Nicole: ›»Herakles«: Der Über-Mann und das Weibliche‹, in: Renate Schlesier (Hg.): *Faszination des Mythos.* Frankfurt a.M. 1985, S. 167–208.

Lubich, Frederick A.: ›*La Loi du Père vs. Le Désir de la Mère.* Zur Männerphantasie der Weimarer Republik‹, in: Walter Erhart/Britta Herrmann (Hg.): *Wann ist der Mann ein Mann? Zur Geschichte der Männlichkeit.* Stuttgart/Weimar 1997, S. 249–270.

Lühe, Irmela von der: ›Der Wanderer zwischen beiden Welten von Walter Flex‹, in: Marianne Weil (Hg.): *Werwolf und Biene Maja, Ästhetik und Kommunikation.* Berlin 1986, S. 107–125.

Lutz, Günther: *Die Frontgemeinschaft. Das Gemeinschaftserlebnis in der Kriegsliteratur.* Greifswald 1936.

Machtan, Lothar: *Hitlers Geheimnis. Das Doppelleben eines Diktators.* Frankfurt a.M. 2003.
Mann, Thomas: *Der Tod in Venedig* (1907). Frankfurt a.M. 1992.
-: *Tagebücher 1918–1921*, hg. von Peter de Mendelssohn. Frankfurt a.M. 1979.
-: *Der Zauberberg.* Stuttgart/Hamburg 1924.
-: ›Von deutscher Republik. Gerhard Hauptmann zum sechzigsten Geburtstag‹, in: Ders.: *Essays, Bd. 2, Für das neue Deutschland 1919–1925.* Frankfurt a.M. 1993, S. 126–166.
-: ›Kultur und Sozialismus‹ (1927), in: Ders.: *Ein Appell an die Vernunft. Essays 1926–1933*, hg. von Hermann Kurzke und Stephan Stachorski. Frankfurt a.M. 1994, S. 53–63
Mannhardt, Wilhelm: *Die Korndämonen. Beitrag zur Germanischen Sittenkunde.* Berlin 1868.
Meier, Micha: ›Zum Problem der Existenz kultischer Geheimbünde bei den frühen Germanen‹. Tacitus, Germania Kap. 31, 38 und 43, in: *Zeitschrift für Religions- und Geistesgeschichte*, Heft 51, 1999, S. 322-341.
Michelet, Jules: *Bible de L'Humanité. Une année du collège de France.* Paris o. J.
Mitscherlich, Alexander: *Auf dem Weg in die vaterlose Gesellschaft.* München 1963.
Mogge, Winfried: ›Vom Jungendreich zum Jungenstaat – Männerbündische Vorstellungen und Organisationen in der bürgerlichen Jugendbewegung‹, in: Gisela Völger/Karin v. Welck (Hg): *Männerbande/Männerbünde. Zur Rolle des Mannes im Kulturvergleich.* 2 Bde., Bd. 2. Köln 1992, S. 103–110.
Mohler, Armin: *Die Konservative Revolution in Deutschland 1918–1932. Ein Handbuch*, (1949), 2. Fassung 1972.
Morgan, Lewis Henry: *Ancient Society.* London 1877.
Mosse, George: *Die Nationalisierung der Massen. Politische Symbolik und Massenbewegungen in Deutschland von den napoleonischen Kriegen bis zum Dritten Reich.* Frankfurt a.M. 1976.
-: ›Zum deutschen Soldatenlied‹, in: Klaus Vondung (Hg.): *Kriegserlebnis.* Göttingen 1980, S. 332-333.
-: *Nationalismus und Sexualität. Bürgerliche Moral und sexuelle Normen.* München/Wien 1985.
-: *Gefallen für das Vaterland. Nationales Heldentum und namenloses Sterben.* Stuttgart 1993.
-: *Das Bild des Mannes. Zur Konstruktion der modernen Männlichkeit.* Frankfurt a.M. 1997.
Münkler, Herfried: *Über den Krieg. Stationen der Kriegsgeschichte im Spiegel ihrer theoretischen Reflexion.* Weilerswist 2002.

Neubauer, John: ›Sigmund Freud und Hans Blüher in bisher unveröffentlichten Briefen‹, in: *Psyche, 50*, 1996 Heft 2, S. 123–148.
-: ›Am Scheideweg. Thomas Mann und Hans Blüher, München 1919‹, in: Dagmar Ottmann/Markus Symmark (Hg.): *Poesie als Auftrag.* Würzburg 2001, S. 171–183.
Nieden, Susanne zur (Hg.): *Homophobie und Staatsräson 1900–1945.* Frankfurt a.M. 2004.
Niem, Christina: ›Lily Weiser-Aall (1898–1987). Ein Beitrag zur Wissenschaftsgeschichte der Volkskunde‹, in: *Zeitschrift für Volkskunde*, 94. Jg, 1998/I, S. 25–52.
Nietzsche, Friedrich: ›Vom Nutzen und Nachteil der Historie für das Leben‹, in: Ders.: *Werke I, Unzeitgemäße Betrachtungen*, zweites Stück, hg. von Karl Schlechta. Frankfurt a.M./Berlin/Wien 1969,
-: ›Die Geburt der Tragödie aus dem Geist der Musik‹: in, ebd.: Bd. 1, S. 19–134.
Nipperdey, Thomas: ›Verein als soziale Struktur in Deutschland im späten 18. und frühen 19. Jahrhundert‹, in: Ders.: *Geschichtswissenschaft und Vereinswesen im 19. Jahrhundert.* Göttingen 1972.
Nolte, Paul: *Die Ordnung der deutschen Gesellschaft. Selbstentwurf und Selbstbehauptung im 20. Jahrhundert.* München 1921.

Oosterhuis, Harry: ›Medicine, Male Bonding and Homosexuality in Nazi Germany‹, in: *Journal of contemporary History*, volume 32, Number 2, April 1997, S. 187–206.

Pallaske, Christoph/Völlmecke, Detlef: ›»Deutschland muß leben, und wenn wir sterben müssen!«. Gedenken und Totenkult nach dem Ersten Weltkrieg: Der Mythos von Langemarck‹, in: *Geschichte lernen. Geschichtsunterricht heute*, 49, Januar 1996, S. 20–25.

Pfeiffer, Joachim: *Tod und Erzählen. Wege der literarischen Moderne um 1900.* Tübingen 1997.
Planert, Ute: *Antifeminismus im Kaiserreich. Diskurs, soziale Formation und politische Mentalität.* Göttingen 1996.
Platon: Symposion, *Sämtliche Werke*, Bd. 2, in der Übersetzung von Friedrich Schleiermacher, hg. von Walter F. Otto, Ernesto Grassi und Gert Plambök. Hamburg 1957.
Plessner, Helmut: ›Grenzen der Gemeinschaft. Eine Kritik des sozialen Radikalismus, in: Ders.: *Gesammelte Schriften*, Bd. V. Frankfurt a.M. 1981, S. 7–133.
Pross, Harry: *Jugend, Eros, Politik. Die Geschichte der deutschen Jugendverbände.* Bern/München/Wien 1964.
Puschner, Uwe: *Die völkische Bewegung im wilhelminischen Kaiserreich. Sprache, Rasse, Religion.* Darmstadt 2001.

Rathenau, Walter: *Gesammelte Schriften in 5 Bänden.* Berlin 1918.
Reichardt, Sven: *Faschistische Kampfbünde. Gewalt und Gemeinschaft im italienischen Squadrismus und in der deutschen SA.* Köln/Weimar/Wien 2002.
Reulecke, Jürgen: *»Ich möchte einer werden so wie die...«, Männerbünde im 20. Jahrhundert.* Frankfurt a.M. 2001.
Riesebrodt, Martin: *Fundamentalismus als patriarchale Protestbewegung.* Tübingen 1990.
-: ›Charisma‹, in: Hans G. Kippenberg/Martin Riesebrodt (Hg.): *Max Webers ›Religionssystematik‹.* Tübingen 2001, S. 151–166.
-: ›Robert Ranulph Marett (1866–1943)‹, in: Axel Michaels (Hg.): *Klassiker der Religionswissenschaft. Von Friedrich Schleiermacher bis Mircea Eliade.* Darmstadt 1997, S. 170–184.
Rilke, Rainer Maria: *Die Weise von Liebe und Tod des Cornets Christoph Rilke. Text-Fassungen und Dokumente*, bearbeitet und hg. von Walter Simon. Frankfurt a.M. 1976.
-: *Die Weise von Liebe und Tod des Cornets Christoph Rilke.* Reprint der Insel-Ausgabe von 1912, Frankfurt a.M. 1987.
-: *Briefe aus den Jahren 1906–1907*, hg. von Rutje Sieber-Rilke und Carl Sieber. Leipzig 1930.
-: *Gesammelte Werke.* Leipzig 1927.
-: *Die Gedichte*, Edition v. Ernst Zinn. Frankfurt a.M. 1992.
Rohde, Erwin: *Psyche. Seelencult und Unsterblichkeitsglaube der Griechen.* Bd 1 und 2, (1898). Darmstadt 1991.
Rusinek, Bernd – A.: ›Der Kult der Jugend und des Krieges. Militärischer Stil als Phänomen der Jugendkultur in der Weimarer Zeit‹, in: Jost Düffler/Gerd Krumeich (Hg.): *Der verlorene Frieden. Politik und Kriegskultur nach 1918*, Essen 2002, S. 171–198.

Salomon, Ernst von: *Die Geächteten.* Berlin 1930.
Sautermeister, Gert: ›Vom Werther zum Wanderer zwischen beiden Welten – Über die metaphysische Obdachlosigkeit bürgerlicher Jugend‹, in: Th. Koebner (Hg.): *»Mit uns zieht die neue Zeit« – Der Mythos Jugend.* Frankfurt a.M. 1985, S. 438–478.
Scheil, Hans: *Langemarck. Der Opfergang einer heldischen Jugend.* Breslau 1934.
Schilling, René: *›Kriegshelden‹. Deutungsmuster heroischer Männlichkeit in Deutschland 1813–1945.* Paderborn 2002.
Schirach, Baldur von: ›Hitlerjugend – Träger des Erbes von Langemarck‹, in: Günther Kaufmann (Hg.): *Langemarck.* Stuttgart 1938, S. 21–24.
Schmale, Wolfgang: *Geschichte der Männlichkeit in Europa (1450–2000).* Wien 2003.
Schmalenbach, Herman: ›Die soziologische Kategorie des Bundes‹, in: *Die Dioskuren. Jahrbuch für Geisteswissenschaften*, Bd. 1. München 1922, S. 35–105.

Schnurbein, Stefanie von: ›Geheime kultische Männerbünde bei den Germanen – Eine Theorie im Spannungsfeld zwischen Wissenschaft und Ideologie‹, in: Gisela Völger/Karin v. Welck (Hg.): *Männerbande/Männerbünde. Zur Rolle des Mannes im Kulturvergleich*, 2 Bde., Bd. 2. Köln 1992, S. 97–102.
Schoeps, Julius H.: ›Sexualität, Erotik und Männerbund. Hans Blüher und die deutsche Jugendbewegung‹, in: Joachim H. Knoll/Julius H. Schoeps (Hg.): *›Typisch Deutsch‹. Die Jugendbewegung.*

Beiträge zu einer Phänomenengeschichte. Opladen 1988, S. 137–154.
Schultz-Henke, Harald: *Die Überwindung der Parteien durch die Jugend.* Gotha 1921.
Schurtz, Heinrich: ›Die Völkerkunde der Gegenwart‹, in: *Geographische Zeitschrift,* 1895, S. 459–465.
-: *Urgeschichte der Kultur.* Leipzig und Wien 1900.
-: *Altersklassen und Männerbünde. Eine Darstellung der Grundformen der Gesellschaft.* Berlin 1902.
Schwarz, Hans: *Die Wiedergeburt des heroischen Menschen,* Rede am 11. November 1928. Berlin 1930.
Schweizer, Thomas: ›Männerbünde und ihr kultureller Kontext im weltweiten interkulturellen Vergleich‹, in: Gisela Völger/Karin v. Welck (Hg.): *Männerbande/Männerbünde. Zur Rolle des Mannes im Kulturvergleich,* 2 Bde., Bd. 1. Köln 1992, S. 23-30.
Sedgwick, Eve K.: *Between Men: English literature and male homosocial desire.* New York 1985.
See, Klaus von: ›Politische Männerbund-Ideologie von der wilhelminischen Zeit bis zum Nationalsozialismus‹, in: Gisela Völger/Karin v. Welck (Hg.): *Männerbande/Männerbünde. Zur Rolle des Mannes im Kulturvergleich.* 2 Bde., Köln 1992, S. 93–102.
-: ›Das »Nordische« in der deutschen Wissenschaft des 20. Jahrhunderts‹, in: *Jahrbuch für internationale Germanistik* 15/2, 1983, S. 8-38.
Sidow, E.: ›Brief aus dem Ersten Weltkrieg‹, in: *Langemarck. Unsere Stunde der Toten,* Zusammengestellt und gefeiert vom Jungbann Andreas Hofer am Dienstag 21. November. Berlin 1933, S. 15–16.
Sombart, Nicolaus: ›Männerbund und politische Kultur in Deutschland‹, in: Joachim H. Knoll/Julius H. Schoeps (Hg.): *›Typisch Deutsch‹ Die Jugendbewegung. Beiträge zu einer Phänomenengeschichte.* Opladen 1988, S. 155–176.
-: *Die deutschen Männer und ihre Feinde.* Frankfurt a.M. 1991.
Sombart, Werner: *Händler und Helden. Patriotische Besinnungen.* München 1915.
Spehr, Harald: ›Waren die Germanen »Ekstatiker«?‹, Rezension in der *Rasse. Monatszeitschrift der nordischen Bewegung,* hg. von R.v. Hoff und Hans F. K. Günther, 3. Jg., 1936, Heft 9, S. 394–400.
Stegemann, Hermann: *Geschichte des Krieges,* Bd. 2. Stuttgart 1917.
Stephan, Inge: *Musen & Medusen. Mythos und Geschlecht in der Literatur des 20. Jahrhunderts.* Köln/Weimar/Wien 1997.
Stuckrad, Kocku von: *Schamanismus und Esoterik. Kultur- und wissenschaftsgeschichtliche Betrachtungen.* Leuven 2003.

Theweleit, Klaus: *Männerphantasien,* 2 Bde. Frankfurt a.M. 1978.
Thimmermann, Hermann: *Der Sturm auf Langemarck. Die Schilderung von einem, der dabei war.* München 1933.
Tillich, Paul: *Die sozialistische Entscheidung* (1932). Berlin 1980.
Tönnies, Ferdinand: *Gemeinschaft und Gesellschaft* (1887). Darmstadt 1991.
Trommler, Frank: ›Mission ohne Ziel. Über den Kult der Jugend im modernen Deutschland‹, in: Thomas Koebner/Rolf-Peter Janz/Frank Trommler: *›Mit uns zieht die neue Zeit‹. Der Mythos der Jugend.* Frankfurt a.M. 1985, S. 14–49.
von Trotha, Trutz: ›Die Entstehung der Jugend‹, in: *Kölner Zeitschrift für Soziologie und Sozialpsychologie* 34, 1982, S. 254–277.
Turner, Victor: ›Betwixt and between. The liminal period in Rites de Passage‹, in: Ders.: *The Forest of Symbols.* Cornell 1967, S. 93–111.
-: *Das Ritual. Struktur und Anti-Struktur.* Frankfurt a.M. 1989.

Ulbricht, Justus H.: ›Der Mythos vom Heldentod. Entstehung und Wirkungen von Walter Flex' »Der Wanderer zwischen beiden Welten«‹, in: *Jahrbuch des Archivs der deutschen Jugendbewegung,* 16, 1986/87. Burg Ludwigstein, S. 111–156.
Unruh, Karl: *Langemarck. Legende und Wirklichkeit.* Koblenz 1986.

Völger, Giesela/Welck, Karin von (Hg): *Männerbande/Männerbünde. Zur Rolle des Mannes im Kulturvergleich,* 2 Bde. Köln 1992.

Wagner-Egelhaff, Martina: ›Kultbuch und Buchkult. Die Ästhetik des Ichs in Rilkes »Cornet«‹, in:

Deutsche Philologie, hg. von Werner Besch/Hugo Moser/Hartmut Steinecke, Bd. 107, Heft 4. Berlin 1988, S. 541–555.

Weber, Max: *Wirtschaft und Gesellschaft. Grundriß einer verstehenden Soziologie* (Texte aus den Jahren 1911- 1913). 5. vev. Aufl., besorgt von Johannes Winckelmann. Tübingen 1980.

-: *Wirtschaft und Gesellschaft,* Teilband 2: ›Religiöse Gemeinschaften‹, hg. von Hans Kippenberg. Tübingen 2001.

-: *Die Protestantische Ethik und der Geist des Kapitalismus* (1904/05). Tübingen 1988.

Wegeleben, Siegfried: *Das Felderlebnis. Eine Untersuchung seiner Entwicklung und seiner Bedeutung für die Gegenwart.* Berlin 1921.

Wehler, Hans-Ulrich: *Das Deutsche Kaiserreich 1871–1918.* Göttingen 1973.

Wehner, Josef Magnus: ›Langemarck 1932‹, in: Adam Weyer (Hg.): *Reden.* Wuppertal-Barmen 1966, S. 71–75.

Weininger, Otto: *Geschlecht und Charakter* (1903). München 1997.

Weiser, Lily: *Altgermanische Jünglingsweihen und Männerbünde. Ein Beitrag zur deutschen und nordischen Altertums- und Volkskunde.* Bühl 1927.

Westermarck, Edvard: *The history of human marriage.* London 1891.

Widdig, Bernd: *Männerbünde und Massen. Zur Krise der männlichen Identität in der Literatur der Moderne.* Opladen 1992.

Wilamowitz-Moellendorff, Ulrich von: *Euripides' Herakles,* Repr., 2 Bde. Darmstadt 1959.

Winckelmann, Johann Jacob: *Gedanken über die Nachahmung der griechischen Werke in der Malerei und Bildhauerkunst* (1755). Stuttgart 1969.

Wisskirchen, Hans: ›Republikanischer Eros. Zu Walt Whitmans und Hans Blühers Rolle in der politischen Publizistik Thomas Manns‹, in: Gerhard Härle (Hg.): *›Heimsuchung und süßes Gift‹ Erotik und Politik bei Thomas Mann.* Frankfurt a.M. 1992, S. 17–40.

Zerkeulen, Heinrich: *Jugend von Langemarck. Ein Schauspiel in drei Akten und einem Nachspiel.* Leipzig 1933.

Ziege, Eva-Maria: *Mythische Kohärenz. Diskursanalyse des völkischen Antisemitismus.* Konstanz 2002.

Zimmermann, Harm-Peer: ›Männerbund und Totenkult‹, in: *Kieler Blätter zur Volkskunde,* 26, 1994, S. 5–27.

Zinn, Alexander: *Die soziale Konstruktion des homosexuellen Nationalsozialisten. Zu Genese und Etablierung eines Stereotyps.* Frankfurt a.M./Berlin/Bern/New York/Paris/Wien 1997.

Anmerkungen

1 Zitiert in der Übersetzung nach: Gilbert Adair: *Hollywood's Vietnam.* London 1989, S. 133.
2 George Mosse: *Das Bild des Mannes. Zur Konstruktion der modernen Männlichkeit.* Frankfurt a.M. 1997, S. 29.
3 Ebd., S. 51.
4 George Mosse: *Nationalismus und Sexualität. Bürgerliche Moral und sexuelle Normen.* München 1985, S. 120.
5 Ute Frevert: *Die kasernierte Nation. Militärdienst und Zivilgesellschaft in Deutschland.* München 2000.
6 Ebd., S. 35.
7 Hermann Kappelhoff: *Die Agonie des Soldaten und die ›Geburt der Nation‹. Einige Überlegungen zur rituellen Funktion US-amerikanischer Kriegsfilme.* Vortrag gehalten im Rahmen der FU-Ringvorlesung: Transfigurationen. Ästhetische Strategien der Verklärung des Körpers, 26. 6. 2003.
8 Mary Kaldor: *Neue und alte Kriege. Organisierte Gewalt im Zeitalter der Globalisierung.* Frankfurt a.M. 2000.
9 Herfried Münkler: *Über den Krieg. Stationen der Kriegsgeschichte im Spiegel ihrer theoretischen Reflexion.* Weilerswist 2002, S. 221.
10 Zentrale Kategorie von Hans Magnus Enzensberger: *Aussichten auf den Bürgerkrieg.* Frankfurt a.M. 1996.
11 Herfried Münkler, a.a.O., S. 199–235.
12 Ebd., S. 201.
13 Ebd.
14 Hans Magnus Enzensberger, a.a.O., S. 20 und S. 22.
15 Samuel P. Huntington: *Kampf der Kulturen. Die Neugestaltung der Weltpolitik im 21. Jahrhundert.* München 1998, S. 415.
16 Hans Magnus Enzensberger, a.a.O., S. 22.
17 Sudhir Kakar: *Die Gewalt der Frommen. Zur Psychologie religiöser und ethnischer Konflikte.* München 1997.
18 Mark Juergensmeyer: *Terror in the Mind of God. The Global Rise of Religious Violence.* Berkeley/Los Angeles/London 2000, bes. Kapitel 10: ›Warriors' Power‹.
19 Martin Riesebrodt: *Fundamentalismus als patriarchale Protestbewegung.* Tübingen 1990.
20 So etwa die Programmschrift des Gründers der Muslimbruderschaft, Hassan-al Banna.
21 Hans Blüher: *Die Rolle der Erotik in der männlichen Gesellschaft. Eine Theorie der menschlichen Staatenbildung nach Wesen und Art.* Bd. II: ›Familie und Männerbund‹. Jena 1921, S. 221.
22 Vgl. Susanne zur Nieden: *Homophobie und Staatsräson 1900–1945.* Frankfurt a.M. 2004.
23 Ellen Key: *Das Jahrhundert des Kindes.* Berlin 1902.
24 Friedrich Nietzsche: ›Vom Nutzen und Nachteil der Historie für das Leben‹, in: Ders.: *Werke I, Unzeitgemäße Betrachtungen,* zweites Stück, hg. von Karl Schlechta. Frankfurt a.M./Berlin/Wien 1969, S. 276ff.
25 Ebd., S. 282 und S. 277.
26 Zitiert nach Klaus Heiseler: *Der Männerbund als Erziehungsinstrument nationalsozialistischer Pädagogik,* Dissertationsschriftenstelle der Pädagogischen Hochschule Ludwigsburg. Flensburg 1994, S. 36.
27 Vgl. George L. Mosse: *Die Nationalisierung der Massen. Politische Symbolik und Massenbewegungen in Deutschland von den napoleonischen Kriegen bis zum Dritten Reich.* Frankfurt a.M. 1976, S. 155ff.
28 Modris Ekstein: *Tanz über den Gräbern. Die Geburt der Moderne und der Erste Weltkrieg.* Hamburg 1990, S. 134.
29 Jürgen Reulecke: ›Das Jahr 1902 und die Ursprünge der Männerbundideologie in Deutschland‹,

in: Ders.: *»Ich möchte einer werden so wie die...« Männerbünde im 20. Jahrhundert.* Frankfurt a.M. 2001, S. 37.

30 Hans-Ulrich Wehler: *Das Deutsche Kaiserreich 1871–1918.* Göttingen 1973, S. 41.

31 Frank Trommler: ›Mission ohne Ziel. Über den Kult der Jugend im modernen Deutschland‹, in: Thomas Koebner/Rolf-Peter Janz/Frank Trommler: *»Mit uns zieht die neue Zeit«. Der Mythos der Jugend.* Frankfurt a.M. 1985, S. 14–49, hier: S. 14.

32 Vgl. Trutz von Trotha: ›Die Entstehung der Jugend‹, in: *Kölner Zeitschrift für Soziologie und Sozialpsychologie,* Nr. 34, 1982, S. 254–277.

33 Harald Schultz-Henke: *Die Überwindung der Parteien durch die Jugend.* Gotha 1921.

34 Frank Trommler, a.a.O., S. 16.

35 Es war dabei freilich die Weimarer Republik, die für diese, vom Vermächtniskult um die ›Gefallenen Helden‹ begeisterte, antibürgerliche ›Jugend‹ das ›Alte‹ darstellte. Vgl. Bernd-A. Rusinek: ›Der Kult der Jugend und des Krieges. Militärischer Stil als Phänomen der Jugendkultur in der Weimarer Zeit‹, in: Jost Düffler/Gerd Krumeich (Hg.): *Der verlorene Frieden. Politik und Kriegskultur nach 1918.* Essen 2002, S. 171–198, bes. S. 171.

36 Vgl. Peter Laslett: ›Age at Menarche in Europe since the Eighteenth Century‹, in: *Journal of Interdisciplinary History,* Nr. 2, 1971, S. 221–236.

37 Siegfried Bernfeld: *Antiautoritäre Erziehung und Psychoanalyse,* 3 Bde. Frankfurt a.M./Wien/Berlin 1974.

38 Ulfried Geuter: *Homosexualität in der deutschen Jugendbewegung. Jungenfreundschaft und Sexualität im Diskurs von Jugendbewegung, Psychoanalyse und Jugendpsychologie am Beginn des 20. Jahrhunderts.* Frankfurt a.M. 1994, S. 310.

39 Victor Turner: ›Betwixt and between. The liminal period in »Rites de Passage«‹, in: Ders.: *The Forest of Symbols.* Cornell 1967, S. 93–111.

40 Claude Lévi-Strauss unterschied zwischen ›kalten‹ tribalen Gesellschaften, deren Selbststilisierung auf Statik, Wiederholung und Veränderungslosigkeit ziele, und ›heißen‹ modern-europäischen Gesellschaften, deren Ethos in Dynamik und Veränderung liege. Vgl. ders.: *Das Ende des Totemismus* (1962). Frankfurt a.M. 1968.

41 Vgl. Mario Erdheim: ›Zur Entritualisierung der Adoleszenz bei beschleunigtem Kulturwandel‹, in: Gunther Klosinski (Hg.): *Pubertätsriten. Äquivalente und Defizite in unserer Gesellschaft.* Bern/Stuttgart/Toronto 1991, S. 79–88.

42 Victor Turner: *Das Ritual. Struktur und Anti-Struktur.* Frankfurt a.M. 1989, S. 95.

43 Mario Erdheim, a.a.O., S. 81.

44 Ebd., S. 31.

45 Isadora Duncan kam 1899 von San Francisco nach Berlin und suchte dort in ihrer Grunewalder Tanzschule den »Tanz unter Berufung auf die Kunst der griechischen Antike aus den Bewegungen der Natur zu entwickeln. Für sie verband sich mit dem ›Tanz der Zukunft‹ die Idee von der Befreiung der Frau.« Vgl. *Das XX Jahrhundert. Ein Jahrhundert der Kunst in Deutschland.* Kunst, Kultur, Politik und Gesellschaft in Deutschland, hg. von Andrea Bärenreuther und Peter-Klaus Schuster. Köln 2000, hier 1904.

46 Zitiert nach Heiseler, a.a.O., S. 53.

47 Ebd.

48 Vgl. Ulfried Geuter, a.a.O., S. 59–67.

49 Hans Breuer: ›Das Teegespräch‹, in: *Der Wandervogel,* Nr. 6, 1911, S. 31-38, hier: S. 31ff.; wiederabgedruckt in: Hans Breuer: *Wirken und Wirkungen,* beide: Archiv der deutschen Jugendbewegung Burg Ludwigstein. Witzenhausen 1977, S. 65–71, hier: S. 65ff.

50 Elisabeth Busse-Wilson: *Die Frau und die Jugendbewegung. Ein Beitrag zur weiblichen Charakterologie und zur Kritik des Antifeminismus,* Hamburg, 1920, S. 79f.; daraus als Nachdruck auszugsweise das Kapitel ›Liebe und Kameradschaft‹, in: Werner Kindt (Hg.): *Grundschriften der deutschen Jugendbewegung.* Köln 1963, S. 327-334.

51 Ebd., S. 82.

52 Ebd., S. 84.

53 Ebd., S. 88.

54 Das berühmte Lied ist eine Vertonung des Gedichtes ›Wir‹ von Hermann Claudius, in: Hermann Claudius: *Gesammelte Werke in 2 Bänden.* Hamburg 1957, S. 24–25.
55 Ebd.
56 Willibald Hentschel: *Varuna. Eine Welt- und Geschichtsbetrachtung vom Standpunkt des Ariers.* Leipzig 1901, S. 12.
57 Ders.: *Mittgart. Ein Weg zur Erneuerung der germanischen Rasse* (1914), 5. Aufl. Leipzig 1916, S. 6.
58 Vgl. Uwe Puschner: *Die völkische Bewegung im wilhelminischen Kaiserreich. Sprache Rasse Religion.* Darmstadt 2001, S. 21ff. und Eva-Maria Ziege: *Mythische Kohärenz. Diskursanalyse des völkischen Antisemitismus.* Konstanz 2002.
59 George L. Mosse: *Gefallen für das Vaterland. Nationales Heldentum und namenloses Sterben.* Stuttgart 1993, bes. S. 21–43.
60 Vgl. Christina von Braun: ›Männliche Hysterie – Weibliche Askese. Zum Paradigmenwechsel der Geschlechterrollen‹, in: Dies.: *Die schamlose Schönheit des Vergangenen. Zum Verhältnis von Geschlecht und Geschichte.* Frankfurt a.M. 1989, S. 51–80, bes. S. 56ff.
61 Ebd., S. 57f.
62 Vgl. dazu Uwe Hohendahl: ›Die Krise der Männlichkeit im späten 18. Jahrhundert. Eine Problemskizze‹, in: *Zeitschrift für Germanistik,* Neue Folge, Jg. XII, Nr. 2, 2002, *Männerbilder und Männlichkeitskonstruktionen,* S. 263–275.
63 Vgl. Christina von Braun, a.a.O. und George L. Mosse: *Das Bild des Mannes,* a.a.O.
64 Uwe Hohendahl, a.a.O.
65 George L. Mosse: *Das Bild des Mannes,* a.a.O., S. 14.
66 Ebd., S. 51.
67 Dieses wohl berühmteste Zitat stammt aus Johann Jacob Winckelmann: *Gedanken über die Nachahmung der griechischen Werke in der Malerei und Bildhauerkunst* (1755). Stuttgart 1969, S. 20.
68 Vgl. auch Klaus Heinrich: ›Zum Verhältnis von transzendentalem und ästhetischem Subjekt (IX). Probleme des Kunst- und Naturbegriffs im 19. und 20. Jahrhundert (Piranesi)‹, unveröffentlichte Vorlesungsmitschrift WS 1978/79, S. 50.
69 Den Begriff einer ›hegemonialen Männlichkeit‹ hat Robert W. Connell entwickelt. Robert W. Connell: *Der gemachte Mann. Konstruktion und Krise der Männlichkeiten.* Opladen 1999.
70 Zur Laokoondeutung vgl. Johann Jacob Winckelmann, a.a.O., S. 20f.
71 George Mosse: *Das Bild des Mannes,* a.a.O., S. 47.
72 J. J. Winckelmann, a.a.O., S. 20.
73 Wolfgang Schmale: *Geschichte der Männlichkeit in Europa (1450–2000).* Wien 2003, S. 170.
74 Ebd., S. 171.
75 Hannelore Bublitz: ›Das Geschlecht der Moderne. Zur Genealogie und Archäologie der Geschlechterdifferenz‹, in: Dies. (Hg.): *Das Geschlecht der Moderne. Genealogie und Archäologie der Geschlechterdifferenz.* Frankfurt a.M./New York 1998, S. 26–48, hier: S. 39.
76 Das hebräische *jadà* bedeutet sowohl sexuelles wie auch geistiges ›Erkennen‹. Es faßt sprachlich den Kern der Paradiesgeschichte mit den Protagonisten Schlange, Eva, Apfel auf der einen Seite und Adam auf der anderen Seite zusammen. Erkenntnis der Weisheit ist ohne den Eros nicht möglich, also nur innerhalb der Geschlechterspannung zu erlangen.
77 Klaus Heinrich: *Floß der Medusa.* Frankfurt a.M. 1995, S. 206.
78 Karin Hausen: ›Die Polarisierung der ›Geschlechtercharaktere‹ – Eine Spiegelung der Dissoziation von Erwerbs- und Familienleben‹, in: Heide Rosenbaum (Hg.): *Seminar: Familie und Gesellschaftsstruktur. Materialien zu den sozioökonomischen Bedingungen von Familienformen.* Frankfurt a.M. 1978, S. 161–191.
79 Zur Aktualität antiker Weiblichkeits- und Geschlechtermythologie in der Literatur der Jahrhundertwende und des 20. Jahrhunderts vgl. Ulrike Brunotte: *Hinab in den Maelstrom. Das Mysterium der Katastrophe im Werk Edgar Allan Poes,* Stuttgart 1993; Inge Stephan: *Musen & Medusen. Mythos und Geschlecht in der Literatur des 20. Jahrhunderts.* Köln/Weimar/Wien 1997.
80 Albrecht Koschorke: ›Die Männer und die Moderne‹, in: Wolfgang Asholt/Walter Fähnders (Hg.): *Der Blick vom Wolkenkratzer. Avantgarde – Avantgardekritik – Avantgardeforschung.* Amsterdam/Atlanta 2000, S. 141–162, hier: S. 152.
81 Hannelore Bublitz, a.a.O., S. 19.

82 Albrecht Koschorke, a.a.O., S. 152f.
83 Bernd Widdig: *Männerbünde und Massen. Zur Krise der männlichen Identität in der Literatur der Moderne.* Opladen 1992.
84 Nicolaus Sombart: ›Männerbund und politische Kultur in Deutschland‹, in: Joachim H. Knoll/Julius H. Schoeps (Hg.): *›Typisch Deutsch‹. Die Jugendbewegung. Beiträge zu einer Phänomenengeschichte.* Opladen 1988, S. 155–176, hier: S. 171.
85 Fritz Kramer: *Verkehrte Welten. Zur imaginären Ethnographie des 19. Jahrhunderts.* Frankfurt a.M. 1977.
86 Karl-Heinz Kohl: *Abwehr und Verlangen. Zur Geschichte der Ethnologie.* Frankfurt a.M./New York 1987.
87 Vgl. Hans Kippenberg: *Die Entdeckung der Religionsgeschichte. Religionswissenschaft und Moderne.* München 1997.
88 James George Frazer, zitiert nach Hans G. Kippenberg, a.a.O., S. 121.
89 Ebd., S. 130.
90 Wilhelm Mannhardt: *Die Korndämonen. Beitrag zur Germanischen Sittenkunde.* Berlin 1868, S. VII.
91 ›Homosozial‹ ist ein Begriff, den die Anglistin Eve Sedgwick in die Männlichkeitsforschung eingeführt hat. Sie schreibt: »›Homosocial‹ is a word occasionally used in history and the social sciences, where it describes social bonds between persons of the same sex; it is a neologism, obviously formed by analogy with ›homosexual‹, and just as obviously meant to be distinguished from ›homosexual‹. In fact, it is applied to such activities as ›male-bonding‹, which may, as in our society, be characterized by intense homophobia, fear or hatred of homosexuality.« (Eve K. Sedgwick: *Between Men: English literature and male homosocial desire.* New York 1985, S. 1f.)
92 Vgl. Thomas Schweizer: ›Männerbünde und ihr kultureller Kontext im weltweiten interkulturellen Vergleich‹, in: Gisela Völger/Karin v. Welck (Hg.): *Männerbande/Männerbünde. Zur Rolle des Mannes im Kulturvergleich,* 2 Bde., Bd. 1, 1992, S. 23-30.
93 Die ausführlichste Geschichte des Bremer Überseemuseums findet sich bei Herbert Abel: *Vom Raritätenkabinett zum Überseemuseum. Die Geschichte einer hanseatischen Sammlung aus Übersee anlässlich ihres 75jährigen Bestehens.* Bremen 1970.
94 Vgl. die bisher erste wissenschaftliche Erschließung der Sammlungsgeschichte des Überseemuseums, die sich auf die Afrikaabteilung beschränkt: Bettina von Briskorn: *Zur Sammlungsgeschichte afrikanischer Ethnographica im Übersee-Museum Bremen 1841–1945.* Bremen 2000.
95 Herbert Abel, a.a.O., S. 84.
96 Ders.: *Urgeschichte der Kultur.* Leipzig und Wien 1900, S. 22.
97 Thomas Ducks: *Heinrich Schurtz (1863–1903) und die deutsche Völkerkunde.* Dissertation an der Universität Freiburg i. Br. 1996, S. 28.
98 Wolfgang Schmale: *Geschichte der Männlichkeit in Europa,* a.a.O., S. 160.
99 Zum Begriff des ›hegemonialen Typs von Männlichkeit‹ vgl. Robert W. Connell: *Der gemachte Mann,* a.a.O., bes. S. 210ff.
100 Wolfgang Schmale, a.a.O., S. 139.
101 Heinrich Schurtz: *Altersklassen und Männerbünde. Eine Darstellung der Grundformen der Gesellschaft.* Berlin 1902, S. 22f.
102 Jacques Le Rider: *Das Ende der Illusion. Die Wiener Moderne und die Krise der Identität.* Wien 1990, S. 165.
103 Johann Jacob Bachofen: *Das Mutterrecht. Eine Untersuchung über die Gynaikokratie der alten Welt nach ihrer religiösen und rechtlichen Natur* (1861). Frankfurt a.M. 1975, S. 26.
104 Ebd., S. 12.
105 Ebd., S 40f.
106 Ebd., S. 40.
107 Ebd., S. 13.
108 Ebd., S. 48.
109 Eva-Maria Ziege: *Mythische Kohärenz. Diskursanalyse des völkischen Antisemitismus.* Konstanz 2002, S. 200.

110 Lewis Henry Morgan: *Ancient Society*. London 1877.
111 Edvard Westermarck: *The history of human marriage*. London 1891.
112 Heinrich Schurtz: *Urgeschichte der Kultur*, a.a.O., S. 102.
113 Ders.: *Altersklassen und Männerbünde*, a.a.O., S. 86.
114 Heinrich Schurtz: *Urgeschichte der Kultur*, a.a.O., S. 102.
115 Ebd., S. 98.
116 Ders.: *Altersklassen und Männerbünde*, a.a.O., S. 61 und S. 73.
117 Ebd., S. 21.
118 Ebd., S. 41.
119 Ebd., S. 37.
120 Ebd., S. 45.
121 Ebd., S. 47.
122 Ebd., S. 61.
123 Ebd., S. 61.
124 Ebd., S. 15.
125 Ute Frevert: ›Geschlechter-Identitäten im deutschen Bürgertum des 19. Jahrhunderts‹, in Aleida Assmann (Hg.): *Identitäten. (Erinnerung, Geschichte, Identität, 3)*. Frankfurt a.M. 1998, S. 181–216.
126 Heinrich Schurtz: *Männerbünde*, a.a.O., S. 47.
127 Ebd., S. 90f.
128 Ebd., S. 58.
129 Hans Blüher: *Familie und Männerbund*. Leipzig 1918.
130 Ders.: *Führer und Volk in der Jugendbewegung*. Jena 1924.
131 Ders.: *Die Rolle der Wandervogelbewegung als erotisches Phänomen. Ein Beitrag zur Erkenntnis der sexuellen Inversion*, Berlin 1912; *Die Rolle der Erotik in der männlichen Gesellschaft*, Bd. I: ›Der Typus Inversus‹. Jena 1919 und Bd. II: ›Familie und Männerbund‹, Jena 1921.
132 Heinrich Schurtz: *Altersklassen und Männerbünde*, a.a.O., S. 97f.
133 Die ›Militarisierung‹ des Mannes und die Erziehung zur Männlichkeit gehören zu den wichtigsten Elementen der Hegemonialisierung des bürgerlich-aufklärerischen Männlichkeitsmodells. Ute Frevert hat sich genauer mit der Geschichte der Militarisierung der Männlichkeit im 19. Jahrhundert beschäftigt. Ute Frevert: *Die kasernierte Nation. Militärdienst und Zivilgesellschaft in Deutschland*, a.a.O., vgl. auch Wolfgang Schmale, a.a.O.
134 Ausführlich dazu vgl. George L. Mosse: *Die Nationalisierung der Massen*, a.a.O., S. 153–189.
135 Thomas Nipperdey: ›Verein als soziale Struktur in Deutschland im späten 18. und frühen 19. Jahrhundert‹, in: Ders.: *Geschichtswissenschaft und Vereinswesen im 19. Jahrhundert*. Göttingen 1972, S. 36, Anm. 100.
136 Heinrich Schurtz: *Altersklassen und Männerbünde*, a.a.O., S. 38 und S. 64.
137 Hans Blüher: *Die Rolle der Erotik in der männlichen Gesellschaft*, Bd. 2, a.a.O., S. 221.
138 Alle in der Folge zitierten Dokumente in: Gerhard Ille/Günther Köhler (Hg.): *Der Wandervogel. Es begann in Steglitz*. Berlin 1987.
139 Vgl. Günther Köhler: ›Der Steglitzer Wandervogel 1896–1914‹, in: Gerhard Ille/Günther Köhler, a.a.O., S. 54–85.
140 Ders.: ›Die Anfänge des Mädchenwandervogels in Steglitz-Lichterfelde‹, in: Gerhard Ille/Günther Köhler, a.a.O., S. 266–277, hier: S. 268; Jutta Eisenmeyer: ›Wir dürfen die Buben nicht in Versuchung führen. Zur weiblichen Geschlechtsmoral in der deutschen Jugendbewegung‹, in: Gerhard Ille/Günther Köhler, a.a.O., S. 287–295.
141 Vgl. Günther Köhler: ›Steglitz zur Jahrhundertwende. Preußens größtes Dorf, ein zentraler Ort des Bildungsbürgertums‹, in: Gerhard Ille/Günther Köhler (Hg.), a.a.O., S. 9–29.
142 Marita Keilson-Lauritz: *Die Geschichte der eigenen Geschichte. Literatur und Literaturkritik in den Anfängen der Schwulenbewegung*. Berlin 1977, S. 61ff.
143 Günther Köhler: *Der Steglitzer Wandervogel*, a.a.O., S. 65.
144 Harry Pross: *Jugend, Eros, Politik. Die Geschichte der deutschen Jugendverbände*. Bern/München/Wien 1964, S. 64f.
145 Zitiert nach Frank Trommler: ›Mission ohne Ziel. Über den Kult der Jugend im modernen

Deutschland‹, in: Thomas Koebner/Rolf-Peter Janz/Frank Trommler: »*Mit uns zieht die neue Zeit*«, a.a.O., S. 14–49, hier: S. 37.

146 Nicht nur für den historischen Kontext, sondern auch für viele weiterführende Überlegungen zur religionsphilosophischen Analyse des Wanderns als ästhetisches Motiv und politisches Handeln im Deutschland des 19. Jahrhunderts verdanke ich Klaus Heinrich entscheidende Anregungen. An die Ausführungen von Heinrich angelehnt vgl. Rainer Erb: *Wandeln – Wandern – Marschieren. Die Gangarten der deutschen Ideologie.* Dissertation an der FU Berlin 1984.

147 Klaus Heinrich: *Vom Stimmungskult des frühen 19. Jahrhunderts zur Kultstimmung des NS*, unveröffentlichte Vorlesungsmitschrift SS 1979, S. 132.

148 Ebd., S. 143.

149 »Die bündische Kampfformel ›Für Jugend und Reich‹ erklärt Normann Körber 1927: »Dieses ›Neue Reich‹ ist weder das lutherische Reich Gottes noch ein politisch gemeintes neues deutsches Reich, obwohl von beidem ein Ton mitschwingt, sondern in erster Linie Sinnbild einer in neuer Haltung vereinten, Gott und ›den Göttern‹ gehorsamen neuen Generation, für deren Lebenswillen der Bund Symbol und Ausdruck im Kleinen ist.« In: Rainer Erb: *Wandeln –Wandern – Marschieren*, a.a.O., S. 186.

150 Hans Blüher: *Werke und Tage*, Berlin 1953, S. 205ff.

151 Hans Blüher: *Wandervogel. Geschichte einer Jugendbewegung*, Bd. 1-3, Bd. 1: ›Heimat und Aufgang‹ (1912). 5. Aufl., Frankfurt a.M. 1976, S. 57.

152 Ders.: *Werke und Tage*, a.a.O., S. 206.

153 Vgl. zur Spannung zwischen der Suche nach ›Einzigartigkeit‹ und Gemeinschaft im Wandervogel Claudia Bruns: ›Subjekt, Gemeinschaft, Männerbund. Hans Blühers Wandervogelmonographien im Wilhelminischen Kaiserreich‹, in: Gabriele, Boukri / Claudia, Bruns / Kirsten, Heinsohn (Hg): *Geschlechtergeschichte des Politischen. Entwürfe von Geschlecht und Politik im 19. und 20. Jahrhundert*; und Cornelia Klinger: *Flucht-Trost-Revolte. Die Moderne und ihre ästhetischen Gegenwelten.* Wien 1995, S. 179.

154 Ebd.

155 Ebd.

156 Th. W. Adorno: ›Zum Gedächtnis Eichendorffs‹, in: Ders.: *Noten zur Literatur I.* Frankfurt a.M. 1975, S. 119f.

157 Ebd., S. 127f.

158 Joseph von Eichendorff: *Werke in einem Band.* Berlin/Weimar 1980, S. 125f.

159 Th. W. Adorno: *Zum Gedächtnis Eichendorffs*, a.a.O., S. 122.

160 Klaus Heinrich: *Vom Stimmungskult*, a.a.O., S. 189ff.

161 Hans Blüher: *Werke und Tage*, a.a.O., S. 206f.

162 Ebd., S. 207.

163 Zum Todesrauschen der romantischen Mühlräder und ihrer ironischen Reflexion bei Heinrich Heine, vgl. Ulrike Brunotte: ›»Ein absichtsvoll falsches Volkslied«. Konstruktion und Kritik der Idylle in Heinrich Heines Heimkehr III‹, in: *Heine-Jahrbuch 92*, 31. Jg.. Hamburg 1992, S. 57–78.

164 Zu Caspar David Friedrich vgl. Ulrike Brunotte: ›Das Innere als Exil und Abgrund. Bilder zur Geschichte der Abgeschiedenheit‹, in: *DAIDALOS. Architektur Kunst Kultur*, Nr. 36, *Innenwelten.* Gütersloh/Berlin 1990, S. 62–71.

165 Klaus Heinrich: *Vom Stimmungskult*, a.a.O., S. 190.

166 Harry Pross, a. a. O., S. 70.

167 Klaus Heinrich: *Vom Stimmungskult*, a.a.O., S. 190.

168 Hans Blüher: *Werke und Tage*, a. a.O., S. 206f.

169 Ebd.

170 Ebd.

171 Irmela von der Lühe: ›Der Wanderer zwischen beiden Welten von Walter Flex‹, in: Marianne Weil (Hg.): *Werwolf und Biene Maja, Ästhetik und Kommunikation.* Berlin 1986, S. 107–125, hier: S. 107.

172 Walter Flex: *Der Wanderer zwischen beiden Welten* (1917). Kiel 1998, S. 13.

173 Ebd., S. 11 und S. 12.

174 Ebd., S. 20.

175 Ebd., S. 20.
176 Gert Sautermeister: ›Vom Werther zum Wanderer zwischen beiden Welten – Über die metaphysische Obdachlosigkeit bürgerlicher Jugend‹, in: Th. Koebner (Hg.): *»Mit uns zieht die neue Zeit«*, a.a.O., S. 438–478, hier: S. 462.
177 Justus H. Ulbricht: ›Der Mythos vom Heldentod. Entstehung und Wirkungen von Walter Flex Der Wanderer zwischen beiden Welten‹, in: *Jahrbuch des Archivs der deutschen Jugendbewegung*, Jg. 16., 1986/87. Burg Ludwigstein, S. 111–156, hier: S. 125.
178 Vgl. auch Justus Ulbricht, a.a.O., S. 130.
179 Irmela von der Lühe, a.a.O., S. 11.
180 Walter Flex: *Wanderer*, a.a.O., S. 13.
181 Ebd., S. 13 und S. 15.
182 Ebd., S. 70f.
183 Ebd., S. 125.
184 Vgl. Flex am Ende seiner Totenklage um den Kameraden: »Großen Seelen ist der Tod das größte Erleben.« (Ebd., S. 97).
185 Ebd., S. 96.
186 Ebd., S. 116.
187 Ebd., S. 30.
188 Ebd., S. 31f.
189 Justus Ulbricht, a.a.O., S. 133.
190 Ebd., S. 143.
191 Vgl. Irmela von der Lühe, a.a.O, S. 114: »Ernst Wurche steht als Held und Krieger, als Freund und eben als imaginierter Geliebter nicht nur für die Ästhetisierung, sondern auch für die Erotisierung des Kampfes.«
192 Janos Frecot u.a.: *Fidus 1868–1948 – Zur ästhetischen Praxis bürgerlicher Fluchtbewegungen.* München 1972, S. 266-301, hier: S. 51; zitiert nach Justus Ulbricht, a.a.O., S. 143.
193 Walter Flex, a.a.O., S. 61f.
194 Irmela von der Lühe, a.a.O., S. 117.
195 *Walter Flex: Gesammelte Werke in zwei Bänden*, hg. von Konrad Flex. München 1925, erweiterte Ausgabe 1936, Bd. 1, S. 109.
196 Justus Ulbricht, a.a.O., S. 139.
197 Ebd.
198 Wichtige Anregungen und Hinweise zur Deutung von Rilkes *Cornet* verdanke ich Klaus Heinrich.
199 Rainer Maria Rilke, Brief an Hermann Pongs am 17. August 1924, zitiert nach Rainer Maria Rilke: *Die Weise von Liebe und Tod des Cornets Christoph Rilke. Text-Fassungen und Dokumente*, bearbeitet und herausgegeben von Walter Simon. Frankfurt a.M. 1976, S. 158.
200 Rainer Maria Rilke: *Die Weise von Liebe und Tod des Cornets Christoph Rilke*, Insel-Ausgabe nach der dritten Fassung von 1906. Frankfurt a.M. 1912, zweite Auflage des Reprints 1987, S. 7.
201 Jürgen Reulecke: ›»Wir reiten die Sehnsucht tot« oder: Melancholie als Droge. Anmerkungen zum bündischen Liedgut‹, in: Ders.: *»Ich möchte einer werden so wie die ...«. Männerbünde im 20. Jahrhundert.* Frankfurt a.M., S. 108.
202 Rainer Maria Rilke: ›Der Knabe‹, in. Ders.: *Die Gedichte.* Frankfurt a.M., S. 332.
203 Vgl. die Darstellungen zur Melancholie und Sentimentalität bei Jürgen Reulecke, a.a.O., S. 103–128.
204 Wichtige Liederbücher: Robert Götz: *Aus grauer Städte Mauern.* Plauen 1924 und ders.: *Wir traben in die Weite.* Plauen 1926. Vgl. auch die Anthologie von Rudolf Walter Leonhardt: *Lieder aus dem Krieg.* München 1979.
205 Jürgen Reulecke, a.a.O., S. 107.
206 Liedtext aus Rudolf Walter Leonhardt: *Lieder aus dem Krieg*, a.a.O., S. 25.
207 Klaus Heinrich: *Konstruktionen der Subjektlosigkeit*, unveröffentlichte Vorlesungsmitschrift an der FU Berlin vom SS 1986, S. 81f.
208 Ausführlich dazu Jürgen Reulecke, a.a.O.

209 Walter Flex: ›Wildgänse rauschen durch die Nacht‹, zuerst in: Ders.: *Wanderer zwischen beiden Welten*, a.a.O., S. 8f. Vertonung durch Robert Götz 1916.
210 Die Überschrift nimmt bewußt Bezug zu Silvia Bovenschen: *Imaginierte Weiblichkeit. Exemplarische Untersuchungen zu kulturgeschichtlichen und literarischen Präsentationsformen des Weiblichen.* Frankfurt a.M. 1980.
211 Rainer Maria Rilke: *Die Weise von Liebe und Tod des Cornets Christoph Rilke* (1899, 1906, 1912). Text-Fassungen und Dokumente, hg. von Walter Simon. Frankfurt a.M. 1974, erste Fassung 1899, S. 9.
212 Jürgen Reulecke, a.a.O., S. 107.
213 Ebd. und George L. Mosse: ›Zum deutschen Soldatenlied‹, in: Klaus Vondung (Hg.): *Kriegserlebnis.* Göttingen 1980, S. 332-333, hier: S. 332.
214 Rainer Maria Rilke: *Die Weise von Liebe und Tod,* letzte Fassung 1906, zitiert nach der Insel-Ausgabe von 1912, a.a.O., S. 10.
215 Ebd., S. 28.
216 Ebd., S. 11.
217 Rainer Maria Rilke: *Die Weise von Liebe und Tod,* Text-Fassungen, (zweite Fassung, 1904), S. 30: »Er reitet heran: ist ein braunes Mädchen daran gebunden, ruft: ›Mach mich los!‹ Ist ganz nackt das braune Mädchen, schreit: ›Mach mich los!‹«
218 Ebd. (dritte Fassung), S. 17.
219 Ebd.
220 Ebd., S. 15.
221 Ebd., S. 22.
222 Ebd., S. 16.
223 Ebd.
224 Ebd., S. 24.
225 Jürgen Reulecke, a.a.O., S. 106.
226 Vgl. Kocku von Stuckrad: *Schamanismus und Esoterik. Kultur- und wissenschaftsgeschichtliche Betrachtungen.* Leuven 2003, bes. S. 88–122.
227 Thomas Achelis: *Die Ekstase in ihrer kulturellen Bedeutung.* Berlin 1902, S. 77f.
228 Ebd., S. 81.
229 Ebd., S. 98.
230 Ebd., S. 124.
231 Ebd., S. 226.
232 Achelis (ebd., S. 190) spricht von »epidemischer, blutiger Psychose«, Panik und Massenansteckungen von Affekten.
233 Ebd., S. 184.
234 Ebd., S. 194.
235 Ebd., S. 194f.
236 Ebd., S. 195.
237 Rainer Maria Rilke: *Die Weise von Liebe und Tod, a.a.O.,* S. 11; 15; 20.
238 Ebd., S. 20.
239 Ebd., S. 21.
240 Ebd., S. 32.
241 Rainer Maria Rilke: *Briefe aus den Jahren 1906–1907,* hg. von Rutje Sieber-Rilke und Carl Sieber. Leipzig 1930, S. 294.
242 Ebd., S. 295.
243 Zitiert nach Otto Friedrich Bollnow: *Rilke.* Stuttgart 1951, S. 228.
244 Rainer Maria Rilke: *Gesammelte Werke,* Bd. 3: ›Gedichte‹. Leipzig 1927, S. 108.
245 Ders.: *Die Weise von Liebe und Tod,* a.a.O., S. 32.
246 Ebd.
247 Ebd., S. 31.
248 Den Hinweis auf das künstlerische Frauenopfer verdanke ich Klaus Heinrich.
249 Rainer Maria Rilke: *Die Weise von Liebe und Tod,* a.a.O., S. 31.
250 Klaus Heinrich: *Konstruktionen der Subjektlosigkeit I,* a.a.O., S. 26.

251 Rainer Maria Rilke: *Die Weise von Liebe und Tod,* a.a.O., S. 20.
252 Ebd., S. 21.
253 Klaus Heinrich: *Konstruktionen der Subjektlosigkeit I,* a.a.O., S. 44.
254 Käthe Hamburger: ›Die phänomenologische Struktur der Dichtung Rilkes‹, in: Dies. (Hg.): *Rilke in neuer Sicht.* Stuttgart/Berlin/Köln/Mainz 1971, S. 83–158.
255 Edmund Husserl schreibt an zentraler Stelle seiner *Idee der Phänomenologie*: »Jedes intellektive Erlebnis und jedes Erlebnis überhaupt, indem es vollzogen wird, kann zum Gegenstand eines reinen Schauens und Fassens gemacht werden, und in diesem Schauen ist es absolute Gegebenheit.« (Edmund Husserl: *Die Idee der Phänomenologie. Fünf Vorlesungen,* hg. von Paul Janssen, 2. Vorlesung. Hamburg 1986, S. 31.) In dieser beanspruchten Absolutheit eines »Erlebnis überhaupt« kann man ein Echo auf die zum Kriegsrausch gehörende Sucht nach dem ›ultimativen Erlebnis‹ des Subjektverlustes erkennen.
256 Klaus Heinrich: *Konstruktionen der Subjektlosigkeit I,* a.a.O., S. 44ff.
257 Martina Wagner-Egelhaaf: ›Kultbuch und Buchkult. Die Ästhetik des Ichs in Rilkes *Cornet*‹, in: *Deutsche Philologie,* hg. von Werner Besch/Hugo Moser/Hartmut Steinecke, Bd. 107, Nr. 4. Berlin 1988, S. 541–555, hier: S. 549.
258 Rainer Maria Rilke: *Die Weise von Liebe und Tod,* a.a.O., S. 18.
259 Martina Wagner-Egelhaaf, a.a.O., S. 549.
260 Rainer Maria Rilke: *Die Weise von Liebe und Tod,* a.a.O., S. 14.
261 Ebd., S. 24.
262 Ebd., S. 15.
263 Martina Wagner-Egelhaaf, a.a.O., S. 548.
264 Rainer Maria Rilke: *Die Weise von Liebe und Tod,* a.a.O., S. 15.
265 Ebd., S. 31. Die Fahne repräsentiert hier nicht allein die Nation, sondern sie macht – sich erst in der Bewegung entfaltend – Unsichtbares sichtbar, wie etwa »die Masse der Toten«, die durch sie, so Theweleit, symbolisch mitkämpft: »Und wie viel mächtiger werden die Fahnen, wenn man zur Masse der Toten die Masse *des* Toten zählt, die abgestorbenen eingesperrten Wünsche. Dann präsentiert sich in der Fahne auch das gebändigte und äußerlich sichtbar gemachte Triebleben dessen, der der Fahne folgt, in seinen Wunschfarben [...].« (Klaus Theweleit: *Männerphantasien,* Bd. 2: ›Männerkörper. Zur Psychoanalyse des weißen Terrors‹. Frankfurt a.M. 1978, S. 329.)
266 Martina Wagner-Egelhaaf, a.a.O., S. 549.
267 Joachim Pfeiffer: *Tod und Erzählen. Wege der literarischen Moderne um 1900.* Tübingen 1997, S.166.
268 So die Deutung von Joachim Pfeiffer.
269 Martina Wagner-Egelhaaf, a.a.O., S. 550.
270 Martina Wagner-Egelhaaf, a.a.O., S. 556.
271 Als Fokus aller Bewegungen wurde die nationalsozialistische Bewegung auch kurz ›die Bewegung‹ genannt.
272 Ernst Jünger: ›Der Kampf als inneres Erlebnis‹ (1922), in: Ders.: *Werke,* Bd. 5: ›Essays I. Betrachtungen zur Zeit.‹ Stuttgart 1980, S. 11–108, hier: S. 17f.
273 Ebd.
274 Klaus Theweleit: *Männerphantasien,* a.a.O.
275 Zuletzt von Claudia Öhlschläger: ›»Der Kampf ist nicht nur eine Vernichtung, sondern auch die männliche Form der Zeugung«. Ernst Jünger und das »radikale Geschlecht« des Krieges‹, in: Christian Begemann/David E. Wellbery (Hg.): *Kunst – Zeugung – Geburt. Theorien und Metaphern ästhetischer Produktion in der Neuzeit.* Freiburg i. Br. 2002, S. 325-351.
276 Ernst Jünger: *Der Kampf als inneres Erlebnis,* a.a.O., S. 13–108, hier: S. 53f.
277 Wie mit Hilfe homoerotischer Vereinigungsphantasien die elende Realität der Grabenkämpfe sexualisiert wird, darüber gibt folgende Passage Auskunft: »Vor dem Angriff sind ihre Gräben von begeisterter Mannschaft durchflutet, und wenn unsre Sturmsignale hinüberblinken, machen sie sich zum Ringkampf [...] bereit. Doch wenn wir aufeinanderprallen im Gewölk von Feuer und Qualm, dann werden wir eins, dann sind wir zwei Teile von einer Kraft, zu einem Körper verschmolzen.« (Ebd., S. 101).

278 Klaus Theweleit, a.a.O., S. 276.
279 Ernst Jünger: *Der Kampf als inneres Erlebnis*, a.a.O., S. 56.
280 Ebd., S. 57. Bei Jünger ist der homoerotisch gefaßte Kampfesrausch selbst der Übergangsmoment vom gesteigert Organisch-Natürlichem zum Technoid-Gestählten: »Ein letztes noch: die Ekstase. Dieser Zustand des Heiligen [...] da reißt Begeisterung die Männlichkeit so über sich hinaus, daß Blut kochend gegen die Adern springt und glühend das Herz durchwärmt.« (Ebd.); »Das Blut der Landsknechte schäumte immer unter den Schraubflügeln des Lebens, nicht nur, wenn der *Eisenrausch* des Gefechtes sie von Welle zu Welle trug.« (Ebd., S. 64); »So taumeln die Krieger im Rausch der Schlacht dahin«. (Ebd., S. 55) »Im Rausch erwachte das *Überwindertum*, auf den Gipfeln der Schlacht der Rausch.« (Ebd., S. 65) Die »Stahlgestalt« (ebd., S. 76) und »feuerharte Natur« ist zugleich der »rauschhafte Triumphator der Materie« (ebd., S. 79f.). Alle Zitate aus: *Der Kampf als inneres Erlebnis*, Hervorhebungen U.B.
281 Vgl. ebd., S. 76: »Es sind die Stahlgestalten [...]. Das ist der neue Mensch, der Sturmpionier, die Auslese Mitteleuropas.«
282 Ebd., S. 64f.
283 Ernst von Salomon: *Die Geächteten*. Berlin 1930, S. 262.
284 Max Weber: *Die Protestantische Ethik und der Geist des Kapitalismus* (1904/05). Tübingen 1988, S. 203.
285 Nicole Loraux: ›»Herakles«: Der Über-Mann und das Weibliche‹, in: Renate Schlesier (Hg.): *Faszination des Mythos*. Frankfurt a.M. 1985, S. 167–208.
286 G.W.F. Hegel: *Werke in zwanzig Bänden*, Bd. 3: ›Phänomenologie des Geistes‹. Frankfurt a.M. 1970, S. 528.
287 Ausführlich zur antiken Figur des Herakles und seiner Rezeptionsgeschichte in der Moderne vgl. Ulrike Brunotte: ›Herakles, das Chaos und die Arbeit‹, in: *Kursbuch Heroisierungen*, Nr. 108. Berlin, Juni 1992, S. 135–150.
288 Dorothee Kimmich: ›Herakles. Heldenposen und Narrenpossen. Stationen eines Männermythos?‹, in: Walter Erhart/Britta Herrmann (Hg.): *Wann ist der Mann ein Mann? Zur Geschichte der Männlichkeit*. Stuttgart/Weimar 1997, S. 173–191, hier: S. 187.
289 ›Le Héros D'Occident que persécute l'oriental Bacchus, le féminin, le furieux‹, in: Jules Michelet: *Bible de L'Humanité. Une année du Collège de France*, Paris o.J., S. 3. Zitiert nach Dorothee Kimmich, a.a.O., S. 190.
290 Johann Jacob Bachofen: *Das Mutterrecht*, a.a.O., S. 289.
291 Vgl. Klaus Heinrich: *Herakles. Zur Figur und zum Problem des Heros: antike und moderne Formen seiner Interpretation und Instrumentalisierung*, unveröffentlichte Vorlesungsmitschrift vom WS 1975/76 an der FU Berlin, S. 307ff.
292 Ausführlich zur Heraklesrezeption bei Hegel vgl. Ulrike Brunotte: *Herakles, das Chaos und die Arbeit*, a.a.O., S. 140f.
293 Ausführlich zu den ältesten babylonischen Überlieferungen und ihren biblischen Verarbeitungen vgl. Ulrike Brunotte: *Puritanismus und Pioniergeist. Die Faszination der Wildnis im frühen Neu-England*. Berlin/New York 2000.
294 Vgl. zuletzt Hans Richard Brittnacher treffend: »Nicht nur das grammatikalische Geschlecht der Moderne ist weiblich – die Befürworter der Moderne kommen mit ihren Verächtern im Befund darin überein, daß der Aufbruch ins neue Zeitalter sich im Zeichen der Weiblichkeit vollzieht. Die zunehmende Vermassung der modernen Gesellschaft beschreibt Gustave Le Bons *La Psychologie des Foules* (1895) zugleich als Verweiblichung der Lebenswelt im Signum der Sphinx. [...].« (Hans Richard Brittnacher: ›Von Kriegern und Duldern, Schindern und Mönchen. Bilder vom Mann bei Hanns Heinz Ewers und Ernst Jünger‹, in: *Zeitschrift für Germanistik*, Neue Folge, *Männerbilder und Männlichkeitskonstruktionen*, Jg. XII, 2/2002, S. 308-323, hier: S. 308).
295 Zum Verständnis des griechischen Chaosbegriffs und der mythischen Figuren von Weiblichkeit vgl. Ulrike Brunotte: *Herakles*, a.a.O., S. 144f.
296 Klaus Heinrich: *Herakles*, a.a.O., S. 227.
297 Vgl. Kapitel 6.
298 Ulrich von Wilamowitz-Moellendorff: *Euripides' Herakles*, Bd. 2, Repr. Darmstadt 1959, S. 128.

299 Ebd., S. 41.
300 Hans Blüher: *Die Rolle der Erotik in der männlichen Gesellschaft. Eine Theorie der menschlichen Staatenbildung nach Wesen und Wert.* Bd. 2: ›Familie und Männerbund‹, a.a.O., S. 247.
301 Ebd., S. 246.
302 Gottfried Benn: ›Rede auf Stefan George‹ (4. Dezember 1933), in: Ders.: *Gesammelte Werke in acht Bänden,* hg. von Dieter Wellershoff, Bd. 4: ›Reden und Vorträge‹, S. 1040f. Zitiert nach Inge Stephan: *Musen & Medusen,* a.a.O., S. 88.
303 Ebd., S. 1037 bzw. S. 89.
304 Gottfried Benn: ›Dorische Welt‹, in: Ders.: *Auswahl aus dem Werk,* hg. von Dieter Wellershoff. Darmstadt 1962, S. 177–198, hier: S. 187.
305 Ebd.
306 Im Text heißt es: »Ihr Traum ist Züchtung und ewige Jugend [...]« (ebd., S. 187f.)
307 Ebd., S. 190.
308 Inge Stephan: *Musen & Medusen,* a.a.O., S. 89.
309 Michel Foucault: *Überwachen und Strafen.* Frankfurt a.M. 1976, S. 218f.
310 Klaus Theweleit, a.a.O., Bd. II, S. 402.
311 Gottfried Benn: *Dorische Welt,* a.a.O., S. 202.
312 Ebd., S. 201.
313 Ebd., S. 204.
314 Ebd.
315 Ebd., S. 190.
316 Ebd., S. 194.
317 Ebd., S. 198.
318 Ebd., S. 196.
319 Ebd., S. 189.
320 Damit steht die mit dem Männerbundmodell verbundene Staatsidee in krassem Widerspruch zum Konzept des Politischen, wie es Hannah Arendt mit dem Prinzip der ›Natalität‹ verknüpfen wird. Vgl. Hannah Arendt: *Vita activa oder Vom tätigen Leben.* München/Zürich 1967.
321 Hans Blüher: *Der bürgerliche und der geistige Antifeminismus.* 2. Aufl., Berlin 1918, S. 20.
322 Vgl. Nicolaus Sombart: ›Männerbund und politische Kultur in Deutschland‹, in: Joachim H. Knoll/Julius H. Schoeps: *›Typisch Deutsch‹. Die Jugendbewegung. Beiträge zu ihrer Phänomenologie.* Opladen 1988, S. 155–176, hier: S. 158.
323 Trotz Einführung des Frauenwahlrechts war im damaligen konservativen Verständnis der Staat eine ›männliche‹ Institution.
324 Julius H. Schoeps: ›Sexualität, Erotik und Männerbund. Hans Blüher und die deutsche Jugendbewegung‹, in: Joachim H. Knoll/Julius H. Schoeps: *›Typisch Deutsch‹,* a.a.O., S. 137–154, hier: S. 143.
325 Nicolaus Sombart: ›Männerbund und politische Kultur in Deutschland‹, in: Joachim H. Knoll/Julius H. Schoeps: *›Typisch Deutsch‹,* a.a.O., S. 155–176, hier: S. 159.
326 Vgl. zu Freud besonders Hans Blüher: *Secessio Judaica. Philosophische Grundlegung der historischen Situation des Judentums und der antisemitischen Bewegung.* 1. Aufl., Berlin 1922, S. 23; überarbeitete 3. Aufl., Potsdam 1933, S. 23f. Im Nachlaß Hans Blühers in der Staatsbibliothek Preußischer Kulturbesitz zu Berlin befindet sich ein persönliches Exemplar des Buches von 1922, in dem die für die dritte Auflage vorgenommenen, die antisemitische Ausrichtung verstärkenden Veränderungen besonders erschreckend ins Auge stechen, weil sie von Blüher mit Bleistift in den alten Text eingetragen wurden. Zum Verhältnis Freud-Blüher vgl. John Neubauer: ›Sigmund Freud und Hans Blüher in bisher unveröffentlichten Briefen‹, in: *Psyche,* Jg. 50, Nr. 2, 1996, S. 123–148.
327 Vgl. die erhellende Darstellung dieser Verwandlung des bürgerlichen Opfer-Freiheitshelden von 1813/1814 zum übermenschlichen Täter-Helden der modernen Kriege: René Schilling: *»Kriegshelden«. Deutungsmuster heroischer Männlichkeit in Deutschland 1813–1945.* Paderborn 2002.

328 Das handgeschriebene Liederbuch befindet sich im Nachlaß Blühers in der Berliner Staatsbibliothek Preußischer Kulturbesitz, übernommen im Sommer 1977 von der Witwe Blüher, verheiratete Herckmans, Kasten II.

329 Stefan Breuer: *Anatomie der Konservativen Revolution.* Darmstadt 1995, S. 5.

330 Armin Mohler: *Die Konservative Revolution in Deutschland 1918–1932. Ein Handbuch.* (1949), zweite Fassung Darmstadt 1972, S. 153f.; zu Blühers Theorie vom Männerbund vor allem S. 158–161.

331 Blühers Nachlaß in der Staatsbibliothek Preußischer Kulturbesitz, Berlin, Kasten I.

332 Bernd-Ulrich Hergemöller: ›Hans Blühers Männerwelten. Fragmente, Widersprüche, Perspektiven‹, in: *Invertito, Jahrbuch für die Geschichte der Homosexualitäten, Homosexualitäten in der Weimarer Republik 1919–1933.* Nr 2, 2000, S. 58–84, hier: S. 60.

333 Ebd., S. 58.

334 Vgl. die ausführliche Selbstdarstellung mitsamt Briefzitaten in Blühers Autobiographie: *Werke und Tage. Geschichte eines Denkers.* 2. Aufl., München 1953.

335 Franz Kafka: *Tagebücher.* Kritische Ausgabe, hg. von Hans-Gerd Koch, Michael Müller und Malcolm Pasley. Frankfurt a.M. 1989, S. 923f. (Eintrag vom 16. Juni 1922); Postkarte an Max Brod, Planá, 26. Juni 1922; Postkarte an Robert Klopstock, Planá, 30. Juni 1922; Brief an Max Brod, Planá, 30. Juli 1922. Vgl. dazu: Iris Bruce: ›Of devils and demons and absent talmudists: Franz Kafka's struggle with philosophical antisemitism in Hans Blüher's »Secessio Judaica«‹, in: Alain Goldschläger/Clive Thomson (Hg.): *Le Discours scientifique comme porteur de préjugés?* The University of Western Ontario 1998, S. 181–200.

336 Claudia Bruns: *Subjekt, Gemeinschaft, Männerbund,* a.a.O., S. 111.

337 So schrieb er im *Jahrbuch für sexuelle Zwischenstufen,* in der *Imago,* der *Internationalen Zeitschrift für ärztliche Psychoanalyse* und im *Zentralblatt für Psychoanalyse und Psychologie.* Bibliographie vgl. Ulfried Geuter: *Homosexualität in der deutschen Jugendbewegung,* a.a.O., S. 332f.

338 »Bis 1907 bezeichnete die Gemeinschaft der Eigenen sich als ›Philosophische Gesellschaft für Sittenverbesserung und Lebenskunst‹, ab 1909 als ›Verein für Kunst und männliche Kultur‹.« (Marita Keilson-Lauritz, a.a.O., S. 96).

339 »Mit der Verlagsangabe erscheint im Januar 1896 der erste Prospekt des *Eigenen* mit einem programmatischen redaktionellen Artikel, der aufruft zum ›Sich-selbst-leben‹ und ›Sich-aus-leben‹. Der Artikel schließt mit dem Satz: ›wir rufen Euch auf, ihr Egoisten, vereinigt Euch. Die Erde will neu gebären, seid Ihr die Geburtshelfer. Vorwärts Ihr Eigenen, schafft Euch ein eigenes Land, ein eigenes Reich, eine eigene Erde!‹« (Marita-Keilson-Lauritz, a.a.O., S. 71f.).

340 Vgl. Marita Keilson-Lauritz, a.a.O., S. 35f.

341 Der Begriff und das Konzept des ›supervirilen Männerhelden‹, der der ›Normalität‹ der heterosexuellen Männlichkeit nicht nur ebenbürtig sei, sondern diese noch weit überflügele, stammt von dem Naturforscher und Mediziner Gustav Jäger. Vgl. Gustav Jäger: *Lehrbuch der allgemeinen Zoologie. Ein Leitfaden für Vorträge und zum Selbststudium. III. Abteilung: Psychologie.* Zugleich: *Die Entdeckung der Seele,* 2. Aufl. enthaltend a) ›Gesammelte ältere Aufsätze‹, b) ›Neuere Beweise und Aufschlüsse‹, Leipzig 1880, S. 265f. Zitiert nach Claudia Bruns: ›(Homo-)Sexualität als virile Soziabilität. Sexualwissenschaftliche, antifeministische und antisemitische Strategien hegemonialer Männlichkeit im Diskurs der Maskulinisten 1880–1920‹, in: Ulf Heidel/Stefan Micheler/Elisabeth Tuider (Hg.): *Jenseits der Geschlechtergrenzen. Sexualitäten, Identitäten und Körper in Perspektiven von Queer Studies.* Hamburg 2001, S. 87–108, hier: S. 92.

342 Hans Blüher: *Die deutsche Wandervogelbewegung als erotisches Phänomen. Ein Beitrag zur Erkenntnis der sexuellen Inversion,* m. e. Vorwort von Magnus Hirschfeld, Berlin 1912. Hirschfeld schrieb dieses Vorwort zum Ärger Blühers allerdings von seinem theoretischen Blickwinkel aus. Eine zweite Auflage erschien in Berlin dann ohne das Vorwort Magnus Hirschfelds.

343 Vgl. John Neubauer: ›Am Scheideweg. Thomas Mann und Hans Blüher, München 1919‹, in: Dagmar Ottmann/Markus Symmark (Hg.): *Poesie als Auftrag.* Würzburg 2001, S. 171–183.

344 Ein antisemitischer und rassistischer Ton ist bereits in seinen frühen sexualtheoretischen Schriften zu spüren, deutlicher wird Blüher dann 1919. Vgl. Hans Blüher: *Deutsches Reich, Judentum und Sozialismus. Eine Rede an die Freideutsche Jugend* (1919), 2. Auflage. Prien 1920.

345 Vgl. Claudia Bruns, a.a.O., 2002; Ute Planert: *Antifeminismus im Kaiserreich. Diskurs, soziale Formation und politische Mentalität.* Göttingen 1996.

346 Der Briefwechsel Blüher/Freud ist in der *Sigmund Freud Collection* der Handschriftenabteilung in der *Library of Congress,* Washington, D. C., USA aufbewahrt. Hier zitiert nach dem Abdruck in John Neubauer: *Sigmund Freud und Hans Blüher,* a.a.O., S. 123–148, hier: S. 133.

347 Zitiert nach Hans Blüher: *Werke und Tage,* a.a.O., S. 258.

348 Ebd., S. 348.

349 Thomas Mann: *Tagebücher 1918–1921,* hg. von Peter de Mendelssohn. Frankfurt a.M. 1979, S.148.

350 John Neubauer: *Am Scheideweg,* a.a.O., S. 175.

351 Hans Blüher: *Secessio Judaica* (1922), a.a.O., S. 23f.

352 Hans Blüher: *Wandervogel,* Bd. 3: ›Die deutsche Wandervogelbewegung als erotisches Phänomen. Ein Beitrag zur Erkenntnis der sexuellen Inversion‹, a.a.O., S. 155.

353 Ebd.

354 Vgl. besonders Hans Blüher: *Secessio Judaica,* a.a.O, S. 61: Dort grenzt sich Blüher vom ›normalen‹ Antisemitismus des Volkes ab, denn: »Der alte Antisemitismus stammt aus den Affekten, der echte aus der Erkenntnis.« Vgl. auch: Hans Blüher: *Das Judentum und die falsch gestellte Rassenfrage.* Basel 1932; ders.: *Die Erhebung Israels gegen die christlichen Güter.* Hamburg 1932.

355 Annemarie v. G. (Hg.): *Der Judas wieder sich selbst. Aus den nachgelassenen Papieren von Artur Zelvenkamp.* Berlin 1922, S. 31. Zitiert nach Bernd-Ulrich Hergemöller, a.a.O., S. 71.

356 Hans Blüher: *Die Wiedergeburt der platonischen Akademie.* Jena 1920.

357 Bernd-Ulrich Hergemöller: *Hans Blühers Männerwelten,* a.a.O., S. 68.

358 Ebd.

359 Ebd., S. 69.

360 Rezension von H. Bogen, in: *Zeitschrift der deutschen Adelsgenossenschaft für die Aufgaben des christlichen Adels,* Jg. 50, Nr. 19, 7. Mai 1932, S. 262; enthalten im Nachlaß Blühers, Kasten III.

361 Hans Blüher: *Der bürgerliche und der geistige Antifeminismus,* a.a.O.

362 Blüher verwendete diesen Begriff Bachofens zur Charakterisierung der modernen europäischen Kultur, die seiner Ansicht nach unter der Herrschaft der Mütter und Frauen stand, ganz im Gegensatz zur ›männlichen Kultur‹ des ›dorischen‹ Griechenland. Hans Blüher: *Wandervogel,* Bd. 3, a.a.O., S. 159.

363 Alfred Bäumler: ›Der Sinn des Großen Krieges‹, in: Ders.: *Männerbund und Wissenschaft.* Berlin 1934, S. 1–29, hier: S. 6.

364 Ebd., S. 39.

365 Ebd., S. 13.

366 Vgl. Harry Oosterhuis: ›Medicine, Male Bonding and Homosexuality in Nazi Germany‹, *in: Journal of contemporary History,* Jg. 32, Nr. 2, April 1997, S. 187–206. Harry Oosterhuis hält die Rede, die Heinrich Himmler 1937 vor SS-Gruppenführern hält, für die am meisten die eigene Realität und das eigene Konzept vom Männerstaat offenlegende Rede des Naziregimes: »Himmler pointed to the too-powerful masculinization and militarization of the nazi movement, in which the male youth had too little opportunity to associate with the other sex in a relaxed atmosphere.« (Harry Oosterhuis, a.a.O., S. 201.)

367 Diesen Hinweis verdanke ich Susanne zur Nieden; vgl. Susanne zur Nieden (Hg.): *Homophobie und Staatsräson 1900–1945,* Frankfurt a.M. 2004; vgl. auch Alexander Zinn: *Die soziale Konstruktion des homosexuellen Nationalsozialisten. Zu Genese und Etablierung eines Stereotyps,* Frankfurt a.M./Berlin/Bern/New York/Paris/Wien 1997, S. 43–49.

368 Im Februar 1942 unterzeichnete Hitler einen Erlaß, der Homosexualität in der SS mit dem Tode bestrafte. Vgl. Louis Lochner (Hg.): *Goebbels' Tagebücher.* Zürich 1948, S. 101.

369 Heinrich Himmler: Rede vor den SS-Gruppenführern am 18. Februar 1937, in: Bradley F. Smith/ Agnes F. Peterson (Hg.): *Heinrich Himmler. Geheimreden 1933 bis 1945 und andere Ansprachen.* Frankfurt a.M./Berlin/Wien 1974, S. 93–104, hier: S. 94.

370 Hans Blüher: ›Das Gesetz der männlichen Gesellschaft und der Männerbünde‹, in: Ders.: *Die Rede des Aristophanes. Prolegomena zu einer Soziologie des Menschengeschlechts,* unautorisierte

postume Veröffentlichung aus dem Nachlaß, hg. vom Hans-Blüher-Archiv. Hamburg 1966, S. 47–71, hier: S. 66.

371 Hans Blüher: *Werke und Tage*, a.a.O., S. 40.

372 Zitiert nach Ulfried Geuter, a.a.O., S. 171.

373 Ebd. S. 95.

374 Übersetzung von John C. Fout: ›Sexual Politics in Wilhelmine Germany: The Male Gender Crisis, Moral Purity, and Homophobia‹, in: *Journal of History of Sexuality*, Jg. 2, Nr. 3, Januar 1992, S. 388–421, hier: S. 393.

375 Vgl. Claudia Bruns: *(Homo-)Sexualität als virile Sozialität*, a.a.O.

376 Vgl. Ulrike Brunotte: ›Brüderclan, Satyrchor und kollektive Ekstase. Modelle und Theorien ritueller Vergemeinschaftung um 1900‹, in: Dietrich Harth/Gerrit Schenk (Hg.): *Ritualdynamik. Kulturübergreifende Studien zur Theorie und Geschichte rituellen Handelns.* Heidelberg 2004.

377 Ferdinand Tönnies: *Gemeinschaft und Gesellschaft* (1887). Darmstadt 1991.

378 Michel Foucault: *Sexualität und Wahrheit*, Bd. 1: ›Der Wille zum Wissen‹. Frankfurt a.M. 1977, S. 58.

379 Claudia Bruns: *(Homo-)Sexualität als virile Sozialität*, a.a.O., S. 88.

380 Hans Blüher: *Die Rede des Aristophanes*, a.a.O., S. 19–25.

381 Platon: ›Symposion‹, 189e–190a. In: *Sämtliche Werke in der Übersetzung von Friedrich Schleiermacher*, hg. von Walter F. Otto, Ernesto Grassi und Gert Plambök, Bd. 2. Hamburg 1957, S. 221.

382 Ebd., 191b, e–192a, S. 222f.

383 Ebd.

384 Otto Weininger: *Geschlecht und Charakter*. Wien 1903.

385 Claudia Bruns: *(Homo-)Sexualität als virile Sozialität*, a.a.O., S. 88.

386 Hans Blüher: *Die Rolle der Erotik in der männlichen Gesellschaft*, Bd. I, a.a.O., S. 123.

387 Platon, a.a.O., 192a, S. 223.

388 Hans Blüher: *Die Rolle der Erotik in der männlichen Gesellschaft*, Bd. I, a.a.O., S. 159.

389 Claudia Bruns zufolge kulminieren bereits die Ausführungen von Gustav Jäger in dem »Nachweis der *besonderen Sozialität* des Mannes in Form seiner sexuellen Verbundenheit mit anderen und seiner Leistungsfähigkeit für die Nation.« (Claudia Bruns: *(Homo-)Sexualität als virile Sozialität*, a.a.O., S. 93).

390 Zitiert nach: Hans Blüher: *Die drei Grundformen der Homosexualität* (1913); Wiederabdruck in: *Jahrbuch für sexuelle Zwischenstufen*, Auswahl aus den Jahrgängen 1899–1923, Bd. 2. Frankfurt a.M. 1984, S. 27–104, hier: S. 59.

391 Christina von Braun: ›Ist die Sexualwissenschaft eine ›jüdische‹ Wissenschaft?‹, in: *Zeitschrift für Sexualforschung*, 2001, Nr. 14, S. 1–17, S. 3.

392 Vgl. George L. Mosse: *Nationalismus und Sexualität. Bürgerliche Moral und sexuelle Normen.* München 1985, S. 42.

393 Ebd., S. 62.

394 Ebd.

395 Hans Blüher: *Wandervogel*, Bd. 3, 2. Aufl., a.a.O., S. 23.

396 Ebd., Bd. 1, S. 73.

397 Ebd., Bd. 2, S. 128.

398 Hans Blüher: *Werke und Tage*, a.a.O., S. 181.

399 Ders.: *Wandervogel*, Bd. 3, a.a.O., S. 161.

400 Ebd.

401 Ebd., S. 24.

402 Ebd., S. 26.

403 Ebd., S. 57.

404 Ebd., S. 59.

405 George L. Mosse: *Nationalismus und Sexualität*, a.a.O., S. 74.

406 Ebd., S. 25.

407 Ebd., S. 113.

408 Hans Blüher: *Die Rolle der Erotik in der männlichen Gesellschaft*, Bd. 1, a.a.O., S. 243.

409 Ebd.

410 Julius H. Schoeps: ›Sexualität, Erotik und Männerbund. Hans Blüher und die deutsche Jugendbewegung‹, in: Joachim H. Knoll/Julius H. Schoeps (Hg.), a.a.O., S. 137–154, alle Zitate S. 140.

411 Hans Blüher: *Wandervogel*, Bd. 3, a.a.O., S. 42.

412 George L. Mosse: *Nationalismus und Sexualität*, a.a.O., S. 74.

413 Ebd.

414 Hans Blüher: *Sappho über den Eros*, Manuskript (1912/13) im Nachlaß in der Staatsbibliothek Preußischer Kulturbesitz in Berlin, Kasten III, S. 2.

415 Ebd., S. 9.

416 Ausführlich dazu: John C. Fout: *Sexual Politics in Wilhelmine Germany*, a.a.O.

417 Hans Blüher: *Der bürgerliche und der geistige Antifeminismus*, a.a.O., S. 20.

418 Diese Forschungshypothese vertritt auch Claudia Bruns, a.a.O., S. 100.

419 Ulfried Geuter: *Homosexualität in der Jugendbewegung*, a.a.O., S. 161.

420 Hans Blüher: ›Über die Sublimierung der Sexualität‹, in: *Sexual-Probleme*, Nr. 10, 1914, S. 611–617; zitiert aus dem Manuskript im Nachlaß, S. 5. Eine kleine Sammlung von Blühers frühen sexualwissenschaftlichen Schriften hat Hans Joachim Schoeps 1965 neu herausgegeben. Hans Blüher: *Studien zur Inversion und Perversion. Das uralte Phänomen der geschlechtlichen Inversion in natürlicher Sicht.* Stuttgart 1965.

421 Hans Blüher: *Wandervogel*, Bd. 3, a.a.O., S. 42.

422 Ders.: *Die Rolle der Erotik*, a.a.O., S. 142.

423 Ders.: ›Zur Theorie der Inversion‹ (1914), in: Ders.: *Studien zur Inversion und Perversion*, a.a.O., S. 47–73, hier: S. 72.

424 Ebd., S. 182.

425 Ulfried Geuter, a.a.O., S. 38.

426 Ebd.

427 Ebd., S. 44.

428 Marita Keilson-Luritz, a.a.O., S. 36.

429 Maximilian Harden: *Prozesse, Köpfe*, II. Teil (1913). 18. Aufl., Berlin 1923, S. 192.

430 Ebd.

431 Nicolaus Sombart: *Männerbund und politische Kultur in Deutschland*, a.a.O., S. 168.

432 Ulfried Geuter, a.a.O., S. 48f.

433 Vgl. dazu Roy C. Calogeras: *Die Krupp-Dynastie und die Wurzeln des deutschen Nationalcharakters. Eine psychoanalytische Kulturstudie*, München 1989, S. 116; zitiert nach Geuter, a.a.O., S. 49.

434 Peter Jungblut: *Famose Kerle. Eulenburg – Eine wilhelminische Affäre.* Hamburg 2003, S. 134.; Vgl. auch: Erwin J. Haberle: ›Justitias zweischneidiges Schwert – Magnus Hirschfeld als Gutachter in der Eulenburg-Affäre‹, in: Klaus M. Beier (Hg.): *Sexualität zwischen Medizin und Recht.* Stuttgart/Jena 1991, S. 5–20. An diesem ambivalenten Verhalten Hirschfelds zeigt sich auch, daß er zum Erreichen politischer Ziele wie dem Angriff auf die Entourage des Kaisers bereit war, den humanistischen Sinn seiner These von der ›Natürlichkeit‹ der Homosexualität preiszugeben.

435 Lothar Machtan: *Hitlers Geheimnis. Das Doppelleben eines Diktators.* Frankfurt a.M. 2003, S. 58.

436 Vgl. Nicolaus Sombart: *Die deutschen Männer und ihre Feinde.* Frankfurt a.M. 1991, bes. S. 36–57.

437 In einer sehr informativen, detaillierten mentalitätsgeschichtlichen und wissenssoziologischen Studie hat Ulfried Geuter dieses Potential an ›Selbstreflexion‹ anhand von Selbstzeugnissen aus den Archiven der Jugendbewegung dargestellt. Ulfried Geuter: *Homosexualität in der deutschen Jugendbewegung*, a.a.O.

438 Nicolaus Sombart: *Männerbund und politische Kultur in Deutschland*, a.a.O., S. 169.

439 Blüher zitiert nach Sombart, ebd., S. 169.

440 Hans Blüher: *Werke und Tage*, a.a.O., S. 143.

441 Ebd., S. 155f.

442 Hans Blüher: *Familie und Männerbund*, a.a.O., S. 21f.

443 Walter Benjamin: ›Über das humanistische Gymnasium‹, *in: Gesammelte Schriften*, hg. von Rolf Tiedemann und Hermann Schweppenhäuser, Bd. 4: ›Frühe Arbeiten zur Bildungs- und Kulturkritik‹. Frankfurt a.M. 1977, S. 40f.

444 Thomas Mann: ›Von deutscher Republik. Gerhard Hauptmann zum sechzigsten Geburtstag‹, in: Ders.: *Essays*, Bd. 2: ›Für das neue Deutschland 1919–1925‹. Frankfurt a.M. 1993, S. 126–166, hier: S. 153f.

445 Vgl. dazu auch die Ausführungen zum griechischen Eros und zur christlichen Nächstenliebe in Hans Blüher: *Die Rolle der Erotik in der männlichen Gesellschaft*, Bd. 1, a.a.O., S. 231ff.

446 Ebd., S. 247.

447 Hans Blüher: *Der Menschensohn* (1920), Nachlaß Staatsbibliothek, Kasten IV, S. 10. Vgl. auch ders.: *Die Aristie des Jesus von Nazareth*. Prien 1921.

448 Herman Schmalenbach: ›Die soziologische Kategorie des Bundes‹, in: *Die Dioskuren. Jahrbuch für Geisteswissenschaften*, Bd. 1. München 1922, S. 35–105, hier: S. 35.

449 Helmuth Plessner: ›Grenzen der Gemeinschaft. Eine Kritik des sozialen Radikalismus‹ (1924), in: Ders.: *Gesammelte Schriften*, Bd. 5. Frankfurt a.M. 1981, S. 7–133. Thomas Mann, ›Kultur und Sozialismus‹ (1927), in: Ders.: *Ein Appell an die Vernunft. Essays 1926–1933*, hg. von Hermann Kurzke/Stephan Stachorski. Frankfurt a.M. 1994, S. 53–63.

450 Paul Nolte: *Die Ordnung der deutschen Gesellschaft. Selbstentwurf und Selbstbehauptung im 20. Jahrhundert*. München 1921, S. 161.

451 Stefan Breuer bezweifelt das, gestützt auf reichhaltiges empirisches Material, ausdrücklich. Vgl. Stefan Breuer: ›»Gemeinschaft« in der »deutschen Soziologie«‹, in: *Zeitschrift für Soziologie*, Jg. 31, Nr. 5, Oktober 2002, S. 354-372, hier: S. 355.

452 Diese Krise erwuchs aus dem Widerspruch kaiserlich-patriarchaler und preußisch-zeremonialer Schauseite und kapitalistisch-rationaler Verfaßtheit der Gesellschaft.

453 Vgl. Russel A. Berman: *The Rise of the Modern German Novel. Crisis and Charisma*. Cambridge 1986, S. 25.

454 Martin Riesebrodt: ›Charisma‹, in: Hans G. Kippenberg/Martin Riesebrodt (Hg.): *Max Webers ›Religionssystematik‹*. Tübingen 2001, S. 151–166, hier: S. 152.

455 Max Weber: *Wirtschaft und Gesellschaft. Grundriß einer verstehenden Soziologie*, Texte aus den Jahren 1911- 1913. Besorgt von Johannes Winckelmann, 5. rev. Auflage. Tübingen 1980, S. 140.

456 Ebd.

457 Ebd., S. 141.

458 Ebd.

459 Victor Turner: *Das Ritual. Struktur und Antistruktur*, a.a.O., S. 124.

460 Vgl. die vielfältigen Hinweise auf ›spirituelle communitas‹ in millenaristischen Bewegungen, in der Armutsbewegung der Franziskaner etc. bei Victor Turner: *Das Ritual*, a.a.O., S. 124, 107, 136–148.

461 Max Weber: *Wirtschaft und Gesellschaft*, a.a.O., S. 141.

462 In der Religionssystematik ist Mohammad als Prophet und Kriegsführer mit Charisma ausgestattet. Vgl. Max Weber: *Wirtschaft und Gesellschaft*, Teilband 2: ›Religiöse Gemeinschaften‹, hg. von Hans Kippenberg. Tübingen 2001, z.B. S. 179 und S. 185.

463 Ders.: *Wirtschaft und Gesellschaft*, 1980, a.a.O., S. 141.

464 Ebd., S. 664f.

465 Ebd., S. 142.

466 Ebd.

467 Vgl. Georg Kamphausen: ›Charisma und Heroismus. Die Generation von 1890 und der Begriff des Politischen‹, in: Winfried Gebhardt/Arnold Zingerle/Michael N. Ebertz (Hg.): *Charisma. Theorie Religion Politik*. Berlin/New York 1993, S. 221–246.

468 Hans Joas: ›Die Klassiker der Soziologie und der Erste Weltkrieg‹, in: Hans Joas/Helmut Steiner (Hg): *Machtpolitischer Realismus und pazifistische Utopie*. Frankfurt a.M. 1989, S. 179–210.

469 Max Weber: *Wirtschaft und Gesellschaft*, a.a.O., S. 517.

470 Ebd.

471 Ebd.

472 Ebd.

473 Ebd.

474 Ebd., S. 141.

475 Ebd.

476 Ebd., S. 657.
477 Ebd.
478 Nicolaus Sombart: *Männerbund und politische Kultur in Deutschland,* a.a.O., S. 170.
479 Martin Riesebrodt: ›Robert Ranulph Marett (1866–1943)‹, in: Axel Michaels (Hg.): *Klassiker der Religionswissenschaft. Von Friedrich Schleiermacher bis Mircea Eliade.* Darmstadt 1997, S. 170–184, bes. S. 182–184, hier: S. 184.
480 Max Weber: *Wirtschaft und Gesellschaft,* a.a.O., S. 246.
481 Martin Riesebrodt: *Charisma,* a.a.O., S. 162.
482 Vgl. Emile Durkheim: *Die elementaren Formen des religiösen Lebens* (franz. 1912). Frankfurt a.M. 1981.
483 Hans Kippenberg: *Die Entdeckung der Religionsgeschichte,* a.a.O.
484 Stefan Breuer: *Bürokratie und Charisma. Zur politischen Soziologie Max Webers.* Darmstadt 1994, S. 172.
485 Ebd.
486 Sven Reichardt: *Faschistische Kampfbünde. Gewalt und Gemeinschaft im italienischen Squadrismus und in der deutschen SA.* Köln/Weimar/Wien 2002, S. 25.
487 Genaue Angaben und Vergleiche vgl. Reichardt, a.a.O., S. 346-351.
488 Ebd., S. 355.
489 Ebd., S. 364.
490 Ebd., S. 377.
491 Winfried Mogge: ›Vom Jugendreich zum Jungenstaat – Männerbündische Vorstellungen und Organisationen in der bürgerlichen Jugendbewegung‹, in: Gisela Völger/Karin v. Welck (Hg): *Männerbande/Männerbünde. Zur Rolle des Mannes im Kulturvergleich,* Bd. 2, a.a.O., S. 103–110, hier: S. 107.
492 Ebd., S. 109.
493 Hans-Christian Brandenburg: ›Der junge Eberhard Koebel. Materialien zu Biographie eines bündischen Jugendführers‹, in: *Jahrbuch des Archivs der deutschen Jugendbewegung.* Burg Ludwigstein, 15, 1985, S. 325-352, hier: S. 339f. Zitiert nach Winfried Mogge, a.a.O., S. 108.
494 Vgl. Reichardt, a.a.O., S. 384: »So kamen in Berlin im Jahre 1933 auf 100 männliche erwerbstätige Arbeiter zwischen 20 und 25 Jahren 82 gleichaltrige Arbeitslose, das entsprach einer Arbeitslosenquote von 45 %.«
495 Ebd., S. 381.
496 Ebd., S. 505.
497 Vgl. besonders das vorletzte Kapitel mit dem Titel: *Das Geschlecht der Gewalt: Bilder und Rhetorik der Männlichkeit,* ebd., S. 660–695.
498 Hans Blüher: *Die Rolle der Erotik,* Bd. 2, a.a.O., S. 217.
499 Ebd., S. 3.
500 Ebd.
501 Ebd., Bd. 2, S. 92 und S. 93.
502 Hans Blüher: *Familie und Männerbund,* a.a.O., S. 22.
503 Ebd., S. 7.
504 Ebd., S. 8.
505 Ebd., S. 22.
506 Ebd., S. 9.
507 Hans Blüher: *Werke und Tage,* a.a.O., S. 231.
508 Hans Blüher: *Führer und Volk in der Jugendbewegung,* a.a.O., S. 4.
509 Ernst Jünger: *Feuer und Blut. Ein kleiner Ausschnitt aus der großen Schlacht.* Berlin 1929, S. 10.
510 Thomas Mann: *Von deutscher Republik* (1922), a.a.O., S. 138.
511 Ebd., S. 160.
512 Ebd., S. 162.
513 So waren beispielsweise die Veteranenverbände oft die bedeutendsten gesellschaftlichen Träger für eine Vielzahl von Toten- und Heldengedenkveranstaltungen in der Weimarer Republik.
514 Hans Blüher: *Die Rolle der Erotik,* a.a.O., Bd. II, S. 108.
515 René König: *Soziologie in Deutschland.* München/Wien 1987, S. 186.

516 Herman Schmalenbach: ›Die soziologische Kategorie des Bundes‹, in: *Die Dioskuren. Jahrbuch für Geisteswissenschaften,* Bd. 1. München 1922, S. 35–105, hier: S. 54.
517 Ebd., S. 59.
518 Ebd., S. 62.
519 Ebd., S. 61–65.
520 Ebd., 61–64, hier: S. 64.
521 Ebd., S. 45.
522 Ebd., S. 67f.
523 So der Begriff von Paul Tillich. Vgl. Paul Tillich: *Die sozialistische Entscheidung* (1932). Berlin 1980.
524 Klaus von See: ›Politische Männerbund-Ideologie von der wilhelminischen Zeit bis zum Nationalsozialismus‹, in: Gisela Völger/Karin v. Welck, a.a.O., S. 93–102.
525 Hans Blüher: *Die Rolle der Erotik,* Bd. 2., a.a.O., S. 220.
526 Ebd., S. 221.
527 Ebd.
528 Hans Blüher: *Familie und Männerbund,* a.a.O., S. 36.
529 Hans Blüher: *Charakter der Jugendbewegung.* Leipzig 1921, S. 6.
530 Vgl. Hans Blüher: *Ulrich von Wilamowitz und der deutsche Geist 1871/1915.* Berlin 1916, S. 22: »Der Wandervogel ist jene rauschhafte Entladung des jugendlichen Lebens [...] hier regiert Dionysos.«
531 Hans Blüher: *Die Rolle der Erotik,* Bd. 1, a.a.O., S. 247.
532 Ebd., S. 248.
533 Zu einem veritablen Todes-Kult als Form der Selbststilisierung wird dann freilich erst die SS greifen.
534 Klaus Theweleit : *Männerphantasien,* Bd. 2: ›Weißer Terror und Homosexualität‹, a.a.O., S. 370.
535 Thomas Mann: *Von deutscher Republik,* a.a.O., S. 161.
536 Ebd.
537 Ebd., S. 162.
538 Hans Wisskirchen: ›Republikanischer Eros. Zu Walt Whitmans und Hans Blühers Rolle in der politischen Publizistik Thomas Manns‹, in: Gerhard Härle (Hg.): *»Heimsuchung und süßes Gift«. Erotik und Politik bei Thomas Mann.* Frankfurt a.M. 1992, S. 17–40, hier: S. 30.
539 Ebd.
540 Ebd.
541 Ebd., S. 31.
542 Klaus Theweleit, a.a.O., Bd. II, S. 370.
543 Theodor W. Adorno: ›Tough Baby‹, *in: Minima Moralia. Reflexionen aus dem beschädigten Leben,* (1951). Frankfurt a.M. 1973, S. 51f., hier: 52.
544 Karin Hausen: ›Die Polarisierung der ›Geschlechtscharaktere‹ – Eine Spiegelung der Dissoziation von Erwerbs- und Familienleben‹, in: Heide Rosenbaum (Hg.): *Seminar: Familie und Gesellschaftsstruktur. Materialien zu den sozioökonomischen Bedingungen von Familienformen,* a.a.O., S. 161–191.
545 Ebd., S. 161.
546 Eva-Maria Ziege: *Mythische Kohärenz. Diskursanalyse des völkischen Antisemitismus,* a.a.O., S. 108.
547 Hans Blüher: *Wandervogel,* Bd. 3, a.a.O., S. 97.
548 Vgl. Frederick A. Lubich: ›La Loi du Père vs. Le Désir de la Mère. Zur Männerphantasie der Weimarer Republik‹, in: Walter Erhart/Britta Herrmann (Hg.): *Wann ist der Mann ein Mann? Zur Geschichte der Männlichkeit,* a.a.O., S. 249–270.
549 Alexander Mitscherlich: *Auf dem Weg in die vaterlose Gesellschaft.* München 1963, S. 367.
550 Frederick A. Lubich, a.a.O., S. 250. Für Frederick A. Lubich ist der Einfluß Bachofens auf die Geschlechterdebatten der Jahrhundertwende und der Weimarer Republik zentral.
551 Otto Weininger: *Geschlecht und Charakter* (1903). München 1997, S. 443.
552 Ebd., S. 113.
553 Ebd., S. 398.

554 Walter Rathenau: *Gesammelte Schriften in 5 Bänden*, Bd. 3. Berlin 1918, S. 198. Zitiert nach: Frederic A. Lubich, a.a.O., S. 251.
555 Otto Weininger: *Geschlecht und Charakter*, a.a.O., S. 456.
556 Ebd., S. 457.
557 Vgl. Hans Blüher: *Der bürgerliche und der geistige Antifeminismus*, a.a.O.
558 Otto Weininger, a.a.O., S. 7.
559 Ebd., S. 398.
560 Elisabeth Busse-Wilson: *Die Frau und die Jugendbewegung*, a.a.O., S. 83.
561 Ebd., S. 82.
562 Ebd., S. 80.
563 Ebd., S. 84.
564 Hans Blüher: *Der bürgerliche und der geistige Antifeminismus*. Berlin 1916; zitiert nach Ulfried Geuter, a a.O., S. 167.
565 ›Grob‹ ist für Blüher der Ausdruck für unsublimierte Sexualität. In seinem theoretischen Kosmos kommt diese Form der Sexualität zwischen Männern nur selten vor, zwischen Mann und Frau sei sie jedoch die normale Form.
566 Vgl. Ulfried Geuter, a.a.O., S. 84ff.
567 Hans Blüher: ›Zwei psychosanitäre Forderungen‹, in: *Sexualprobleme*, Nr. 9, 1913, S. 527–536, hier: S. 532. Zitiert nach Ulfried Geuter, a.a.O., S. 84.
568 Brief von Hans Blüher an Ludwig Gurlitt vom 15. Februar 1912; Nachlaß Blüher, Kasten X. Vgl. auch Gerhard Ille: ›Schülernot und Jugendkult im deutschen Kaiserreich – zur Situation der bürgerlichen Jugend um 1900‹, in Gerhard Ille/Günther Köhler: *Der Wandervogel*, a.a.O., S.30–53, hier: S. 44ff.
569 Hans Blüher: *Die Rolle des Erotik in der männlichen Gesellschaft*, Bd. 2, a.a.O., S. 91.
570 Ders.: *Wandervogel*, Bd. 2, S.12.
571 Ebd.
572 Ebd.
573 Ebd.
574 Ebd., S. 13.
575 Ebd.
576 Ebd., S. 14.
577 Hans Blüher: *Werke und Tage*, a.a.O., S. 333f.
578 Ders.: *Wandervogel*, Bd. 2, S. 161.
579 Hans Blüher: *Die Rolle der Erotik*, Bd. 2, a. a. O., S. 170. Es ist verblüffend, sich daran zu erinnern, daß der Bundesbegriff und das soziale und religiöse Bundesmodell überhaupt erst in der jüdischen Religion entstanden sind.
580 Ders.: *Familie und Männerbund*, a.a.O., S. 7.
581 Otto Weininger: *Geschlecht und Charakter*, a a.O., S. 241.
582 Ebd., S. 406.
583 Ebd., S. 409.
584 Ebd., S. 411.
585 Ebd., S. 412.
586 Ebd., S. 441.
587 Ebd.
588 Ebd., S. 417.
589 Ebd., S. 344.
590 Ebd., S. 349.
591 Ebd., S. 417.
592 Ebd., S. 416f.
593 Ebd., S. 417.
594 Ebd.
595 Ebd.
596 Ebd.
597 Ebd., S. 388.

598 Nicolaus Sombart: *Männerbund und politische Kultur in Deutschland,* a.a.O., S. 167.
599 Thomas Mann: *Der Tod in Venedig,* (1912). Frankfurt a.M. 1992, S. 19f.
600 Ebd., S. 29.
601 Ebd., S. 24.
602 Ebd.
603 Ebd.
604 Ebd., S. 22.
605 Ebd., S. 87f.
606 Ebd., S. 83.
607 Ebd.
608 Ebd., S. 119.
609 Ebd., S. 55.
610 Ebd., S. 135.
611 Ebd., S. 126ff.
612 Vgl. der genaue Textvergleich bei Josef Häfele/Hans Stammel: *Thomas Mann: Der Tod in Venedig. Grundlagen und Gedanken zum Verständnis.* Frankfurt a.M. 1992, S. 63f.
613 Erwin Rohde: *Psyche. Seelencult und Unsterblichkeitsglaube der Griechen* (1898), Bd. 2. Darmstadt 1991, S. 9 und S. 11f.
614 Johann Jacob Bachofen: *Das Mutterrecht,* a.a.O., S. 40.
615 Friedrich Nietzsche: ›Die Geburt der Tragödie aus dem Geist der Musik‹: in: Ders., *Werke,* hg. von Karl Schlechta. Frankfurt a. M/Berlin/Wien 1969, Bd. 1, S. 19–134, hier: S. 44.
616 Ebd., S. 51.
617 Ebd., S. 52.
618 Hans Blüher: *Ulrich von Wilamowitz und der deutsche Geist 1871/1915,* a.a.O., S. 22.
619 Hans Blüher: *Führer und Volk in der Jugendbewegung,* a.a.O., S. 12.
620 Sigmund Freud ist es freilich, der sich in seiner Systematik von *Massenpsychologie und Ich-Analyse* auf das Simultane und Gegenüber von geformter und ungeformter Masse einlassen wird. Die zwei Paradigmen, die für ihn für die formierte Masse mit Führer stehen, das Militär und die katholische Kirche, können zugleich als Beispiele homosozialer Gemeinschaften im Sinne Blühers verstanden werden, wurden sie doch in einem politischen Kontext entworfen, zu dem der Komplex des Männerbundes zentral gehörte.
621 Ernst Kriek: *Philosophie der Erziehung.* Jena 1922. Zitiert nach Klaus von See: *Politische Männerbundideologie,* a.a.O., S. 99.
622 Ebd.
623 Vgl. George L. Mosse: *Nationalismus und Sexualität,* a.a.O., S. 112ff.
624 Hans Richard Brittnacher: ›Von Kriegern und Duldern, Schindern und Mönchen. Bilder vom Mann bei Hans Heinz Ewers und Ernst Jünger‹, in: *Zeitschrift für Germanistik,* Neue Folge, Jg. XII, 2/2002, S. 308-323, hier: S. 309.
625 Für eine ausführliche Darstellung der Texte vgl. Helmut König: ›Das »Weib Masse«‹, in: Ders.: *Zivilisation und Leidenschaften. Die Masse im bürgerlichen Zeitalter.* Hamburg 1992, S. 157–168.
626 Sven Reichardt: *Faschistische Kampfbünde. Gewalt und Gemeinschaft im italienischen Squadrismus und in der deutschen SA,* a.a.O., S. 685.
627 Hans Richard Brittnacher, a.a.O., S. 308.
628 Gustave Le Bon: *Psychologie der Massen* (1895). Stuttgart 1982, S. 16f.
629 Ebd., S. 22.
630 Ebd., S. 30.
631 Ebd., S. 71.
632 Otto Weininger, a.a.O., S. 399.
633 Hans Blüher: *Die Rolle der Erotik,* Bd. 2, a.a.O., S. 221.
634 Ebd.
635 Ebd.
636 Thronrede Wilhelms II. vom 4. August 1914, in: *Verhandlungen des Reichstags. XIII. Legislaturperiode. II. Session. 1914–1916. Stenographische Berichte,* Bd. 306, Berlin 1916; zitiert nach: Rüdiger vom Buch/Björn Hofmeister (Hg.): *Deutsche Geschichte in Quellen und Darstellung,* Bd. 8:

›Kaiserreich und Erster Weltkrieg 1871–1918‹. Stuttgart 2000, S. 356-358, hier: S. 358.
637 Georg L. Mosse: *Gefallen für das Vaterland,* a.a.O., S. 81.
638 Theodor Körner: ›Bundeslied vor der Schlacht‹, 12. Mai 1813, in: *Theodor Körners sämtliche Werke.* Leipzig (um 1880), S. 19. Zitiert nach George L. Mosse: *Gefallen für das Vaterland,* a.a.O., S. 89.
639 Werner Sombart: *Händler und Helden. Patriotische Besinnungen.* München 1915.
640 Ebd., S. 65, S. 63 ff. Vgl. auch René Schilling: *»Kriegshelden«. Deutungen heroischer Männlichkeit in Deutschland 1813–1945,* a.a.O., S. 262.
641 George L. Mosse: *Gefallen für das Vaterland,* a.a.O., S. 94f.
642 Ebd.
643 Walter Flex: *Vom großen Abendmahl: Verse und Gedanken aus dem Feld,* München o.J., S. 15 und S. 43.
644 René Schilling, a.a.O., S. 252.
645 Vgl. Kapitel 3.2.
646 Walter Flex: *Wanderer,* a.a.O., S. 93.
647 Bernd Hüppauf: ›»Der Tod ist verschlungen in den Sieg«. Todesbilder aus dem Ersten Weltkrieg und der Nachkriegszeit‹, in: Ders. (Hg.): *Ansichten vom Krieg. Vergleichende Studien zum Ersten Weltkrieg in Literatur und Gesellschaft.* Königstein/Ts. 1984, S. 55–91, hier: S. 87.
648 Walter Flex: *Wanderer,* a.a.O., S. 96
649 Ebd.
650 Ebd., S. 97.
651 Ebd., S. 109.
652 Ebd., S. 105.
653 Ebd.
654 Ebd.
655 Ebd.
656 Bernd Hüppauf: *Der Tod ist verschlungen in den Sieg,* a.a. O., S. 81.
657 Walter Flex: *Wanderer,* a.a.O., S. 116.
658 Ausführlich dazu: René Schilling, a.a.O., S. 290ff.
659 Bernd Hüppauf: ›Schlachtenmythen und die Konstruktion des »Neuen Menschen«‹, in: Gerhard Hirschfeld und Gerd Krumeich in Verbindung mit Irina Renz (Hg.): *Keiner fühlt sich hier mehr als Mensch... Erlebnis und Wirkung des Ersten Weltkriegs.* Essen 1993, S. 43–84, hier: S. 44.
660 Reinhard Dithmar (Hg.): *Der Langemarck-Mythos in Dichtung und Unterricht,* Berlin 1992, S. V. Vgl. auch Karl Unruh: *Langemarck. Legende und Wirklichkeit.* Koblenz 1986.
661 Ebd.
662 Uwe-K. Ketelsen: ›»Die Jugend von Langemarck«: Ein poetisch-politisches Motiv der Zwischenkriegszeit‹, in: Thomas Koebner/Rolf-Peter Janz/Frank Trommler: *›Mit uns zieht die neue Zeit‹. Der Mythos Jugend,* a.a.O., S. 68–96, hier: S. 69.
663 Ebd., S. 71.
664 Bernd Hüppauf: *Schlachtenmythen,* a.a.O., S. 48.
665 Ebd.
666 *Deutsche Tageszeitung* vom 11. November 1915. Zitiert nach Bernd Hüppauf: *Schlachtenmythen,* a.a.O., S. 46.
667 Der Begriff des ›Opfers‹ wird im Gang der Stilisierung von Langemarck – von 1918 bis 1945 – immer zentraler. Die Rede vom ›Opfergang‹ findet sich allerdings vornehmlich in völkischen Schriften und Kultfeiern. Diese Tendenz kulminiert in dem 1938 gemeinsam von der Armee, der Hitlerjugend und der Kriegsgräberfürsorge herausgegebenen Buch, aus dem auch das Zitat stammt, in: Günther Kaufmann (Hg.): *Langemarck. Das Opfer der Jugend an allen Fronten.* Stuttgart 1938, Gedicht vom ›Reichskriegsopferführer Oberlindober‹, S. 3.
668 Oswald Bumke: *Langemarck. Drei Ansprachen (Universitätsreden),* München 1929, S. 3. Die Reden von Bumke repräsentieren die Rezeption des ›Langemarck-Mythos‹ beim national gesonnenen Bildungsbürgertum, zu dem auch weite Kreise der Jugendbewegung zählten. Darin werden die ›jungen Regimenter‹ als elitärer Männerbund vorwiegend studentischer oder akademischer Jugend dargestellt.

669 Ebd.
670 Ebd., S. 4.
671 Hermann Stegemann: *Geschichte des Krieges,* Bd. 2, Stuttgart 1917, S. 145.
672 Gerhard Drabsch: *Langemarck Gedächtnis. Chöre des jungen Deutschland. Eine Sammlung von Sprechchören für Fest und Feier,* Potsdam (um 1929), S. 92: »Die Helden sangen, die Todesbrüller schwiegen«. Ähnlich beschreibt das ›Wunder des Liedes‹ auch Hans Scheil in: ders.: *Langemarck. Der Opfergang einer heldischen Jugend.* Breslau 1934, S. 14.
673 E. Sidow: ›Brief aus dem Ersten Weltkrieg‹, in: *Langemarck. Unsere Stunde der Toten,* zusammengestellt und gefeiert vom Jungbann Andreas Hofer am Dienstag 21. November, Berlin 1933, S. 15f.
674 Thomas Mann: *Der Zauberberg,* Stuttgart/Hamburg 1924, S. 745f.
675 Ebd.
676 Ebd., S. 680.
677 Ebd., S. 681.
678 Ebd.
679 Uwe-K. Ketelsen: *Die Jugend von Langemarck,* a.a.O., S. 72.
680 Walther Jansen: *Langemarck. Ein Soldaten-Sprechchor.* Berlin 1933.
681 Baldur von Schirach: ›Hitlerjugend – Träger des Erbes von Langemarck‹, in: Günther Kaufmann (Hg.): *Langemarck,* a.a.O., S. 21–24, hier: S. 23.
682 Siegfried Wegeleben: *Das Felderlebnis. Eine Untersuchung seiner Entwicklung und seiner Bedeutung für die Gegenwart.* Berlin 1921, S. 26.
683 Viele sollen auch ehemalige Anhänger der Wandervogelbewegung gewesen sein.
684 Ein exemplarisches Beispiel: »Denn das war Langemarck: die Feuertaufe des völkischen Gedankens. [...] Hier fand sich, zum erstenmal im Kriege, das Volk.« (Wilhelm Dreyße: *Langemarck 1914. Der heldische Opfergang der deutschen Jugend.* Minden 1934, S. 9)
685 Baldur von Schirach, a.a.O., S. 23.
686 Ebd.
687 Ebd., S. 24.
688 Günther Lutz: *Die Frontgemeinschaft. Das Gemeinschaftserlebnis in der Kriegsliteratur.* Greifswald 1936, S. 52.
689 Stefan Breuer: *Gemeinschaft in der deutschen ›Soziologie‹,* a.a.O., S. 367 und S. 369.
690 Gunther Lutz: *Die Frontgemeinschaft,* a.a.O., S. 54.
691 Hermann Göring: ›Einleitung‹, in: Günter Kaufmann (Hg.): *Langemarck,* a.a.O., S. 1.
692 Die Literatur zu Langemarck ist zusammengestellt worden von Reinhard Dithmar (Hg.): *Der Langemarck-Mythos in Dichtung und Unterricht,* a.a.O.
693 Rudolf G. Binding: ›Deutsche Jugend vor den Toten des Krieges‹. Rede gehalten bei der Enthüllung des Ehrendenkmals für die Gefallenen von Langemarck auf dem Heidelstein in der Rhön (1924), in: Adam Weyer (Hg.): *Reden an die deutsche Jugend im zwanzigsten Jahrhundert.* Wuppertal/Bremen 1966, S. 59–65, hier: S. 60.
694 Ebd., S. 60.
695 Ebd., S. 64.
696 Die Feier der bündischen Jugend ist nach Binding »eine Feier reiner adeliger Gesinnung« (ebd., S. 62).
697 Hans Schwarz: *Die Wiedergeburt des heroischen Menschen,* Rede am 11. November 1928. Berlin 1930.
698 Bernd Hüppauf, dessen Essay ich den Hinweis auf die Rede von Hans Schwarz verdanke, hat darauf hingewiesen, daß Greifswald »damals die Universität mit der stärksten Vertretung der ›NS-Studentenschaft‹ war.« (Bernd Hüppauf: *Schlachtenmythen,* a.a.O., S. 49.)
699 Hans Schwarz: *Die Wiedergeburt des heroischen Menschen,* a.a.O., S. 5.
700 Ebd.
701 Ebd.
702 Ebd., S. 7.
703 Ebd., S. 11.
704 Ebd., S. 12.

705 Ebd.
706 Ebd.
707 Ebd.
708 Ebd., S. 25f.
709 Ebd., S. 9
710 Ebd., S. 27.
711 Christoph Pallaske/Detlef Völlmecke: ›»Deutschland muß leben, und wenn wir sterben müssen!« Gedenken und Totenkult nach dem Ersten Weltkrieg: Der Mythos von Langemarck‹, in: *Geschichte lernen. Geschichtsunterricht heute,* Nr. 49, Januar 1996, S. 20–25, hier: S. 22.
712 Josef Magnus Wehner: ›Langemarck‹ (1932), in: Adam Weyer (Hg.): *Reden,* a.a.O., S. 71–75, hier: S. 71.
713 Vgl. zum Totenkult des Nationalsozialismus: Sabine Behrenbeck: *Der Kult um die toten Helden. Nationalsozialistische Mythen, Riten und Symbole 1923 bis 1945.* Vierow bei Greifswald 1996.
714 Vgl. Saul Friedländer zur Grundtendenz der NS-Gesellschaft. »Ein Hang zum Tod an sich tritt hervor, zum Tod als einer elementaren, dunklen Kraft, die sich der Analyse entzieht: zum Tod als Offenbarung und Kommunion.« (Saul Friedländer: *Kitsch und Tod. Der Widerschein des Nazismus.* München/Wien 1984, S. 37.)
715 Baldur von Schirach, a.a.O., S. 24.
716 Uwe-K. Ketelsen, a.a.O., S. 78.
717 Bernd Hüppauf: *Schlachtenmythen,* a.a.O., S. 44.
718 Ebd., S. 49.
719 Ebd., S. 58.
720 Ebd., S. 43.
721 Ernst Jünger: *Der Arbeiter. Herrschaft und Gestalt* (1932). Hamburg 1982, S. 111.
722 Ebd., S. 109f.
723 Tagebuchaufzeichnung eines Kriegsfreiwilligen von 1914, zitiert aus George L. Mosse: *Gefallen für das Vaterland. Nationales Heldentum und namenloses Sterben,* a.a.O., S. 82.
724 Helmut Lethen: *Verhaltenslehren der Kälte. Lebensversuche zwischen den Kriegen.* Frankfurt a.M. 1994, S. 202.
725 Ernst Jünger: *Der Arbeiter,* a.a.O., S. 110.
726 Bernd Hüppauf: *›Der Tod ist verschlungen in den Sieg‹,* a.a.O., S. 89.
727 Ausführliche Beispiele dazu bei George L. Mosse: *Gefallen für das Vaterland,* a.a.O., S. 99.
728 Heinrich Zerkeulen: *Jugend von Langemarck. Ein Schauspiel in drei Akten und einem Nachspiel.* Leipzig 1933, S. 163f.
729 Hermann Thimmermann: *Der Sturm auf Langemarck. Die Schilderung von einem, der dabei war.* München 1933.
730 Ebd., S. 102.
731 Ebd., 102f.
732 Ebd., 104.
733 Ebd.
734 Es handelt sich hier um ein gutes Beispiel für den Prozeß der modernen Erfindung von Tradition, den Hobsbawn 1983 herausgearbeitet hat. ›Tradition‹ bezieht sich in diesem Konzept auf das 19. Jahrhundert und konzentriert sich auf ›Erfindungen‹, die einen ›antike‹ Ursprung erheben und eine ungebrochene Kontinuität zwischen ›Ursprung‹ und Gegenwart zu suggerieren versuchen. Die Stationen des im nationalen Suchprozeß veränderten Germanenbildes zeichnet Klaus von See für Deutschland nach. Vgl. Eric Hobsbawn: *The Invention of Tradition.* Cambridge 1983; Klaus von See: ›Das »Nordische« in der deutschen Wissenschaft des 20. Jahrhunderts‹, in: *Jahrbuch für internationale Germanistik,* Jg. 15, Nr. 2, 1983, S. 8-38; zu Weiser bes. S. 29-32.
735 Stefanie von Schnurbein: ›Geheime kultische Männerbünde bei den Germanen – Eine Theorie im Spannungsfeld zwischen Wissenschaft und Ideologie‹, in: Gisela Völger/Karin v. Welck (Hg.): *Männerbande/Männerbünde,* a.a.O., Bd. 2, S. 97–102, hier: S. 97.
736 In dem mit ausführlichen bibliographischen Angaben zur Diskussion versehenen Text von Micha Meier werden anhand einer quellentheoretischen Revision die Fragen erneut beleuchtet.

Micha Meier: ›Zum Problem der Existenz kultischer Geheimbünde bei den frühen Germanen‹. Tacitus, *Germania* Kap. 31, 38 und 43, in: *Zeitschrift für Religions- und Geistesgeschichte*, 51. Jg., 1999, S. 322-341.

737 Vgl. Ulrike Brunotte: ›Ritual und Erlebnis. Theorien der Initiation und ihre Aktualität in der Moderne‹, in: *Zeitschrift für Religions- und Geistesgeschichte*, 52. Jg., 2000, S. 249-367.

738 Vgl. Olaf Bockhorn: ›Von Ritualen, Mythen und Lebenskreisen: Volkskunde im Umfeld der Universität Wien‹, in: Wolfgang Jacobeit/Hannjost Lixfeld/Olaf Bockhorn (Hg.): *Völkische Wissenschaft. Gestalten und Tendenzen der deutschen und österreichischen Volkskunde in der ersten Hälfte des 20. Jahrhunderts.* Wien/Köln/Weimar 1994, S. 478–526. Vgl. auch zu Lily Weiser Christina Niem: ›Lily Weiser-Aall (1898–1987). Ein Beitrag zur Wissenschaftsgeschichte der Volkskunde‹, in: *Zeitschrift für Volkskunde*, Jg. 94, Nr. I, 1998, S. 25–52.

739 Weiser war die erste Frau, die sich im Fach ›Germanische Altertums- und Volkskunde‹ habilitierte. Vgl. Christina Niem, a.a.O.

740 Christina Niem, a.a.O., S. 34.

741 Lily Weiser: *Altgermanische Jünglingsweihen und Männerbünde. Ein Beitrag zur deutschen und nordischen Altertums- und Volkskunde.* Bühl 1927, S. 17.

742 Der Tübinger Ordinarius Jacob Wilhelm Hauer (1881–1962), Indologe und Religionshistoriker, hat den Begriff des Männerbundes in eine völkisch orientierte Religionswissenschaft eingeführt. Für ihn galt das ekstatische Erlebnis als Ursprung aller Religionen. Dieses war nach Hauer besonders in den Männerbünden relevant. Vgl. Wilhelm Hauer: *Die Religionen. Ihr Werden, ihr Sinn, ihre Wahrheit*, Bd. 1. Stuttgart 1923 (ein zweiter Band wurde nicht publiziert).

743 Lily Weiser, a.a.O., S. 23.

744 Ebd., S. 9.

745 Ebd., S. 55.

746 Ebd., S. 52.

747 Ebd., S. 14.

748 Ebd., S. 84.

749 Ebd., S. 82.

750 Carlo Ginzburg: ›Germanische Mythologie und Nazismus. Über ein altes Buch von George Dumézil‹, in: *Tumult. Schriften zur Verkehrswissenschaft.* Wien 1993, S. 70–94, hier: S. 81. Die These geht auf eine Bemerkung von W. E. Peuckert zurück (vgl. Ginzburg, ebd.).

751 1943 wurde Lily Weiser-Aall freilich im besetzten Norwegen zur Mitarbeit beim sogenannten *Ahnenerbe*, der Kulturorganisation der SS, aufgefordert. Sie stand in dieser Zeit auf der Gehaltsliste des *Ahnenerbes*. Ihre Tätigkeit soll sich allerdings auf Übersetzungsarbeiten beschränkt haben. Ein Ansuchen von Heinrich Himmler zu einer darüber hinausgehenden Mitarbeit wurde von Weiser abgelehnt. Wie sie zum Nationalsozialismus überhaupt stand, darüber liegen widersprüchliche Informationen vor. Nach 1945 trat Weiser eine Stelle als Kuratorin am Institut für Norwegische Ethnologische Forschung an. Vgl. vor allem den Aufsatz von Christina Niem, a.a.O.

752 Otto Höfler: *Kultische Geheimbünde der Germanen*, Bd. 1. Frankfurt a.M. 1934, S. VIII.

753 Ebd.

754 Ebd., S. 15.

755 Ebd., S. 220. Um die körperliche Substanz dieses Geisterheeres zu betonen, spricht Höfler immer wieder vom »Lebenden Leichnam« (ebd., S. 220ff.). Der ›lebende Leichnam‹ stehe auf der einen Seite, der Lebendige, der auf mystische Weise den Toten darstellt, auf der anderen: »Der lebendige Tote und der totenhafte Lebende sind nun freilich in der naiven Anschauung ein und dasselbe.« (Ebd., S. 220)

756 Ebd., S. 250.

757 Vgl. auch Harm-Peer Zimmermann: ›Männerbund und Totenkult‹, in: *Kieler Blätter zur Volkskunde*, Nr. 26, 1994, S. 5–27, hier: S. 21f.

758 Otto Höfler, a.a.O., S. IX.

759 Ebd., S. IX. Zur Ekstase vgl. S. 323.

760 Ebd., S. 277.

761 Ebd., S. 294. Vgl. zu den unterschiedlichen Ekstaseformen besonders Harm-Peer Zimmer-

mann: *Männerbund und Totenkult,* a.a.O.
762 Otto Höfler, a.a.O., S. 341.
763 Klaus von See: *Das Nordische,* a.a.O., S. 32.
764 Eva-Maria Ziege: *Mythische Kohärenz,* a.a.O., S. 145; Carlo Ginzburg: *Germanische Mythologie,* a.a.O., S. 84f.
765 Carlo Ginzburg, a.a.O., S. 87. Ginzburgs Ausführungen an dieser Stelle sind durch eine These Dumézils inspiriert.
766 Vgl. Eva-Maria Ziege, a.a.O., S. 144.
767 Vgl. dazu Esther Gajek: ›Germanenkunde und Nationalsozialismus. Zur Verflechtung von Wissenschaft und Politik am Beispiel Otto Höflers‹, in: Richard Faber (Hg.): *Politische Religion – religiöse Politik.* Würzburg 1997, S. 173–204, hier: S. 178f.
768 Otto Höfler: *Kultische Geheimbünde,* a.a.O., S. 357.
769 Vgl. Esther Gajek, a.a.O., S. 176.
770 Vgl. Eva-Maria Ziege, a.a.O., S. 146.
771 Vgl. Carlo Ginzburg, a.a.O., S. 83.
772 Klaus von See: *Das Nordische,* a.a.O., S. 32.
773 Carlo Ginzburg, a.a.O., S. 86.
774 Vgl. Eva-Maria Ziege, a.a.O., S. 146.
775 Ebd., S. 147.
776 Harald Spehr: ›Waren die Germanen »Ekstatiker«?‹, Rezension in: *Rasse. Monatszeitschrift der nordischen Bewegung,* hg. von R. v. Hoff und Hansf.K. Günther, Jg. 3, 1936, Nr. 9, S. 394–400, hier: S.396.
777 Ebd., S. 398f.
778 Ebd., S. 400.
779 Ebd., S. 87.
780 Vgl. Hans Blüher: *Die Rede des Aristophanes,* a.a.O., S. 66.
781 Eva-Maria Ziege, a.a.O., S. 150f.
782 Heinrich Himmler, a.a.O., S. 94.

© privat

ULRIKE BRUNOTTE, Religions- und Kulturwissenschaftlerin an der Humboldt-Universität Berlin, arbeitet auch im Studiengang *gender studies.* Sie ist Autorin des 2000 erschienenen Buches *Puritanismus und Pioniergeist.* In zahlreichen Veröffentlichungen hat sie sich mit der Inszenierung von Männlichkeit im Action- und Kriegsfilm auseinandergesetzt sowie mit Initationsritualen und ihrer Aktualität in der Erlebnisgesellschaft.

Lesen Sie weiter...

Walter Grasskamp
DAS COVER VON SGT. PEPPER
Eine Momentaufnahme der Popkultur
Sgt. Pepper's Lonely Hearts Club Band, die 1967 erschienene Langspielplatte der Beatles, zählt zu den erfolgreichsten Schallplatten der Musikgeschichte – nicht zuletzt wegen des Covers, das als ebenso innovativ und originell wahrgenommen wurde wie die Musik und das gesamte Konzept des Pop-Albums.
»Kunst und Kommerz – keiner kann so amüsant und gescheit zugleich darüber schreiben wie Walter Grasskamp.« DIE ZEIT
KKB. Gebunden. 128 Seiten. Mit sehr vielen, teilweise farbigen Abbildungen

Wolfgang Ullrich
DIE GESCHICHTE DER UNSCHÄRFE
Wolfgang Ullrich beschreibt zum ersten Mal die ideologischen Begründungen und die Wirkungen dieses Stilmittels.
»Ullrich hat den Trend zur Unschärfe am Bilderhimmel der Gegenwart zum Ausgangspunkt einer aufschlußreichen Abhandlung gemacht.« Gundula Bavendamm, Süddeutsche Zeitung
KKB. Gebunden. 160 Seiten. Mit zahlreichen Abbildungen

Wolfgang Ullrich
MIT DEM RÜCKEN ZUR KUNST
Die neuen Statussymbole der Macht
Wolfgang Ullrich untersucht die merkwürdigen Folgen und Nebenwirkungen eines allzu hohen Kunstbegriffs.
»Ullrich analysiert gründlich und mit viel Humor die Motive für die neuartige Allianz von Kunst und Machtelite. Sehr lesenswert.« Harald Falckenberg, art. Das Kunstmagazin
KKB. Gebunden. 128 Seiten. Mit vielen farbigen Abbildungen

Wolfgang Ullrich
UTA VON NAUMBURG
Die Naumburger Stifterfiguren: Vergessene Meisterwerke der frühen Gotik, die im zwanzigsten Jahrhundert plötzlich zur nationalen Ikone wurden – vor allem Uta wurde ein Opfer der weihevollen Sinnsucher. Wolfgang Ullrich beschreibt Gründe und Hintergründe dieser Verehrung.
»Das bedächtige Buch ist auch ein mitreißender Krimi, dazu eine furchterregende Skizze zur deutschen Mentalitätsgeschichte.« Christian Thomas, Frankfurter Rundschau
KKB. Gebunden. 144 Seiten

Carlo Ginzburg
DIE WAHRHEIT DER GESCHICHTE
Rhetorik und Beweis
Spurensuche im Grenzgebiet zwischen Wahrheit und Lüge: Carlo Ginzburg studiert anhand von Fallgeschichten aus der westlichen Kulturgeschichte, was Fälschungen, Kunstwerken und literarischen Erfindungen die Beweiskraft von authentischen Dokumenten verleiht.
»Ginzburg ist ein Meister des Essays.« Peter Schöttler, DIE ZEIT
Deutsche Erstausgabe.
Aus dem Englischen von Wolfgang Kaiser
KKB. Gebunden. 144 Seiten

Peter Burke
REDEN UND SCHWEIGEN
Zur Geschichte der sprachlichen Identität
Wann man in Europa reden durfte, wann man am besten schwieg und wo die italienische Sprache erfunden wurde. Drei Studien zur Kulturgeschichte der Sprache aus Peter Burkes geschichtenreicher Geschichtswerkstatt.
»Wie immer eloquent und überaus anregend bringt Peter Burke zur Sprache, was in ihr verborgen ist: eben jenen so gewichtigen ›verschwiegenen‹ Teil unserer Rede.«
Iris Denneler, DeutschlandRadio
Deutsche Erstausgabe
Aus dem Englischen von Bruni Rhöm
KKB. Englische Broschur. 96 Seiten

Vittorio Magnago Lampugnani
VERHALTENE GESCHWINDIGKEIT
Die Zukunft der telematischen Stadt
Werden wir künftig noch in Städten leben? Und wenn wir in Städten leben, wie werden sie aussehen?
»Das Buch, voller historischer und literarischer Bezüge, präsentiert einen Bildungsextrakt aus urbaner Zivilisationskritik. Empfehlenswert!« Peter Zaun, Norddeutscher Rundfunk
KKB. Gebunden. 112 Seiten. Mit Abbildungen

Katherine Stroczan
DER SCHLAFENDE DAX ODER DAS BEHAGEN IN DER UNKULTUR
Die Börse der Wahn und das Begehren
Anleger und Investoren auf der Couch: eine psychoanalytische Untersuchung des Börsenfiebers.
»Eine Lektüre, die man nicht nur jedem Börsenjournalisten wünscht, sondern die auch hilft, der eigenen Faszination auf die Schliche zu kommen.«
Michael Schornstheimer, Norddeutscher Rundfunk
KKB. Gebunden. 112 Seiten

Horst Bredekamp
SANKT PETER IN ROM UND DAS PRINZIP DER PRODUKTIVEN ZERSTÖRUNG
Über die Baugeschichte von Bramante bis Bernini
Die Gründe für den Abriß von Gebäuden sind älter als die Moderne – der berühmteste Abriß traf den zentralen Bau der Christenheit, St. Peter in Rom. Die erste umfassende Untersuchung dieses Abrisses als Neubau.
KKB. Gebunden. 160 Seiten. Mit Abbildungen

Peter Burke
PAPIER UND MARKTGESCHREI
Die Geburt der Wissensgesellschaft
Wann, warum und wie das Neue seinen Weg in die Köpfe der Menschen gefunden hat, wird hier auf ebenso unterhaltsame wie gelehrte Weise mitgeteilt.
Wie gewohnt leicht zugänglich, verständlich und reich an Geschichte und Geschichten: die Informationsexplosion in den Jahrhunderten nach Erfindung des Buchdrucks.
»Eine unerschöpfliche Fundgrube, brillant in der Materialbeherrschung, von großer Klarheit und unterhaltsam zu lesen.« Jörg Plath, Der Tagesspiegel
Deutsche Erstausgabe
Aus dem Englischen von Matthias Wolf
AP. Gebunden.320 Seiten

Franz Kafka
BRIEF AN DEN VATER
Franz Kafkas Brief an den Vater hat unser Bild von Hermann Kafka geprägt. Die neu aufgefundenen Erinnerungen des Lehrjungen Frantisek Basík an seine Jahre in der Galanteriewarenhandlung der Kafkas vermitteln allerdings überraschend andere Eindrücke.
Mit einem unbekannten Bericht über Kafkas Vater als Lehrherr und andere Materialien
»Es dürfte im Augenblick keinen Forscher geben, der von Kafkas Vita und seinen Schreibprozessen eine so immense und intime Kenntnis besitzt wie Hans-Gerd Koch.«
Frankfurter Allgemeine Zeitung
Herausgegeben von Hans-Gerd Koch
Mit einem Nachwort von Alena Wagnerová
AP. Gebunden. 160 Seiten. Mit vielen Abbildungen

Wenn Sie mehr über den Verlag und seine Bücher wissen möchten, schreiben Sie uns bitte eine Postkarte (mit Anschrift und ggf. e-mail).
Wir verschicken immer im Herbst die Zwiebel, unseren Westentaschenalmanach mit Gesamtverzeichnis, Lesetexten aus unseren Büchern, Photos und Nachrichten aus dem Verlagskontor. Kostenlos!

Verlag Klaus Wagenbach Emser Straße 40/41 10719 Berlin
www.wagenbach.de

Zwischen Eros und Krieg
erschien 2004 als Band 70 in der Reihe
KLEINE KULTURWISSENSCHAFTLICHE BIBLIOTHEK

Der Umschlag verwendet die Abbildung *Ruderer* von Hans von Marées, Ausschnittstudie zu dem Fresko *Ruderer.* © Bildarchiv Preußischer Kulturbesitz, Berlin. Reihenentwurf: Rainer Groothuis. Gesetzt aus der Aldus von der Offizin Götz Gorissen, Berlin. Gedruckt und gebunden durch Clausen & Bosse, Leck.

ISBN 3 8031 5170 8